Anders wird gut

Verena Carl, Kai Unzicker

Anders wird gut

Berichte aus der Zukunft des gesellschaftlichen Zusammenhalts

| **Verlag** Bertelsmann**Stiftung**

Bibliografische Information der Deutschen Nationalbibliothek

Die Deutsche Nationalbibliothek verzeichnet diese Publikation in der Deutschen Nationalbibliografie; detaillierte bibliografische Daten sind im Internet unter http://dnb.dnb.de abrufbar

Verantwortlich: Kai Unzicker
Lektorat: Heike Herrberg
Herstellung: Sabine Reimann
Umschlaggestaltung: Elisabeth Menke
Bildnachweise: Cover: AdobeStock_394754043/Radfahrer GELB: © lorenzophotoprojects – stock.adobe.com; AdobeStock_356152776/Radfahrerin – rotes Fahrrad © torwaiphoto – stock.adobe.com; AdobeStock_394753843/ Skater © lorenzophotoprojects – stock.adobe.com; Gebäude mit Fahrrad, Mann und Kind/iStock-1491018960 © Getty Images/iStockphoto/miniseries
Inhalt Karten: AdobeStock_177637234 »Germany Map – Detailed Info Graphic Vector Illustration« © Porcupen – stock.adobe.com
Autorenfotos: © Isadora Tast (Verena Carl); © Steffen Krinke (Kai Unzicker)
Layout: Büro für Grafische Gestaltung – Kerstin Schröder, Frank Rothe, Bielefeld/Berlin
Druck: Hans Gieselmann Druck und Medienhaus GmbH & Co. KG, Bielefeld
ISBN 978-3-86793-983-6 (Print)
ISBN 978-3-86793-984-3 (E-Book PDF)
ISBN 978-3-86793-985-0 (E-Book EPUB)

www.bertelsmann-stiftung.de/verlag

Inhalt

VORWORT

Wir befinden uns an einem kritischen Punkt unserer gesellschaftlichen Entwicklung. Rasche und grundlegende Veränderungsprozesse wie die Digitalisierung und der demografische Wandel bedeuten enorme Herausforderungen. Hinzu kommen der Krieg in der Ukraine, die eskalierenden Spannungen zwischen China und den USA sowie die Klimakrise. Sie stellen die globale Ordnung in Frage. Angesichts dieser Krisen und rasanten Veränderungen suchen viele Menschen nach Orientierung.

Traditionelle Institutionen wie Parteien, Gewerkschaften und Kirchen verlieren jedoch an Einfluss. Der Wandel hin zu sozialen Medien verändert die Rolle der traditionellen Medien bei der Berichterstattung und sachlichen Einordnung. Viele Umfragen zeigen ein hohes Maß an Unsicherheit in der Bevölkerung. Diese Unsicherheit wirkt sich auch auf den sozialen Zusammenhalt aus. Die Daten der Bertelsmann Stiftung zeigen, dass ein Viertel der Bevölkerung den Eindruck hat, dass man sich heute auf niemanden mehr verlassen kann. Und mehr als die Hälfte sagt, dass es den Menschen egal ist, was mit ihren Mitmenschen geschieht.

So führen ein steigendes Maß an Unsicherheit und ein sinkendes Maß an Vertrauen zu einer Schwächung des sozialen Zusammenhalts und einer sich vertiefenden Krise der liberalen Demokratie.

Wie kann es uns gelingen, in Zeiten von Krisen und raschen gesellschaftlichen Veränderungen das notwendige Maß an gesellschaftlichem Zusammenhalt sicherzustellen? Die Herausforderung, die vor uns liegt, ist beträchtlich, doch es gibt Potenzial für positive Veränderungen. Viele Untersuchungen weisen auf eine starke Basis für soziales Engagement und die Bereitschaft zur Zusammenarbeit hin, die für die Bewältigung dieser schwierigen Zeiten entscheidend sind.

Die Bertelsmann Stiftung hat vor gut zehn Jahren damit begonnen, sich intensiv mit dem Konzept des gesellschaftlichen Zusammenhalts zu befassen. Unser Ziel war es, mögliche Veränderungen des Zusammenhalts zu identifizieren und die Ursachen sowie Auswirkungen zu verstehen, um es Politik, Zivilgesellschaft und Wirtschaft zu ermöglichen, gute, den Zusammenhalt fördernde gesellschaftspolitische Entscheidungen treffen zu können. Um diese und weitere Fragen zu beantworten hat die Bertelsmann Stiftung das »Radar gesellschaftlicher Zusammenhalt« als Messinstrument entwickelt.

Zielvorstellung des zugrunde liegenden Konzepts gesellschaftlichen Zusammenhalts ist ein Gemeinwesen, das stabile und vertrauensvolle Beziehungen ermöglicht, dem die Menschen sich verbunden fühlen und in dem sie dazu bereit sind, sich für andere und das Gemeinwohl einzusetzen. Dabei engagieren wir uns für einen inklusiven gesellschaftlichen Zusammenhalt, der Vielfalt nicht nur ermöglicht, sondern als Chance begreift.

Einwanderung ist in fast allen Ländern ein bewegendes Thema, nicht zuletzt in Deutschland. Betrachtet man die Bevölkerungszusammensetzung verschiedener Länder, so zeigt sich deutlich, wie vielfältig und facettenreich die Gesellschaften geworden sind – beispielsweise was ethnische Herkunft, kulturelle Bräuche oder religiöse Überzeugungen angeht. Umso mehr interessiert uns die Frage, wie es unterschiedlichen Menschen mit unterschiedlichen Werten und Lebensentwürfen gelingt, gut zusammenzuleben.

Mit dem »Radar gesellschaftlicher Zusammenhalt« lässt sich zeigen, wie es gelingt, auch in schweren Zeiten Zusammenhalt herzustellen und gemeinsam die anstehenden großen Herausforderungen zu bewältigen. Und noch etwas ist aus den Untersuchungen deutlich geworden: Wenn Menschen in einem Gemeinwesen leben, dem sie sich verbunden fühlen und in dem sie Gemeinschaft erleben und sich für das Gemeinwohl einsetzen, dann haben sie auch eher die Chance, ein zufriedenes und erfülltes Leben zu führen.

STEPHAN VOPEL
Director
Bertelsmann Stiftung Berlin

WANDEL ALS WORST CASE, WANDEL ALS WACHSTUM – WAS UNS BEWEGT

Um dieses Buch zu schreiben, haben wir einen langen Weg zurückgelegt. Das gilt zuallererst für die Themen, um die es auf den nächsten 200 Seiten gehen wird. Denn obwohl sie einen gemeinsamen Nenner haben – die Umbrüche einer krisenhaften Gegenwart –, könnten sie nicht unterschiedlicher sein.

Wir haben uns mit einer Gesellschaft beschäftigt, in der vieles gleichzeitig wächst: sowohl die soziale und wirtschaftliche Ungleichheit als auch das Selbstbewusstsein marginalisierter Gruppen. Wir erzählen von einem Land, das in einer globalisierten Welt zunehmend auch Schauplatz globaler Krisen ist. Ob ganz unmittelbar durch den Klimawandel, in Form von Dürren und Flutkatastrophen, durch die Folgen der Corona-Pandemie – oder auf Umwegen, etwa durch gestiegenen Migrationsdruck, die Rückkehr des Krieges nach Europa und das Erstarken rechtsextremer Kräfte fast überall in der westlichen Welt.

Wir haben die Herausforderungen für Demokratie und Zivilgesellschaft in den Blick genommen: die wachsende Entfremdung von der Politik und die Veränderungen im Parteiensystem, den demografischen Wandel, die strukturellen Umbrüche auf dem Arbeitsmarkt, eine neue Art des Medienkonsums und der Informationsweitergabe. Und wir haben dabei immer wieder gefragt: Sind wir zwangsläufig in einer Negativspirale gefangen – oder haben wir im Gegenteil eine Menge Stellschrauben zur Verfügung, mit denen wir den Wandel zum Guten wenden, Transformation kreativ gestalten können?

Betrachtet man den Diskurs, ob medial, politisch oder privat, dominiert die Farbe Dunkelgrau: Endzeitstimmung und Niedergangsängste machen sich breit. Oft scheint es, wenn überhaupt, nur die Wahl zwischen unterschiedlich katastrophalen Szenarien zu geben. Zum Beispiel: Entweder wir hinterlassen kommenden Generationen verwüstete Landschaften, weil es uns nicht gelingt, den Klimawandel zu bremsen – oder wir geben den Wirtschaftsstandort Deutschland auf und begeben uns zurück in eine steinzeitliche Selbstversorgergesellschaft.

Die Sorgen sind nachvollziehbar. Aber sind sie auch realistisch? Läuft wirklich alles auseinander oder erleben wir nur eine – zugegeben radikale – Veränderung? Und haben wir nicht wirksame Instrumente in der Hand, sie zu steuern? Jenseits von blindem Zweckoptimismus wollen wir uns die Fragen stellen: Wie kann eine andere Gesellschaft, ein anderes Land auf neue Weise gelingen, was kann uns alle miteinander resilient machen für eine ungewisse, herausfordernde Zukunft?

Als Stiftung haben wir diese Fragen schon lange im Fokus. Seit 2012 beschäftigt sich die Bertelsmann Stiftung intensiv mit dem Thema »sozialer Zusammenhalt«. Im Jahr 2013 wurde unsere erste Studie dazu veröffentlicht, der zahlreiche weitere folgten.[1] Seitdem haben wir verschiedene Einzelaspekte genauer untersucht, mal thematisch, mal bezogen auf eine Region oder ein Bundesland. Insbesondere drei Studien sind es, die mit seismografischer Genauigkeit die Stimmung in Deutschland zusammenfassen und konkrete Handlungsempfehlungen daraus ableiten. Da diese eine wichtige Grundlage für die kommenden Kapitel bilden, seien sie hier kurz skizziert:

Kürzlich haben wir das Thema »Gesellschaftlicher Zusammenhalt und seine Veränderungen im Zuge der Pandemie« am Beispiel des Bundeslandes Baden-Württemberg herausgearbeitet, doch die Ergebnisse lassen sich auf die Gesamtbevölkerung übertragen. In dieser Studie haben wir für das Bundesland die Werte von 2017, 2019 und 2022 untersucht und verglichen, wobei die Zahlen von 2022 den aktuellen Forschungsstand natürlich am besten wiedergeben. Der Einfachheit halber bezeichnen wir diese Studie im Weiteren als »Pandemiestudie«.[2]

2020 führten wir eine bundesweite Studie zum Thema »Gesellschaftlicher Zusammenhalt in Deutschland« durch. Ursprünglich als Längsschnittvergleich geplant, fiel die Erhebung ebenfalls in die erste Pandemiewelle, sodass wir die aktuellen Veränderungen mitaufnehmen konnten. Grundlegend ging es dabei um die Fragen, wie sich das Empfinden für Zusammenhalt bei verschiedenen Bevölkerungsgruppen im Dreijahresvergleich verändert hat und welchen Einfluss Infrastruktur – also etwa die Besiedlungsdichte – und andere Faktoren auf das eigene Empfinden haben. Wenn wir uns auf diese Erhebung beziehen, sprechen wir im Weiteren von der »Zusammenhaltsstudie«.[3]

Die dritte Studie, auf die wir öfter zurückkommen werden, ist von 2021 und beschäftigt sich mit dem individuellen Gerechtigkeitsempfinden, quotiert nach Alter, Geschlecht, Bildung und Wohnort. Wie wir noch sehen werden, ist dieser Aspekt eine wichtige Stellschraube etwa für die Einstellung gegenüber Politik und die Bereitschaft, sich zivilgesellschaftlich zu engagieren. Referenzen darauf sind unter dem Label »Gerechtigkeitsstudie« zu finden.[4]

So weit die Themen und die Forschungsansätze. Dass wir für dieses Buch einen langen Weg zurückgelegt haben, stimmt auch ganz konkret, das heißt geografisch. Denn wir – das gilt in erster Linie für die Autorin der Reportagen, Verena Carl – wollten den akademischen Erhebungen Geschichten gegenüberstellen, im Sinne einer Probebohrung: Wer sind die Menschen hinter den Zahlen und wie gehen sie in ihrem Alltagsleben mit den Herausforderungen um, vor die unsere krisenhafte Gegenwart sie stellt?

Auf insgesamt 4.892 Bahn- und Pkw-Kilometern hat uns diese Reise an ganz unterschiedliche Orte geführt: vom Dorf in der Lausitz bis in die Hauptstadt Berlin, von einer bayerischen Kleinstadt bis in einen niedersächsischen Landkreis, insgesamt in neun von sechzehn Bundesländer.

Wir haben Aktivist:innen und Ehrenamtler:innen getroffen, engagierte Privatpersonen ebenso wie Politiker:innen, Polizist:innen und eine Schulleiterin. Wir sind Menschen und Initiativen begegnet, die sich auf ihre Weise dem sozialen Wandel stellen, Altes neu denken, auf ungewöhnlichen Wegen die vielfachen Herausforderungen unserer modernen Gesellschaft angehen. Etwa den Kampf gegen Demokratiemüdigkeit, für bürgerschaftliches Engagement, Generationengerechtigkeit und mehr Diversität, die Frage nach Chancengerechtigkeit. Oder danach, was in einer mobilen Welt als sozialer Kitt taugt.

Die Antworten sind so unterschiedlich wie die Menschen, die sie geben. Zum Beispiel eine Frau, die in Bremen mit Nachbar:innen freiwillig den Müll einsammelt, den andere achtlos fallen lassen. Ein Mann, der in Ludwigsfelde/Brandenburg in einem informellen »Bürgerrat« Ideen für die Lokalpolitik zusammenträgt. Zwei Freundinnen, die mit einem nicht kommerziellen Dorfcafé in Sachsen einen Begegnungsort in einer Gemeinde schaffen, in der Enttäuschungen groß sind und politische Meinungen weit auseinandergehen. Last, but not least eine Gruppe junger migrantischer Erwachsener, die nach dem Terroranschlag von Hanau in einer antirassistischen Bildungseinrichtung mitarbeiten und dabei selbst neues Vertrauen zu ihren Mitmenschen fassen.

Und so unterschiedlich die Menschen und ihre Geschichten sind, so unterschiedlich sind auch die Formen, die wir für unsere Texte gewählt haben: mal klassische Reportage, mal Interview, mal Tagebuch, mal eine Reihe von Statements von Personen, die gemeinsam um einen Konsens zu einem Thema ringen.

Immer wieder haben wir Gespräche geführt und Situationen erlebt, die mehrere Deutungen zulassen. Fangen wir mit den negativen an. Ja, die sich mal abwechselnden, mal überlagernden und gegenseitig verstärkenden Krisen unserer Gegenwart können lähmend wirken. Etwa die Herausforderung durch den russischen Überfall auf die Ukraine und die daraus folgende Inflation. Der Umgang mit Geflüchteten, die sich verschärfende soziale Frage, der Hass gegen marginalisierte Gruppen, der Vertrauensverlust in politische Akteur:innen. Und schließlich, als Megakrise des 21. Jahrhunderts, der menschengemachte Klimawandel.

Die Fülle dieser Herausforderungen kann zu Entsolidarisierung führen, zu verstärkten Verteilungskämpfen, zu politischer Apathie oder einer Neigung zu den radikalen Rändern. Steffen Mau, Professor für Makrosoziologie an der Berliner Humboldt-Universität, spricht treffend von »Veränderungserschöpfung«,[5] im Osten Deutschlands aus historischen Gründen stärker verbreitet als im Westen.

Aber an vielen Stellen ist dennoch eine positive, eine hoffnungsfrohere Deutung möglich, die am Ende dazu geführt hat, dass wir mit großer Gewissheit auch sagen können: »Anders wird gut!« – wenn wir es richtig machen. Denn vieles bewegt sich in eine wünschenswerte Richtung, hin zu mehr Zusammenhalt, besserer Kommunikation, innovativem Denken. In mancher Hinsicht ist das, was wir gefunden haben, eine Art deutsches Hoffnungspuzzle: Initiativen, die Bürgerbeteiligung neu denken, die Dialog zwischen verhärteten Fronten wieder möglich machen; Einzelpersonen, die sich engagiert um ihre Mitmenschen, ihr Lebensumfeld bemühen oder gemeinsam Gruppen eine Stimme geben, die im gesellschaftlichen Dialog noch zu wenig gehört werden; kluge Köpfe, die atmende, flexible Neuordnungen anstelle starrer Strukturen stellen, die nicht mehr zu unserer von Veränderung und lebenslangem Lernen geprägten Existenz passen. Das braucht es, um uns neu zu sortieren und zukunftsfähig zu machen, auch im Hinblick auf kommende Generationen.

Wir zitieren dazu einen Zwölfjährigen aus der Ukraine, von dem in unserem dritten Kapitel die Rede sein wird. »This is an adventure«, »Das ist ein Abenteuer« – mit diesen Worten begrüßte er eine unserer Gesprächspartnerinnen, die ihn und seine Familie nach deren Flucht aus Kiew in München bei sich aufnahm.

Diese kindliche Bereitschaft, selbst noch in einer lebensgefährlichen Situation eine Chance für eigenes Wachstum und Lernen zu sehen, hat sie – und uns! – tief beeindruckt. Denn bei aller Krisenstimmung: Hierzulande muss niemand um sein Leben fürchten. Wir leben nicht im Kriegsgebiet. Aber vielleicht ist trotzdem eine Analogie möglich, die uns von einer düsteren Perspektive zu der hoffnungsvollen Annahme bringt: Was, wenn alles anders wird – aber auf andere Weise gut, wenn nicht sogar besser? Und was können wir als Gesamtgesellschaft dazu beitragen? Wie können die verschiedenen Aspekte des sozialen Zusammenhalts sich gegenseitig positiv verstärken, ineinandergreifen wie Zahnräder, die Transformationsprozesse anschieben?

Und schließlich haben wir noch in einem dritten Sinne eine weite Strecke zurückgelegt: persönlich. Auch die Lebensgeschichten von uns beiden, die wir über mehrere Monate im Frühjahr und Sommer 2023 an diesem Buch gearbeitet haben, lassen sich als eine Reise erzählen. Frei von allzu gefühliger Nostalgie kann ein individueller Rückblick nachzeichnen, wie weit wir uns als Gesellschaft in den vergangenen gut fünfzig Jahren bewegt haben.

Denn unsere Lebensläufe, so individuell sie sind, zeigen etwas Allgemeingültiges: das Tempo des gesellschaftlichen Wandels. Früher haben Transformationsprozesse mehrere Generationen gebraucht. Ein Zeichen unserer Zeit ist, dass immer mehr Veränderungen in die Spanne eines einzelnen Lebens passen. Vieles, an dem wir heute die Veränderungen des gesellschaftlichen Zusammenhalts festmachen können, lässt sich daher biografisch verorten. Dass wir mit drei TV-Kanälen und Telefonzellen statt Handys aufgewachsen sind, in einem geteilten Land und einer Zeit, in der weder kulturelle noch sexuelle Vielfalt zum Thema gemacht wurden, empfinden schon unsere eigenen Kinder heute oft wie eine Erzählung aus ferner Vergangenheit.

Uns – einem Sozialforscher und einer Journalistin – ist bewusst, dass es kein objektives Beobachten gibt. Ob wir es wollen oder nicht, immer bringen wir unsere eigene Betrachtungsperspektive mit ein. Die ist an vielen Stellen gefärbt von unserer gesellschaftlichen Stellung, unserer Lebenserfahrung, unserem Geschlecht, Beruf und anderen Faktoren. In persönlichen Gesprächen rund um das gemeinsame Buchprojekt haben wir immer wieder festgestellt: Schon in unserer Kindheit in den Siebziger- und Achtzigerjahren gab es Unterschiede zwischen dem Lebensgefühl in der Stadt (Verena Carl) und auf dem Land (Kai Unzicker), zwischen dem Aufwachsen in mehr oder weniger traditionellen Familien sowie in unterschiedlichen Bildungsherkünften, die uns bis heute prägen.

Gleichzeitig bringen ein paar Jahrzehnte gemeinsame Lebenserfahrung vom Kalten Krieg bis zur globalisierten Welt des 21. Jahrhunderts neben aller Sorge auch einen gemeinsamen Grundoptimismus mit sich. Allein in unserer Lebensspanne hat es neben krisenhaften Entwicklungen auch so viele positive Wendungen gegeben, oft überraschend, dass wir in das allgemeine Klagelied nicht einstimmen möchten. Erwähnt seien hier das Ende der deutschen Teilung, aber auch gesellschaftspolitische Fortschritte, etwa im Bereich Familienpolitik. Beispielhaft genannt seien die Einführung des Elterngeldes und der Rechtsanspruch auf einen Krippenplatz, also Maßnahmen, die Care- und Erwerbsarbeit vor allem in Paarfamilien gerechter verteilen helfen, sowie die »Ehe für alle«, die homosexuelle Paare weitgehend rechtlich gleichstellt. Das zeigt: Wir sind nicht so hilflos dem Wandel ausgeliefert, wie es scheinen mag – wir können ihn gestalten. Und viele unserer Beispiele geben uns recht.

Damit schließt sich der Kreis. Vieles wird anders. Aber damit es auf gute Weise anders wird, braucht es Menschen, Ideen und Initiativen, die dafür sorgen, dass wir nicht blindlings den Veränderungen entgegenstolpern, die da noch kommen, sondern ihnen Richtung und Ziel geben. Der soziale Zusammenhalt ist immer wieder auf neue Weise herausgefordert – doch gleichzeitig finden sich auch überraschende Allianzen und neue Formen von Verständnis, wo man sie nicht vermutet hätte.

Der Persönlichkeitspsychologe und Forscher Ernst-Dieter Lantermann[6] beschreibt den entscheidenden Unterschied zwischen Resignation und Abwehr und der Bereitschaft zur aktiven Gestaltung von Veränderung mit den Begriffen »Unsicherheit« und »Ungewissheit«. Das ist keine semantische Finesse, sondern hat Folgen: Denn wo *Unsicherheit* zu Minderwertigkeitsgefühlen, Ohnmacht und Panik führt, die auch in Abwertung anderer umschlagen können, kann aus dem Bewusstsein von *Ungewissheit* mehr Offenheit und Kreativität bei der Konfliktlösung erwachsen. Und wir können vorwegnehmen: Die Menschen, die uns auf unserer Reise begegnet sind, bringen eine Menge davon mit.

Die Studien der Bertelsmann Stiftung zum Thema »sozialer Zusammenhalt« folgen einem festgelegten Raster: Untersucht werden stets dieselben drei Teilbereiche, die jeweils in drei Unterbereiche gegliedert sind. Diese sind:

- Soziale Beziehungen mit den Teilaspekten »soziale Netze«, »Vertrauen in Mitmenschen« und »Akzeptanz von Diversität«

- Verbundenheit mit den Teilaspekten »Identifikation mit dem Gemeinwesen«, »Vertrauen in Institutionen« und »Gerechtigkeitsempfinden«

- Gemeinwohlorientierung mit den Teilaspekten »Solidarität und Hilfsbereitschaft«, »Anerkennung sozialer Regeln« und »gesellschaftliche/politische Teilhabe«

Dieses Raster eignet sich als wissenschaftliche Grundlage und Studiendesign optimal, doch für das vorliegende Buch haben wir uns von dieser Reihenfolge verabschiedet. Das ist zum einen der Dramaturgie und besseren Lesbarkeit geschuldet; zum anderen lassen sich bei unseren konkreten Beispielen die einzelnen Aspekte nicht immer trennscharf auseinanderhalten, weil sie in der Praxis so stark miteinander verwoben sind – etwa die Identifikation mit der Bereitschaft zum Engagement, aber auch das subjektive Gerechtigkeitsempfinden und die Bereitschaft zu politischer Teilhabe. Und vielfach zahlen einzelne Aspekte aufeinander ein. Deshalb sind die neun Kapitel zwar alle über einen gemeinsamen Schwerpunkt definiert, umfassen aber oft in geringerer Intensität auch andere Aspekte. Zahlreiche Verweise innerhalb der Kapitel und zwischen den Teilen machen deutlich, wo es stärkere und schwächere Korrelationen gibt.

Die genannten Orte und die Interviewpartner:innen sind fast immer authentisch; in einem einzigen Fall haben wir sie auf Wunsch der Betroffenen geändert und das entsprechend gekennzeichnet, in anderen nennen wir ebenfalls auf Wunsch der Gesprächspartner:innen nur die Vornamen.

Aus Gründen der Geschlechtergerechtigkeit verwenden wir im Plural häufig gegenderte Formen mit Doppelpunkt (:), einzelne Stellen können aus Gründen besserer Lesbarkeit abweichen. Die Wortlaut-Interviews geben wir so wieder, wie unsere Gesprächspartner:innen sie gegeben haben, also mal gegendert, mal nicht.

Unsere Reisen und auch die weiteren geführten Interviews fanden zwischen März und Juni 2023 statt.

VERENA CARL

KAI UNZICKER

SOZIALER ZUSAMMENHALT – EIN PUZZLE MIT VIELEN TEILCHEN

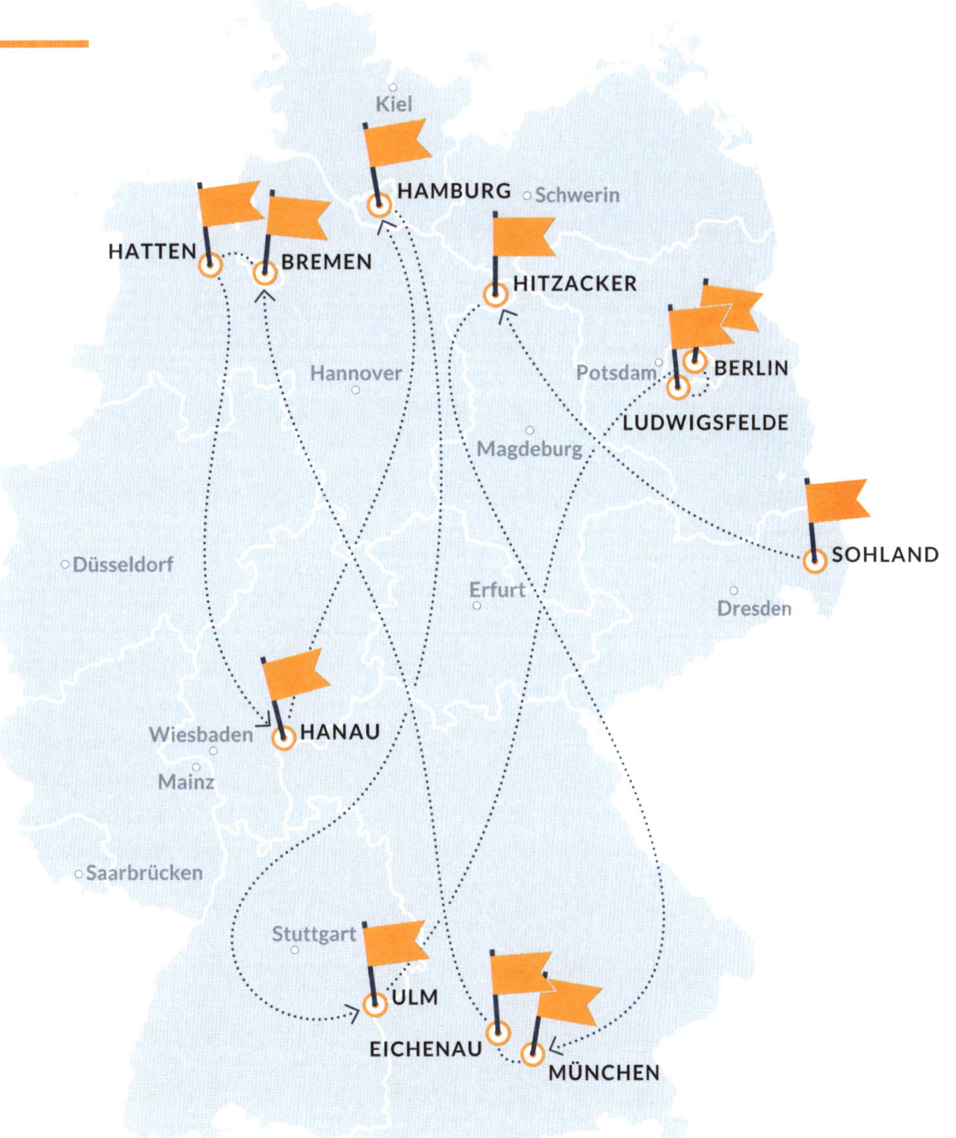

★ **Ort: Sohland am Rotstein**

Landkreis: Görlitz

Bundesland: Sachsen

Einwohner:innen: 1.400

KAPITEL 1

Wie machen wir soziale Netze stabiler?

Zum Auftakt unserer Expedition quer durch Bundesländer und Befindlichkeiten, zu den Herausforderungen des gesellschaftlichen Wandels und Beispielen dafür, wie man ihn erfolgreich gestalten kann, fahren wir nach *Sohland am Rotstein, Sachsen*, fast an die deutsch-polnische Grenze in der Lausitz. Uns interessiert ganz konkret: Wenn gesellschaftlicher Zusammenhalt im Kern davon geprägt ist, wie soziale Netze funktionieren – was kann dann ein Ort tun, der wie die ganze Region von Strukturwandel, Abwanderung und politischen Richtungskämpfen geprägt ist? Das Protokoll eines Tages mit einer Gruppe von Menschen, die sich mit der Vereinzelung nicht abfinden wollen.

FREITAG
24. MÄRZ
11 UHR

Sohland am Rotstein

Es braucht nicht viel, damit Menschen sich willkommen fühlen. Einen Raum mit knarzenden Dielen und eine gute Espressomaschine. Einen Pelletofen, der in der Ecke vor sich hin bollert. Narzissen in kleinen dicken Gläsern auf Holztischen, die sich mit einem Griff ausziehen lassen – das ist wichtig, falls es mehr Gäste werden als gedacht. Und Menschen, die schon morgens anfangen, Gemüse zu schnippeln, Karotten, Kartoffeln, Knollensellerie, damit es ab mittags für alle etwas zu essen gibt. Nicht jeden Tag, aber wenn sie die Zeit dafür finden oder wenn sich besonderer Besuch angekündigt hat.

Was Lotte Benesch-Jenkner und Ellinor von Recklinghausen an diesem frösteligen Morgen hier tun, im Café des sächsischen 1.400-Seelen-Dorfes Sohland am Rotstein, ist kein Job, jedenfalls nicht in erster Linie. Aber auch kein reines Privatvergnügen. Es ist Teil eines Traums: dieses Dorf, in das sie als Zugezogene gekommen sind, zu einer Heimat zu machen. Ein Dorf buchstäblich an einen Tisch zu holen, dessen Bewohner:innen so verschieden sind wie die Holzstühle, die um die ausziehbaren Tische stehen. Auch wenn die Unterschiede erst zu sehen sind, wenn man die einheitlichen roten Kissen anhebt.

Das Dorfcafé, geöffnet mittwochs, freitags und sonntags, ist ein Ort für Begegnungen. Zum Kaffeetrinken, für Workshops, Filmabende, Lesungen, Konzerte, zum Einkaufen im integrierten Lädchen mit regionalen Produkten. Um das möglich zu machen, haben Lotte und Ellinor (»gerne per Du!«) mit einer Gruppe Engagierter einen Verein gegründet und vor vier Jahren ein leer stehendes Wohnhaus in der Ortsmitte zunächst von der Gemeinde gepachtet und ihr dann abgekauft, zu einem Spottpreis. Im Gegenzug verpflichteten sie sich, es zu sanieren, mithilfe verschiedener Fördertöpfe.[7] Erst den Raum für das Café, aber bald sollen auch die Wohnungen darüber wieder beziehbar sein. Kein Alleingang, sondern Ergebnis eines langwierigen Beteiligungsprozesses, mit Einladungen, Treffen, Gesprächen.

Kein Platz für Selbstdarsteller

Ursprünglich waren sie zu viert, jetzt sind die beiden als harter Kern übrig geblieben, unterstützt von einer Gruppe engagierter Ehrenamtler:innen. 2022 wurde Eröffnung gefeiert, mit einem internationalen Streichquartett (sorbisch, tschechisch, ungarisch), einer Puppenspielerin, einem Stand der freiwilligen Feuerwehr vor der Tür und Kuchenspenden von Privatleuten. Ein Programm, so bunt wie die Gäste. »Wir haben einfach alle eingeladen«, sagt Mittvierzigerin Lotte, »vom Geflügelzüchterverein bis zu Kirchenvertretern und der Bürgermeisterin.«

Am Ende kamen fast dreihundert Leute, auch wenn einige erst mal lieber draußen vor der Tür blieben. Die Sohländer:innen gelten als vorsichtig, stur, zurückhaltend gegenüber Neuem. Aber das würden wohl viele Bewohner:innen kleiner Orte von sich sagen, überall in Deutschland. Dafür, findet Ellinor, sind sie hier authentisch. Das Gegenteil der Selbstdarstellerei, die sie aus ihrem früheren Wohnort Berlin so gut kannte und so wenig mochte.

Die beiden Frauen sind auf unterschiedlichen Wegen hier gelandet: Die Österreicherin Lotte kam 2008 mit ihrem Mann, der ursprünglich aus Görlitz stammt, um hier eine Familie zu gründen; Ellinor, einige Jahre jünger, fand ein paar Jahre später als alleinerziehende Mutter mit Kind Anschluss auf einem Ökohof und lebt heute mit neuem Partner und zwei weiteren, gemeinsamen Kindern im Dorf. Auf einer privaten Party kamen die beiden ins Gespräch und merkten: Schön hier, aber uns fehlt dennoch etwas.

Denn trotz Dorf lebten die Menschen vielfach eher nebeneinanderher. Pflegten Kontakte vor allem in ihrer direkten Nachbarschaft und schon zwischen Ober- und Niederdorf gab es wenig Austausch. »Die jungen Eltern trafen sich bei der Kita, die Alten auf dem Friedhof – sonst gab es kaum Berührungspunkte«, erinnert sich Ellinor. Lokale, Cafés? Fehlanzeige. »Es gab eine Art Kneipe, in der man Gasflaschen und Bier kaufen konnte, aber da war ich nur ein einziges Mal. Ich merkte, wie die Leute zu tuscheln anfingen: Ah, das ist die Neue, die studiert, die wohnt auf dem Heckenhof. Ich fühlte mich aber nicht willkommen, sondern eher misstrauisch beäugt und fremd. Und nicht eingeladen, mich dazuzusetzen.«

Die eigene Sehnsucht hielt beide Frauen auch später bei der Stange, in den schwierigen Phasen, in denen es darum ging, etwas auszuhandeln, Kompromisse zu finden, Streit zu schlichten, die ewige Frage, ob die Finanzierung gesichert ist, die Rückmeldung und die Dankbarkeit, die Mitarbeitende erwarten, wenn sie für eine geringe Aufwandsentschädigung Schichten übernehmen.

»Wir stecken oft sehr viel Zeit und Energie hinein, unbezahlt, neben Beruf und Familie«, sagt Lotte. »Doch am Ende motiviert uns immer wieder der Gedanke: Wir tun das nicht nur für die anderen, wir tun es auch für uns.« Denn da war dieses Ziel: Kultur am Wohnort zu haben, Räume, in denen Menschen zusammenkommen, beim Spinnkurs, beim Wildbienenworkshop, bei der Krabbelgruppe für die Jüngsten, und einen Ort außerhalb der eigenen vier Wände, an dem man einen ordentlichen Kaffee bekommt.

»DIE ELTERN TRAFEN SICH BEI DER KITA, DIE ALTEN AUF DEM FRIEDHOF«

Es gibt eine Menge Besonderheiten, die Sohland von anderen Orten unterscheiden: die Lage in der Grenzregion, historische Entwicklungen während und nach dem Ende der DDR, auch die besondere Geografie. Über acht Kilometer schlängelt sich das Dorf durch ein Mittelgebirgstal, entlang des Flüsschens Schwarzer Schöps, schon das macht das Miteinander zu einer Herausforderung. Denn es gibt kein erkennbares Zentrum, keinen Kirchplatz mit Raum für Cafés und Parkbänke und rechts und links der Hauptstraße geht es nach ein paar Häuserreihen steil den Hang hoch.

Sohland: Ein Dorf wie Deutschland?

Sicher kann man das sächsische Dorf nicht zum Sozialmodell für ganz Deutschland erklären – das wäre eine grobe Verallgemeinerung. Dennoch kann es etwas erzählen über eine der wichtigsten Ressourcen für den sozialen Zusammenhalt: das private Miteinander, die Haltbarkeit von Netzen, die gerade in Krisenzeiten einen entscheidenden Unterschied bieten. Weil sie resilient machen, Gefühle wie Angst, Wut, Ohnmacht kanalisieren, über die engste Familie hinaus.

Immerhin 90 Prozent aller Deutschen sagen: Ich habe Freunde, auf die ich mich felsenfest verlassen kann. 75 Prozent geben an, dass diese ihnen auch in einer finanziellen Notlage helfen würden. Aber es gibt eben auch einen nicht unerheblichen Bevölkerungsanteil, der nur wenige soziale Anknüpfungspunkte hat und sich kaum auf Unterstützung verlassen kann.[8]

Die Pandemie ab 2020 war dafür nur ein besonders einschneidendes Beispiel. Damals stieg das Gefühl der Einsamkeit über alle Bevölkerungsgruppen hinweg, wie eine Studie des Deutschen Instituts für Wirtschaftsforschung (DIW) mit dem Sozioökonomischen Panel (SOEP) nachgewiesen hat.[9] In unserer Pandemiestudie konnten wir zeigen: Wenn unmittelbare soziale Netze brüchig werden, sorgt das für Verunsicherung. Erstmals haben die Befragten auch den Zusammenhalt in ihrer eigenen Wohngegend, also im persönlichen Nahbereich, als gestört wahrgenommen: Fast die Hälfte, 48 Prozent, stimmen der Aussage zu, er sei gefährdet – sechs Prozent mehr als 2019. Dagegen empfindet nur noch eine Minderheit von 47 Prozent den Zusammenhalt als gut oder sehr gut; 2019 lag der Wert noch bei 80 Prozent.[10]

»MEINE KINDER SIND GEWOHNT, DASS ICH IM DORF ALLE GRÜSSE«

Ob und wie sich durch die Erfahrung der Pandemie langfristig private soziale Beziehungen ändern, kann heute noch nicht zuverlässig vorausgesagt werden; was sich allerdings benennen lässt, sind bestimmte Risikofaktoren, die dazu führen, dass Menschen weniger gut angebunden sind, und die auch schon für die Zeit vor dem ersten Auftreten von Covid-19 galten.[11]

So ist Einsamkeit im Osten Deutschlands stärker verbreitet als im Westen, in ländlichen Gebieten höher als in städtischen, und wird verstärkt durch Abwanderungsbewegungen, durch regionale Abgeschiedenheit und die Abwesenheit öffentlicher Orte wie Parks, Sport- und Freizeiteinrichtungen. Auch die Zugehörigkeit zu gesellschaftlich marginalisierten Gruppen, etwa der LSBTI+-Community,[12] oder ein Flucht- bzw. Migrationshintergrund steigern das Risiko, an Einsamkeit zu leiden.

Zu diesen äußeren Faktoren kommen individuelle Merkmale, die einer sozialen Einbindung entgegenstehen: Alter, ökonomischer Status, aber auch häufige Umzüge sowie Scheidungen und Trennungen.

Das belegen unsere Zusammenhaltsstudie und weitere Quellen, etwa eine ältere Erhebung des Allensbach-Instituts.[13] Allerdings heben sich einige Effekte auch gegenseitig auf. Tendenziell macht zum Beispiel ein höherer sozioökonomischer Status häufigere Umzüge wahrscheinlich. Das heißt, besser situierte Menschen haben nicht unbedingt weniger Freund:innen, sondern ihre sozialen Beziehungen sind oft großräumiger verteilt.

Diese statistische Einordnung passt auch zu den beiden Dorfcafé-Betreiberinnen aus Sohland: zwei akademisch gebildete Mittelschichtsfrauen, die nach Umzug (Lotte) und Trennung (Ellinor) eine Weile brauchten, um neuen Anschluss zu finden.

Nun muss man sich um Macherinnen wie die beiden keine Sorgen machen und das Ankommen im Dorf scheint gelungen. »Meine drei Kinder sind es so gewohnt, dass ich jeden Menschen kenne und grüße, der mir entgegenkommt, dass sie immer ganz irritiert sind, dass das nicht überall so ist«, erzählt Ellinor lachend. Durch ein Projekt wie das Dorfcafé sind aber auch Menschen miteingebunden, die sonst weniger Chancen auf soziale Kontakte haben als eine Familie mit mehreren Kindern.

Ellinor erzählt von einer Frau mit Behinderung, die immer mittwochs ins Café kommt, wenn die mobilen Verkaufsstände mit Back-, Fleisch- und Wurstwaren direkt daneben auf dem Vorplatz aufgebaut werden. Die Frau sei auf den Rollator angewiesen, noch nicht alt, und mit spürbarem Gesprächsbedarf: »Das ist ihr Ausgehtag, da kommt sie bei uns rein, gibt zweifünfzig für einen Kaffee aus und erzählt, was sie als Letztes im Fernsehen gesehen hat. Ich denke oft: Menschen wie sie sind einer der Gründe, warum wir uns hier engagieren.«

Auch darin ist Sohland repräsentativ: Unsere Zusammenhaltsstudie belegt, dass Behinderung, Krankheit und damit oft einhergehende finanzielle Einschränkungen ebenfalls einsam machen.

**FREITAG
24. MÄRZ
14 UHR**

»Ich bin mit meinem Dienstwagen da, steigen Sie ein!« Frank Stübner macht eine einladende Bewegung in Richtung seines Transporters. Auf der Schiebetür stehen der Name und das Logo seiner Firma für Brandschutz, aber in dieser Funktion ist er nicht hier, sondern als ehrenamtlicher Ortsvorsteher von Sohland. »Dummerweise hatte ich bei der letzten Kommunalwahl die meisten Stimmen«, scherzt er. Bevor das Programm im Café richtig losgeht, sorgt er spontan dafür, dass wir uns einen Überblick verschaffen.

Ganz konkret heißt das: Wir fahren zu einem Aussichtsturm, von dessen Plattform aus man einen guten Blick hat auf den lang gezogenen

Ort, die Hügelketten ringsum, die Windräder, die die Landschaft durchschneiden, ganz in der Ferne ein Braunkohlekraftwerk mit mächtigen Schloten. Aber das mit dem Überblick ist auch historisch gemeint. Während wir zwischen trockenen Nadelbäumen (»der Borkenkäfer!«) den Berg hochkurven, beginnt Stübner zu erzählen.

Auf die Welt gekommen ist er im geburtenstarken Jahr 1964, ein Kind der DDR, im nächstgrößeren Ort Reichenbach, der damals noch eine Geburtsstation hatte. Und wenn man ihm zuhört, war auch sonst einiges mehr hier los. Mehr Leben, vielleicht auch mehr Zusammenhalt. »Jeder kümmert sich heutzutage um seins«, sagt Stübner bedauernd. »Das war mal anders.« Damals, als es am Ort die großen LPGs gab, die das Sozialleben organisierten. Die deutsche Vereinigung bedeutete das Ende der volkseigenen Agrarfirmen; heute hat Sohland eher kleinere Arbeitgeber mit bis zu zehn Mitarbeitenden, viele Bewohner:innen pendeln, nach Reichenbach, nach Görlitz.

Soziale Orte überlebten länger: der Dorfchor, die Vereine, die im Sommer Feste organisierten, bei denen sich Ober- und Niederdörfler über zwei Tage hinweg vergnügten, ein ganzes Wochenende lang. Vor gut zehn Jahren, vielleicht auch schon früher, begann dann aber ein Prozess an Fahrt aufzunehmen, der für viele Gemeinden in ländlichen Regionen ein Problem darstellt: Verstädterung. Jüngere zogen weg, den Schulen und Vereinen blieben die Kinder fort. Heute fahren alle Dorfkinder mit dem Bus in die nächstgrößere Stadt zur Schule, haben dort ihre Freundschaften, gehen dort zum Mannschaftssport und selbst die Jugendfeuerwehr in Sohland muss sich etwas einfallen lassen, um Nachwuchs zu gewinnen. Und von den vier Lokalen, die es bis in die Neunzigerjahre im Ort gab, hat sich keines gehalten. Obwohl die Gegend ein beliebtes Ausflugsziel ist, schön zum Wandern, grün, idyllisch.

»JEDER KÜMMERT SICH UM SEINS – DAS WAR MAL ANDERS«

Ellinor bestätigt: »Die Stimmung war – und ist noch – durchwachsen. Bei den ersten Zusammenkünften unserer Planungsgruppe habe ich gemerkt: Es gibt bei manchen am Ort eine große Enttäuschung, dass der Zusammenhalt nicht mehr so ist wie früher. Den Eindruck: Wir sind eine vergessene, vernachlässigte Region. Häufig aber auch gepaart mit einer Anspruchshaltung an den Staat. Ich kann die Verletzungen nachvollziehen. Aber wenn man sich in dieser Haltung einigelt, passiert eben auch nichts.« Dass es ausgerechnet zwei Zugezogene waren, die so viel angeleiert haben, hat ihnen nicht nur Applaus gebracht: Na, passt es euch nicht, wie wir hier leben? »Dabei wollten wir zu keinem Zeitpunkt besserwisserisch rüberkommen. Uns unterscheidet ja nichts von den Leuten hier, außer vielleicht, dass wir von außen dazukamen und deshalb eine höhere Motivation hatten, etwas zu verändern.«

Ortsvorsteher Stübner ist keiner, der sich beklagt. Die Nachbarschaft am Ort, die sei gut, man helfe sich gegenseitig, Aber es gebe eben auch die, die hier bauen oder kaufen, weil es grün ist und günstig, die aber keinerlei Interesse haben, sich einzubringen. Die sich weder im Café blicken ließen noch bei einer Vereinssitzung. Klar, das ist eine private Entscheidung. Aber: »Es sind dann halt doch immer dieselben Leute, die sich engagieren.« Daher ist Stübner froh über den frischen Wind, den die »Sohland lebt«-Initiative mitbringt, freut sich über das Veranstaltungsangebot und macht Werbung, auch bei denen, die bisher zögern. Oder denen das Projekt zu bio ist, zu alternativ, irgendwie zu grün und zu links. Sorgen macht ihm nur die langfristige Finanzierung. Denn die verschiedenen Töpfe – die EU, der Freistaat Sachsen, das Sozialministerium – sind nicht beliebig nachfüllbar. Irgendwann muss es sich alleine tragen.

»WENN MAN SICH ENTTÄUSCHT EINIGELT, PASSIERT AUCH NICHTS«

Sozial eingebunden, politisch aktiv

Wenn solche Orte Bestand hätten, wäre es ein Segen. Nicht nur in Sohland, sondern überall. Nicht, weil man sich nicht auch in die eigene Küche eine gute Espressomaschine stellen könnte. Die Sozialforschung sagt: Überall da, wo soziale Netze dünn werden, Menschen sich ins Private zurückziehen und am Ende vereinsamen, droht eine düstere Prognose. Denn je weniger soziale Kontakte Menschen haben, je stärker sie sich allein fühlen, desto weniger gehen sie zur Wahl und desto mehr sinkt ihre Bereitschaft zu politischer Partizipation.[14] Umso wichtiger ist es, dass Gemeinden soziale Orte fördern.

Das muss nicht unbedingt das Dorfcafé sein – auch digitale Formate unterstützen den Austausch. Was unter anderem ein Beispiel aus Michelbach zeigt, einem dörflichen Stadtteil der hessischen Unistadt Marburg. Dort nutzt der Verein »Unser Michelbach e. V.« eine nicht kommerzielle, datenschutzsichere App, über die Hilfsanfragen und Angebote genauso geteilt werden können wie Termine oder aktuelle Fotos. Und schult auch die ältere Bevölkerung, damit sie an dieser Form der Kommunikation teilhaben kann. Mehr über das besondere Michelbacher Miteinander wird im dritten Kapitel noch zu lesen sein.

FREITAG
24. MÄRZ
15 UHR

Als wir zurückkommen ins Café, ist der Raum gut gefüllt und laut ist es auch geworden. Denn an einem der großen Tische sitzt jetzt eine Kindergruppe und bohrt unter Anleitung der Biologin Lisa aus Ostritz – Norwegerpulli, Zöpfe, frischer Teint – mit Handbohrern kleine Löcher in Aststücke, als Nisthilfe für Wildbienen. Seit Jahren gibt es wieder mehr Kinder in Sohland, über 30 allein in der Kita, und genügend, um mit jedem Erstklässler:innen-Jahrgang eine eigene Klasse in der Grundschule in Reichenbach zu füllen. Das ist eine gute Nachricht, es waren schon mal weniger.

Kurz darauf betritt eine kleine, ältere Dame den Raum, die Haare noch feucht (»ich komme von der Wassergymnastik«), und wird von Lotte überschwänglich begrüßt. Im Ort kennt man sie: Fast 25 Jahre lang, von 1982 bis 2007, war Karin Strempski die Bäckersfrau in Sohland, ihre Semmeln, heißt es, waren Legende. Eine Mittsiebzigerin voller Tatendrang und Optimismus, die auch an die turbulenten Wendejahre vor allem gute Erinnerungen hat, als Chance für mehr Bewegung in jeder Hinsicht: »Endlich bekam ich eine neue Hüfte, darauf hätte ich in der DDR noch lange warten müssen!« Als sie von der Idee hörte, in der Ortsmitte etwas Neues zu schaffen, war sie sofort dabei. »Eigentlich hätte ich gern einen Laden gehabt, das fehlt am Ort. Und wenn ich irgendwann nicht mehr selbst Auto fahren kann, wäre ich immer auf Hilfe angewiesen.« Nicht, dass sie die nicht bekommen könnte: Ihre Nachbarn haben schon oft angeboten, ihr beim Großeinkauf etwas mitzubringen. Aber das möchte Karin Strempski gar nicht so gern: »Ich bin ein selbstständiger Typ, ich möchte nicht ständig auf andere angewiesen sein.« Nun freut sie sich, dass sie beim Aufbau des Dorfcafés unterstützen konnte und dass es zumindest für einen kleinen, integrierten Laden gereicht hat. Sie berät die Betreiberinnen, hilft aus und schnitt bei der Eröffnung feierlich das Band am Eingang durch.

Dass Alleinstehende und Ältere so gut eingebunden sind, ist nicht selbstverständlich. Von 1972 bis 2019 hat der Anteil der Einpersonenhaushalte in Deutschland zugenommen: von 26,2 auf 42,3 Prozent – und Demoskop:innen gehen davon aus, dass dieser Trend sich noch eine Weile fortsetzen wird.[15] Auch diese Entwicklung führt tendenziell zu mehr Einsamkeit. Es sei denn, es gibt Orte, an denen Menschen sich willkommen fühlen.

FREITAG
24. MÄRZ
18 UHR

Während Bienenschützerin Lisa mit Lottes Tochter noch immer den Nistklotz bearbeitet, kommt ein neuer Schwung Leute ins Café und bringt Instrumentenkoffer mit: Querflöte, Akkordeon, Kontrabass, Klarinette.

Die Mitglieder der Klezmer-Combo »Krawitschko« aus Görlitz sind alte Bekannte. Querflötistin Barbara Werling arbeitet für ein Büro in Görlitz, das den Dorfentwicklungsplan für Sohland erstellt hat; sie hat den Aufbau des Cafés jahrelang verfolgt.

Wieder macht der Ort eine Verwandlung durch. Von der Familienbildungsstätte zur Kneipe, jetzt zum Musikclub. Auf der Bühne vor der Natursteinwand stimmt die Band sich ein, im Kerzenschein erleuchtet die »Wall of Fame« mit den Namen all derer, die mitgeholfen haben, das Café zu dem Ort zu machen, der er heute ist.

»DER WIEDERVEREINIGUNG VERDANKE ICH MEINE NEUE HÜFTE!«

Hinter der Bar wird Käsetoast, Limo und naturtrübes Bier einer regionalen Brauerei verkauft. Um halb neun ist der Raum gut gefüllt; dreißig, vierzig Leute lauschen der melancholisch-fröhlichen Musik. Das dritte Stück ist ein Chanson mit jiddischem Text, auf Deutsch lautet der Titel: »Lasst uns wieder vertragen.«

Ein Lied wie bestellt für diesen Ort. Denn bei aller Harmonie muss man wissen: Der Traum der engagierten Frauen hat einen Preis, das Idyll trägt auch Schrammen und Risse.

Ehe wir davon erzählen, wollen wir noch kurz darauf eingehen, was soziale Netze ausmacht und wie wir sie knüpfen. Denn diese Technik hat sich in den letzten Jahrzehnten verändert, wobei die Entwicklung sich noch länger zurückverfolgen lässt. Und das hat Folgen – auch für Sohland, auch für das Café.

Netzwerke: früher am Ort, heute fast grenzenlos

Forscher:innen sprechen von einem Wandel des »Place to Place«- zum »Person-to-Person«-Netzwerk,[16] was erst mal nur einen offensichtlichen Umstand beschreibt. Definierte in Zeiten geringer Mobilität bis ins 20. Jahrhundert vor allem der Wohnort, mit wem man umging, sich anfreundete, auch: in wen man sich verliebte, waren es nach zunehmender Verbreitung öffentlicher Verkehrsmittel und des Autos eher einzelne Haushalte, die Knotenpunkte bildeten. Man konnte längere Distanzen einfacher überwinden und sich besuchen. Heute bildet sich den Forschenden zufolge ein neuer Zustand aus, eben das Person-to-Person-Netzwerk, bei dem Distanzen eine geringere Rolle spielen, aber auch der persönliche Kontakt nicht mehr im selben Maße wichtig ist, um Netze zu festigen. Per Handy, Social-Media-App, Messenger-Gruppe ist man ständig mit denen verbunden, die einem am Herzen liegen, egal, ob im selben Haus oder Kontinente entfernt.

Diese Veränderungen haben Konsequenzen für das Privatleben, etwa für romantische Beziehungen. Aktuell nutzt jede:r Dritte Online-Dating-

Dienste,[17] 2,7 Millionen Menschen besuchen mindestens einmal im Monat eine Internet-Partnerbörse, die Zugriffszahlen auf entsprechende Dienste steigen stetig.[18] Aber die größere lokale Unabhängigkeit sozialer Netze hat auch Folgen dafür, wie Freundschaften und Bekanntschaften ganz generell organisiert werden und wie Meinungsaustausch stattfindet. Wenn wir die Wahl haben zwischen oft kräftezehrenden Debatten mit denen, die anders denken als wir, und der wohltuenden Bestätigung innerhalb der eigenen Blase, wählen wir meist den naheliegenden Weg. Gleichzeitig verlieren wir auf die Weise den Kontakt, die Reibung mit Andersdenkenden oder auch nur mit Menschen, die einen anderen Background haben. Die Digitalisierung hat einen paradoxen Effekt: Einerseits kann sie unseren Horizont erweitern, andererseits macht sie es uns einfacher, das auszublenden, was wir nicht sehen wollen.

Soziale Experimente wie »Sohland lebt!«, die das Interesse an der eigenen, unmittelbaren Umgebung wecken, wirken dem entgegen.

»Als ich 2014 nach Sohland gezogen bin, sind meine Kontakte viel diverser geworden«, erzählt Ellinor. »Ich habe hier zum Beispiel durch das Projekt mit dem Dorfcafé eine Freundin gefunden, die Friseurin ist. Wäre ich in Berlin geblieben, hätte ich sie möglicherweise, wenn überhaupt, als Kundin kennengelernt. Hier kommt sie zum Haareschneiden nach Hause, bringt ihren Sohn mit, wir quatschen, unsere Kinder spielen miteinander.«

Aber nicht immer finden sich so viele Gemeinsamkeiten, wenn man mit Menschen zusammenlebt und arbeitet, mit denen einen erst einmal nichts verbindet außer Ortsschild und Kaffeedurst. Und das Direkte, das Authentische, das Ellinor und Lotte so schätzen, schlägt auch schnell um in Konflikte.

Wie an vielen Orten und in vielen Zusammenhängen war es die gemeinsame Erfahrung der Pandemie, die im Dorf Gräben aufgerissen hat. Auch solche, die zuvor keine Rolle spielten. Schon die Eröffnung war eine Zitterpartie: Wie würden die Corona-Bestimmungen zu diesem Zeitpunkt sein? Zutritt nur für Geimpfte und Genesene oder reichte ein Test? Am Ende war es Glück, dass kurz vorher alle Zugangsbestimmungen gefallen waren. Sonst wäre der Konflikt zwischen Impfgegner:innen und Impfbefürworter:innen am Ort möglicherweise hochgekocht.

»MEINE KONTAKTE SIND VIEL DIVERSER GEWORDEN«

Aber da ist noch ein zweiter Konflikt und der lässt sich nicht einfach aussitzen. Wie geht man miteinander um in einer Gegend größter politischer Verwerfungen, in einem Wahlkreis, in dem – wie in vielen

Regionen Sachsens – die in Teilen rechtsradikale AfD mal 35, mal 37 Prozent der Stimmen erhält?

»Uns ist am Miteinander gelegen«, betont Lotte. »Wir sind bereit, Standpunkte auch einfach mal so stehen zu lassen. Aber bei einigen Diskussionen haben wir gemerkt, man stößt an Grenzen.«

Und die verlaufen wo?

Genau das ist immer wieder ein Streitpunkt, auch zwischen den Macherinnen der Initiative. Was ist noch dummer Spruch, was blanker Rassismus? Wird jemand im Café bedient, der mit einem T-Shirt einer einschlägigen rechtsradikalen Modemarke am Tresen sitzt? Oder muss man das hinnehmen, solange er kein verfassungsfeindliches Symbol auf der Brust trägt, für das man ihn anzeigen könnte?

»Wir müssen uns als Verein immer wieder positionieren, ob wir wollen oder nicht«, sagt Ellinor. Immerhin ist es ihnen nach langen Diskussionen gelungen, ein gemeinsames Leitbild zu entwerfen, in dem zumindest Grundlegendes geregelt ist und auf das sich alle berufen können. Auch das war harte Arbeit.

»MANCHE STANDPUNKTE MUSS MAN EINFACH MAL STEHEN LASSEN«

Trotz aller Gegensätze versuchen sie immer wieder, Brücken zu bauen. »Unser Fokus ist Begegnung. Wenn im Café ein Mensch aus seinem achtzigjährigen Leben erzählt und der, der ihm gegenübersitzt, sagt: Interessant, soll ich dir vielleicht mal die Einkäufe nach Hause fahren? – dann haben wir viel erreicht«, erklärt Ellinor.

Florian Schneider hat sich zu uns gesetzt, einer der Betreiber des »Heckenhofes«, wo Ellinor vor knapp zehn Jahren ihre erste Adresse in Sohland hatte. Auch er und seine englische Frau Ody sind nicht die Art Menschen, die man sich typischerweise als Bauern im ländlichen Sachsen vorstellen würde. Ihr Betrieb hat sich der »solidarischen Landwirtschaft« verschrieben, einer Art Abo-Modell, bei dem eine Reihe Familien sich vertraglich verpflichten, landwirtschaftliche Produkte über einen längeren Zeitraum zu einem festgelegten Preis abzunehmen. Außerdem bietet das Paar spirituelle Seminare an, etwa: »Visionssuche für junge Erwachsene«.

Eine Gedankenwelt, die vielen am Ort fremd ist. Aber Abschottung könne nicht die Lösung sein, findet Florian: »Meine Nachbarschaft, mein unmittelbares Umfeld sind doch die Orte, an denen ich etwas bewirken kann, mich engagieren, politisch aktiv sein.« Eine ihrer ersten Aktionen, als sie sich vor zwölf Jahren in Sohland niederließen, war eine Art vertrauensbildende Maßnahme: Sie schrieben im Heimatblatt einen Artikel, in dem sie ihre Art des Wirtschaftens erklärten, luden alle

Dorfbewohner:innen auf ihren Hof ein und fragten nach leeren Marmeladengläsern fürs Einwecken der ersten Obsternte. Ein Eisbrecher. Aber auch Florian Schneider kennt die Spannungen, die Kontroversen, von denen Ellinor und Lotte berichten. »Man kann sich nicht immer *nicht* positionieren«, sagt er. »Ich versuche aber, mich in Konflikte nicht so stark reinziehen zu lassen, immer den Menschen dahinter zu sehen.«

Und das, da ist er sich mit den Cafébetreiberinnen einig, geht eben leichter, wenn man sich nicht nur unterschiedliche Meinungen um die Ohren haut, ob am Kneipentisch oder per Social Media, sondern wenn es ein gemeinsames Interesse gibt, ein Projekt, das verbindet. Zum Beispiel ein gemeinsames Sommerpicknick auf dem Festplatz am alten Herrenhaus organisieren oder Schichten für den Dorfladen einteilen.

Die Band macht Pause, Tischgruppen mischen sich neu. Alte Bekannte, neue Kontakte. Keine:r sitzt für sich allein. Als wir gegen zehn Uhr aufbrechen, nehmen wir das als vielleicht wichtigste Erkenntnis mit: Soziale Netze sind nicht nur ein Faktor fürs private Wohlfühlen, sondern der Ausgangspunkt von politischer Beteiligung, von Interesse am Gemeinwesen – also letztlich ein Treiber der Demokratie.

Wenn Reden nicht mehr reicht

Und um diesen Effekt zu stärken, reicht es nicht, nur zu reden. Das gemeinsame Tun macht den Unterschied. Ermöglicht Menschen, in einem politischen Spannungsfeld zu leben, es auszuhalten. Und hält am Ende auch Kommunikationskanäle offen, ohne dass dabei alle Gräben mit unechter Harmonie zugeschüttet werden müssten.

»MAN KANN SICH NICHT IMMER NICHT POSITIONIEREN«

Das hat eng mit zwei Faktoren zu tun, mit denen wir uns in den nächsten beiden Kapiteln beschäftigen. Zum einen die Frage: Wie kann man Engagement fördern – und nimmt die Bereitschaft, sich für andere einzubringen, tatsächlich ab oder findet sie nur andere Formen? Zum anderen wird es um die Frage der Identifikation gehen: Was macht es mit Menschen, wenn sie ein positives, identitätsstiftendes Bild von ihrem Wohnort haben? Wo können Stolz und Zugehörigkeitsgefühl in eine Überheblichkeit kippen, die andere ausschließt? Und: Wie beeinflusst das eine das andere – die Identität die Bereitschaft, sich zu engagieren, und andersherum?

KURZ GESAGT

Unser Thema: Aktiv gestaltete soziale Netze schützen nicht nur den Zusammenhalt im Kleinen, sondern haben auch eine positive Wirkung auf die Bereitschaft, sich politisch und gesellschaftlich zu engagieren. Durch die Digitalisierung entstehen zwar neue Alternativen zur persönlichen Begegnung und Kontaktpflege, können diese jedoch nicht ersetzen.

Unser Fall: Wir besuchen zwei Frauen, die in einem sächsischen Dorf ein gemeinnütziges Caféprojekt gestartet haben, und sprechen mit ihnen über Möglichkeiten und Grenzen, Alt- und Neueinwohner:innen, Menschen verschiedener Generationen und unterschiedlicher politischer Couleur miteinander ins Gespräch zu bringen.

Unsere wichtigste Erkenntnis: Durch gemeinsame Projekte und Ziele lassen sich soziale Netze stärken, ohne deshalb weltanschauliche Unterschiede wegzudiskutieren. Dies setzt aber auf allen Seiten die Bereitschaft zur Begegnung, Offenheit und Empathie voraus.

★ **Ort: Hitzacker**

Landkreis: Lüchow-Dannenberg

Bundesland: Niedersachsen

Einwohner:innen: 5.100

KAPITEL 2

Identifikation hat viele Gesichter

Vom östlichsten Osten Sachsens an den östlichsten Zipfel *Niedersachsens: Lüchow-Dannenberg* ist der am dünnsten besiedelte Landkreis der westdeutschen Bundesländer, einer der ärmsten Kreise und mit der ältesten Bevölkerung. Aber er ist auch in anderer Hinsicht bemerkenswert. Denn durch die jahrzehntelange Auseinandersetzung um ein mögliches Atommüll-Endlager in Gorleben existieren hier Gegenkultur und bürgerliche Kultur teils nebeneinanderher, teils mit erstaunlichen Berührungspunkten. Wie identifizieren sich unterschiedliche Menschen mit ein und derselben Gegend, die aber für jede:n etwas anderes bedeutet?

Wie entsteht das Gefühl von Zugehörigkeit? Was bedeutet es, sich mit einem Dorf, einer Stadt zu identifizieren, wenn Mobilität zunimmt und Remote-Arbeit, wie etwa Homeoffice, ebenfalls? Wenn Lebensläufe seltener an einen einzigen Ort gebunden sind, Menschen mehrere Lebensmittelpunkte gleichzeitig haben können und Netzwerke, wie wir im vergangenen Kapitel gesehen haben, stärker zwischen einzelnen Menschen geknüpft sind und unabhängiger von Geografie werden? Und: Bringt die Verbundenheit mit einem Ort Menschen zusammen – oder spaltet sie gleichzeitig, wenn schon die benachbarte Gemeinde als »die anderen« wahrgenommen wird oder sogar die eigenen Nachbarn noch 30 Jahre nach ihrem Zuzug als »die Neuen« gelten?

Der Landkreis Lüchow-Dannenberg, im östlichsten Niedersachsen gelegen, hat einige Ähnlichkeit mit der Gegend im östlichen Sachsen, die wir im vorigen Kapitel kennengelernt haben: ländlich, dünn besiedelt (er ist sogar der am dünnsten besiedelte der alten Bundesrepublik),[19] mit hohem Durchschnittsalter[20] und am unteren Ende des durchschnittlichen Pro-Kopf-Einkommens. Gleichzeitig sticht er als besonderes Biotop hervor, verglichen mit Regionen, die ähnliche Kennzahlen haben. Jahrzehnte des

Widerstands gegen ein Atommüllendlager in Gorleben – das 2020 schließlich aus dem Kreis der möglichen Standorte gestrichen wurde[21] – haben Land und Leute geprägt und zu einem bemerkenswerten Miteinander, oft auch einem Nebeneinander verschiedener Lebensstile geführt.

Die Gasthäuser schließen, das Schützenfest bleibt

Das gilt auch für Hitzacker, eine Kleinstadt mit rund 5.000 Einwohner:innen. Auf der einen Seite die Bodenständigen, die Traditionsverbundenen. Man trifft sich bei der freiwilligen Feuerwehr, beim Sportschießen, auf dem Fußballplatz. Noch vor einigen Jahrzehnten, so erzählen Einheimische, gab es auch eine rege Kneipenszene, inklusive traditioneller Geschlechtertrennung: Die Männer saßen samstags beim Bier und sonntagmittags beim Frühschoppen, die Frauen warteten zu Hause. Die Rollenverteilung ist passé, das Auswärtstrinken allerdings auch. Lokale gibt es weniger, man trifft sich im engeren Kreis auf der heimischen Terrasse, auch weil die Kisten aus dem Getränkemarkt günstiger sind. Was der Landkreis allerdings hat, ist eine hohe Veranstaltungsdichte: Märkte, Stadtfeste und vor allem die zahlreichen Schützenfeste.

Gleichzeitig hat sich im gesamten Wendland (dessen Grenzen nicht deckungsgleich mit denen der Landkreise sind) über viele Jahrzehnte eine Parallelkultur entwickelt, die einzigartig für ein ländliches Gebiet ist. Oft unter dem Einfluss derer, die im Zuge der Umweltbewegung kamen und blieben: spirituell, alternativ, ernährungsbewusst, politisch. Auch sie identifizieren sich mit den Orten, die sie für sich entdeckt haben, nur anders. Ein Treffpunkt dieser Szene ist die jährliche »Kulturelle Landpartie« im Mai, ursprünglich stärker von Protestaktionen gegen das Endlager inspiriert, jetzt, vor allem nach dem vorläufigen Ende dieses Konflikts, mehr Kulturveranstaltung mit gesellschaftspolitischer Note. Bei der »KLP« werden nicht nur Musik gemacht oder Aquarelle örtlicher Künstler:innen verkauft, es wird auch über neue Wohnformen oder Carsharing im ländlichen Raum diskutiert.

Schnittmengen seit vielen Jahrzehnten

Natürlich ist diese Aufteilung in zwei Lager eine Vereinfachung, denn die gesellschaftlichen Gruppen – hier die Traditionalisten, dort die Alternativen – sind nicht homogen, weder im Wendland noch an anderen Orten. Und sie mischen sich immer wieder. Schon zu Hochzeiten des Protestes Ende der Siebzigerjahre gab es Schnittmengen: Bei einer der größten Anti-Atomkraft-Demos in der Frühzeit der Ökologiebewegung mit hunderttausend Teilnehmer:innen machten Landwirte gemeinsame Sache mit Akteur:innen der Bürgerbewegung und begleiteten den Marsch in die Landeshauptstadt Hannover mit 350 Traktoren.[22]

Aber diese besondere, wendländische Mischung hat uns neugierig gemacht. Wir wollen wissen: Wie passen unterschiedliche Formen von Verbundenheit zusammen – und was folgt daraus für das Miteinander? Identifizieren sich vielleicht alle mit dem Ort, an dem sie leben – nur eben auf ganz unterschiedliche Weise?

Wir haben zwei sehr unterschiedliche Männer besucht: Roman Seifert, freier Journalist und Unternehmer, der mit seiner Familie in einer alternativen, ökologischen Neubausiedlung am Rande von Hitzacker lebt; und Sebastian Rabe, zum Zeitpunkt unseres Besuchs amtierender Schützenkönig der Schützengilde von 1395, der als Student zwischen Hitzacker und Berlin pendelt.

Doch erst einmal ganz grundsätzlich gefragt: Spielen Heimat, Heimatverbundenheit heute überhaupt noch eine Rolle? Wie stark definieren sich Menschen überhaupt über die Frage, wo sie leben? Prinzipiell lässt sich feststellen: In Deutschland fühlen Menschen sich emotional eher ihrem geografischen Nahbereich verbunden als dem Land, dem Staat. Das Thema »Heimat« ist zwiespältig, aus naheliegenden historischen Gründen, und im internationalen Vergleich liegt Deutschland regelmäßig auf den hinteren Rängen, wenn nach der Identifikation mit der eigenen Nationalität gefragt wird. Spitzenreiter sind unter anderem Dänemark, Australien und Kanada, noch vor den USA.[23]

Je kleiner der Radius, desto höher die Verbundenheit

Doch je kleiner man die Bezugsebene macht, desto höher steigt die Identifikation. Bei der Erhebung für unsere Zusammenhaltsstudie im Jahr 2020 ergab sich: Ihrem Bundesland sehr oder ziemlich verbunden fühlen sich 60 Prozent aller Befragten, der Region 72 Prozent und dem Wohnort 82 Prozent.[24] Werden Gebiete neu zusammengefasst auf eine Art, die als willkürlich empfunden wird, kann das die Identifikation dagegen empfindlich stören. Dafür finden sich nicht nur anekdotische Fälle – etwa die heute nicht mehr ganz ernst gemeinte Konkurrenz zwischen Badenern und Schwaben, die 1952 zu einem Bundesland zusammenfasst wurden –, sondern auch empirische Beispiele.

Gemäß Daten der European Values Study und des World Values Survey sinkt die Identifikation etwa in Regionen Sachsens, Sachsen-Anhalts und Mecklenburg-Vorpommerns, in denen Landkreise im großen Stil fusioniert wurden. Dadurch verliere die örtliche Bevölkerung sowohl den gesellschaftlichen Zusammenhalt als auch die Bereitschaft zum

Engagement.[25] Die Reduzierung sozialer Kontakte schwächt ebenfalls die Identifikation – das zeigen die Ergebnisse der Pandemiestudie. Im Vergleich zur Vor-Corona-Zeit hat die Verbundenheit auf allen Ebenen abgenommen, vom Wohnort bis zum Bundesland insgesamt. Es kann sich dabei um ein temporäres Phänomen handeln, zeigt aber: Verbundenheit mit dem Ort und soziale Kontakte hängen eng zusammen.

Wenige Menschen, hoher Zusammenhalt

Ein ausführlicher Bericht des Bundesinnenministeriums führt dagegen Faktoren auf, die sich – abgesehen von Momentaufnahmen – besonders positiv auf die Verbundenheit auswirken.[26] Ein wichtiger Faktor ist die Bevölkerungsdichte. Als Faustregel lässt sich sagen: Je ländlicher und dünner besiedelt ein Gebiet ist, desto stärker fühlen sich die Bewohner:innen verbunden. In Klein- und Mittelstädten ist der innere Bezug zum Wohnort entsprechend höher als in Großstädten – das fällt auch im Bundesländervergleich auf: Bremen und Berlin schneiden recht schlecht ab (Hamburg dagegen ist ein positiver Ausreißer), während Mecklenburg-Vorpommern, Schleswig-Holstein und das Saarland besonders hohe Werte erzielen. Typisch für die neuen Bundesländer ist eine weitere Oberkategorie der Identität: Man fühlt sich spezifisch ostdeutsch, als Abgrenzung zu deutsch oder westdeutsch. Das haben wir in einer Untersuchung zum 30-jährigen Jubiläum der deutschen Einheit festgestellt.[27] Es gibt Anzeichen dafür, dass diese Identität auch bei Jüngeren ein starker Teil der Selbstdefinition ist, während bei Gleichaltrigen in den alten Bundesländern westdeutsch keine Rolle für die eigene Identität spielt.

In Großstädten deutschlandweit, in denen der Zusammenhalt tendenziell niedriger ist als an kleineren Orten, lässt sich wiederum eine andere Form von Zugehörigkeit beobachten: Menschen empfinden sich weniger als Bewohner:in einer Millionenstadt denn eines Viertels.[28] Zugespitzt: Der Kölner ist weniger Kölner als Ehrenfelder oder Südstädter, die Berlinerin fühlt sich eher Kreuzberg oder Lichterfelde verbunden als der gesamten Bundeshauptstadt mit ihren fast 3,7 Millionen Einwohner:innen. Pointiert ließe sich sagen: Großstädter:innen machen sich ihren Ort eben so klein, wie er zur Identifikation taugt.

Noch einige Ergebnisse aus der Analyse des Innenministeriums sind erwähnenswert. Denn neben der Ortsgröße korrelieren folgende Fakten mit einer hohen Identifikation: Wohndauer, Eigenheimbesitz, die Zugehörigkeit zu einer Religionsgemeinschaft und persönliche Lebensumstände. Ältere Paare, Alleinlebende sowie Haushalte mit älteren Kindern identifizieren sich stärker mit ihrem Wohnort als jüngere

Singles und Paare sowie Migrant:innen der zweiten Generation (eine Ausnahme werden wir in Kapitel 5 kennenlernen).

Grob gesagt ergibt sich daraus folgendes Bild: Es ist eher die Familie im kleinstädtischen Eigenheim, die einen Teil ihrer Identität an ihrer Umgebung festmacht, als der großstädtische Student bzw. Single, der halbjährlich sein WG-Zimmer wechselt.

Das führt zu einem letzten signifikanten Zusammenhang, der überrascht: Denn anders als bei allen anderen Dimensionen des sozialen Zusammenhalts stellt sich bei diesem Faktor der Zusammenhang mit Wohlstand und Bildung eher umgekehrt proportional dar. Sprich: Während Menschen mit überdurchschnittlichem Einkommen und hohen Bildungsabschlüssen im Schnitt beispielsweise mehr soziale Kontakte haben, sich stärker engagieren, Institutionen mehr Vertrauen entgegenbringen und die Gesellschaft tendenziell für gerechter halten, ist es bei der Identifikation tendenziell genau andersherum: Je wohlhabender und erfolgreicher, desto weniger fühlen Menschen sich ihrem Wohnort verbunden – und vice versa.

Der englische Publizist David Goodhart prägte vor Jahren das griffige Gegensatzpaar der Somewheres und Anywheres:[29] Hier die kosmopolitischen Eliten, Kreative, High Potentials, die »Gewinner der globalen Urbanisierung« (Matthias Horx), die zwar irgendwo wohnen, aber buchstäblich jederzeit die Koffer packen und sich in jeder internationalen Stadt zu Hause fühlen könnten, ob Berlin, Barcelona oder Boston. Weil sie freie Kreativjobs machen oder beispielsweise für multinationale Konzerne arbeiten und im Zuge ihrer Karriere ohnehin alle drei Jahre den Wohnort wechseln. Dort die Somewheres, die irgendwo geblieben sind, zufällig am Ort ihrer Geburt. Oft nicht einmal aus freien Stücken, aus Liebe zum Vertrauten, sondern weil es finanziell nicht anders geht. Obwohl kein Zug am Bahnhof mehr hält und in den Auslagen der Fußgängerzone traurige »Zu vermieten«-Schilder stehen, weil sich das Einkaufen in die Discounter am Ortseingang verlagert hat.

Global Citizens gegen Provinzler – das Konzept geht nicht auf

Das liest sich gut als süffige Sozialdiagnose, als Erklärungsversuch für Phänomene wie die Gelbwesten in Frankreich oder Wahlergebnisse in einigen ostdeutschen Bundesländern. Aber es springt auch zu kurz. Denn weder sind die sogenannten Anywheres völlig losgelöst von den konkreten Lebensumständen an ihrem Wohnort, noch stimmt es, dass den Somewheres nichts anderes übrig bleibt als dazubleiben, nachdem die vorletzte Kneipe dichtgemacht hat und der Dorfladen sowieso.

Vielleicht sehen sie die Probleme – und wollen trotzdem nirgendwo anders sein. Oder kommen nach Ausbildung oder Studium wieder zurück, selbst wenn das Leben woanders aufregender sein mag. Im Übrigen fällt es in der Empirie recht schwer, eindeutige Vertreter:innen der einen oder anderen Gruppe auszumachen. Manche sind alles gleichzeitig: verwurzelt und dennoch mobil.

Auftritt Sebastian Rabe. »Zu Hause ist dort, wo man wohnt. Und Heimat dort, wo man herkommt, wo man seine Wurzeln hat«, beantwortet er die Frage nach Zugehörigkeit. Und bestätigt damit den Trend der Studien: Als Wirtschaftsinformatikstudent lebt Sebastian Rabe derzeit in Berlin, weiß die Stadt zu schätzen, das Multikulturelle, die Vielfalt (»nirgends hat man so viel Auswahl an Döner!«), würde sich aber nicht als Berliner bezeichnen. Obwohl er sich mit seinem Alltagslook – gepflegter Bart, Jeans, Hoodie – auch dort perfekt ins Straßenbild einfügt. »Ich bin Hitzackeraner. Ich mag das Gefühl zu wissen, wo ich herkomme.«

Zwar verbringt er aktuell nur Wochenenden und Ferien in der Kleinstadt seiner Kindheit, aber irgendwann, auf lange Sicht, möchte er wieder hier leben. Das war sogar bei seiner Entscheidung für einen Studiengang mit entscheidend: Als IT-Experte, hofft er, kann er von überall auf der Welt arbeiten. Und es muss ja nicht Bali sein, sondern ein Häuschen hinter dem Elbdeich kommt dafür auch infrage. Selbst wenn er weiß, dass Lebenspläne sich ändern können – dieser fühlt sich gut an.

Wenn die Wurzeln bis ins 14. Jahrhundert reichen

In Berlin hat er Freund:innen, hier fühlt er sich als Teil einer traditionsreichen Gemeinschaft, der Schützengilde, deren Tradition bis ins 14. Jahrhundert zurückreicht. Zum Zeitpunkt unseres Gesprächs ist er sogar ein gekröntes Haupt: Seit dem letzten Zielschießwettbewerb trägt er den Titel »Schützenkönig«.

Läuft man mit ihm die kopfsteingepflasterte Straße der Hitzackeraner Innenstadt entlang, vorbei an niedrigen, alten Fachwerkhäusern, kennt er alle Namen auf den Schützenscheiben an den Giebeln. Hier grüßt er fast jede:n auf der Straße (und umgekehrt), in Berlin kennt er nur die engsten Nachbarn. Was typisch ist: In ländlichen Regionen ist die nachbarschaftliche Verbundenheit fast überall höher als in Städten.[30]

Schießsport ist für Sebastian Rabe mehr als ein Hobby. Der Verein, die Gilde haben buchstäblich vom ersten Tag an eine tragende Rolle in seinem Leben gespielt. Vater Torsten meldete ihn ein paar Tage nach seiner Geburt als Gildenbruder an, sodass er schon vor ein paar Jahren sein 25-jähriges Ehrenabzeichen überreicht bekam.

Als Rabe senior zum Meisterschützen gekrönt wurde, vor über zwanzig Jahren, durften Sebastian und sein Bruder beim Umzug mitlaufen, mit selbst gebastelten Hüten und Pappschwertern: »Wir waren die Prinzen von Hitzacker, uns kannte jeder!« Erinnerungen, die Heimatgefühl geben. »Wenn ich die ersten Takte der Musik höre, den Spielmannszug mit seinen Trommeln, Flöten, Blechblasinstrumenten, bin ich sofort wieder sechs Jahre alt«, erzählt er.

Nur ein einziges Mal in seinem Leben hat er ein Schützenfest verpasst; dafür war das letzte das vorläufige Highlight: seine eigene Krönung. Für ein Jahr darf er nun die Schulterklappen an seiner Uniform tragen, die sein Vater schon getragen hat, wahrscheinlich schon sein Urgroßvater. Alle von hier. »Diese Beständigkeit tut mir gut, dieses Bewusstsein, woher ich komme. Die Gemeinschaft, der Verein haben mir für mein Leben viel gegeben.«

Hört man ihm zu, geht es weniger um Treffsicherheit und Zielrekorde, sondern mehr um das soziale Gewebe drumherum: »Egal, wie groß der Altersunterschied, egal, was die Leute beruflich machen, man setzt sich an einen Tisch, hat ein gemeinsames Thema.« Gern würde er noch mehr jüngere Leute dafür begeistern, auch Reformen wären ein Thema. Während beim Training auch Schützinnen zugelassen sind, ist die Gilde selbst der Satzung nach eine reine Männerriege. Eigentlich nicht mehr zeitgemäß, findet auch er, aber man müsse ebenfalls Rücksicht nehmen auf die Befindlichkeiten der Älteren: »Viele sind einfach noch nicht so weit.«

»WIR WAREN DIE PRINZEN VON HITZACKER, UNS KANNTE JEDER!«

Hitzacker und er, das ist eine Bindung fürs Leben, auch wenn sein Leben nicht immer hier stattgefunden hat. Als wir an einer hohen Flutmauer vorbeilaufen, die die Altstadt von der Elbe und den vorgelagerten Sumpfwiesen trennt, kann er zu jeder Wasserstandsmarkierung an einem Poller eine Geschichte erzählen. Bei der verheerenden Elbflut 2002 durften er und sein Bruder als Kinder auf dem Schlauchboot durch die überfluteten Innenstadtgassen mitfahren, um Post und Brötchen auszuliefern; als der Altstadtinsel 2013 das Wasser wieder bis zum Hals stand, war die neue Flutmauer mit dem mächtigen Tor zwar schon gebaut, aber bis zuletzt war es eine Zitterpartie, ob sie halten würde. Er war 18 und ließ sich von der Schule freistellen, um nachts zu Fuß mit auf Patrouille zu gehen, gemeinsam mit anderen Freiwilligen, Schulfreunden, dem Bürgermeister. »Da vorne im Deich haben wir ein winziges Loch gefunden und dem THW gemeldet«, erzählt er stolz. »Die haben Sandsäcke drumherum gelegt und ein Becken geschaffen, das war in zehn Minuten vollgelaufen.« Man setzt sich ein für das, was man liebt. Auch wenn man dabei nasse Füße bekommt.

Warum Verbundenheit in Krisen stark macht

Die Forschung drückt es so aus: »Gerade in Krisenzeiten wirkt ein nachbarschaftliches Netzwerk langfristig identitätsstiftend.«[31] Ob Flutkatastrophe oder Pandemie, die Gleichung geht immer wieder auf: Identifikation und starke soziale Netze bedingen sich gegenseitig; daraus entsteht Bereitschaft zum Engagement.

Doch so gut Sebastian Rabe seine kleine Heimatstadt kennt, jedes Haus auf der Altstadtinsel, das Schwimmbad mit der Pommesbude, die Elbwiesen, eines ist ihm in all den Jahren noch nie eingefallen: ein Besuch bei der Kulturellen Landpartie, jenem alternativen Kulturfestival, von dem schon die Rede war. Dabei liegen einige Ausstellungsorte keine fünf Minuten Fußweg von hier.

Warum nicht? Kann er gar nicht so genau beantworten. »Das sind extrem unterschiedliche Welten«, meint er. »Auch wenn wir alle Hitzackeraner sind, haben wir wenig Berührungspunkte. Jeder macht sein Ding, das beruht auf Gegenseitigkeit. Dabei merke ich schon, dass ich durch meine Jahre in Berlin ein anderes Mindset bekommen habe, dass mir Ökologie wichtiger geworden ist, Nachhaltigkeit. Da bin ich wahrscheinlich näher an der alternativen Szene als an manchen Alten hier am Ort oder in der Schützengilde. Aber ich möchte niemandem meine Meinung aufzwingen. Respekt vor anderen Meinungen ist mir wichtig.«

»ZU HAUSE IST DA, WO ICH EINEN GARTEN HABE«

Die letzten Sätze würde Roman Seifert wohl auch unterschreiben. Er ist ein paar Jahre älter als Sebastian Rabe, trägt ebenfalls Bart und auf den ersten Blick sind die beiden Männer gar nicht so verschieden. Trotzdem sind sie sich noch nie über den Weg gelaufen, jedenfalls nicht bewusst. Denn Seifert ist, vereinfacht gesagt, eher Team Kulturelle Landpartiepartie, nicht Team Schützenfest. Auch er identifiziert sich mit dem Ort. Aber auf völlig andere Weise.

Seifert verdient sein Geld vor allem als Fachjournalist für Garten- und Friedhofsthemen, einer, der viel herumgekommen ist, an vielen Orten Deutschlands gelebt hat, zuletzt in Hannover. Seine Definition von Heimat, von Wurzelschlagen ist eine sehr handfeste: »Überall dort, wo ich einen Garten anlegen kann, der mehr als zwei, drei Jahre Bestand hat.«

Dass ihm das jetzt gelungen ist, liegt an einem ambitionierten Projekt mit Namen Hitzacker Dorf, einem besonderen Neubaugebiet hinter dem Bahnhof, am Ortsrand. Eine in sich geschlossene, genossenschaftliche

Siedlung mit Häusern in Holz- und Lehmbauweise, die schon in ihrer Architektur Offenheit und Zugänglichkeit signalisieren. Die Terrassen zur nicht gepflasterten, autofreien Hauptstraße sind nicht hinter Hecken verborgen, die Fenster groß und einsehbar, die Eingänge liegen nach vorne. Seit 2016 beteiligten er und seine Frau Isabell, Heilpädagogin, sich an der Planung, 2017 kamen sie ins Wendland. Zunächst nach Diahren, ein Dorf in typisch wendländischer Rundlingsbauweise, dann vorübergehend in einen Bauwagen auf der Baustelle von Hitzacker Dorf. Schließlich bezogen sie eine der Wohnungen, bekamen ein Kind. Sie sind angekommen. Kürzlich hat Seifert neben seiner schreibenden Tätigkeit ein landwirtschaftliches Start-up gegründet, eine Farm für Edelpilze. Die liegt buchstäblich einen Katzensprung entfernt.

»Ich würde mich noch nicht als Hitzackeraner bezeichnen, aber mit unserem Dorf bin ich sehr verbunden«, sagt Seifert. Doch die Verbindung ist eher ideell. Es geht um eine Bauweise, die sich gesund anfühlt, die Möglichkeit mitzugestalten, nicht zuletzt um gemeinsame Werte mit denen, die hier leben. »Wir sind keine Kommune, sind nicht dogmatisch mit unseren Regeln, wirtschaften separat«, erzählt er. »Aber wer hierherzieht, weiß, dass er sich unter Umständen auf Debatten einlässt.« Braucht es wirklich ein Auto? Ist eine fleischlose Ernährung nicht die bessere? Und was ist mit Windeln: Müssen sie wiederverwertbar sein, ist Einweg okay – oder wachsen Kinder am besten komplett windelfrei auf?

»ICH MÖCHTE KEINEN NACHBARN, DER SEIN AUTO ÜBER ALLES LIEBT«

Roman Seifert sagt, er wolle niemanden missionieren. Aber leidenschaftlich diskutieren, sich und andere infrage stellen – das ist schon gewünscht. Und ein Umfeld mit Gleichgesinnten, die ähnliche Werte haben, kommt ihm zupass. »Ich würde zum Beispiel ungern jemanden als Nachbarn haben, der nichts so sehr liebt wie sein dickes Auto und das jeden Samstag auf der Straße wäscht.« Bei ihnen im Dorf liegt der Parkplatz außerhalb; nur der Postlieferwagen oder Umzugswagen kommen direkt vor die Haustür. Bullerbü-Feeling für die Kinder, die dort unbeaufsichtigt herumstreifen dürfen, ohne große Gefahr durch Verkehr.

Zum ersten Mal hörten er und seine Lebensgefährtin 2015 von dem ambitionierten Plan, eine ökologische Siedlung für dreihundert Menschen auf einem Acker am Ortsrand zu schaffen, für Alte, für Junge, für Einheimische wie für Geflüchtete. Das war die Zeit der großen Flüchtlingsströme Mitte der Zehnerjahre, und die Initiator:innen stellten sich den Standort perfekt vor: günstiger Baugrund, vergleichsweise niedrige Lebenshaltungskosten, viel Platz.

Ganz so groß ist es am Ende nicht ausgefallen, auch weil man bald merkte, dass die Vorstellungen von einem guten, gemeinschaftlichen Leben stark auseinandergingen. Nicht nur, aber auch zwischen den Alternativen mit deutschen Wurzeln und den Zugezogenen aus Kriegs- und Katastrophengebieten.[32] Zustande gekommen ist es dennoch, aber kleiner: Derzeit gibt es 80 Bewohner:innen, davon 20 Kinder; die Ältesten sind um die 80. Einige stammen aus dem europäischen Ausland, 14 Menschen haben einen Fluchthintergrund, aus Somalia, Syrien, dem Gazastreifen und Afghanistan. Miteinander, Vielfalt, wenn auch nicht ganz in der Größenordnung, in der es ursprünglich geplant war. »Ich glaube, manche Menschen hier haben anfangs auch unterschätzt, was es bedeutet, Geflüchtete im Alltag zu unterstützen. Wie zeitintensiv das ist und dass das nicht so einfach nebenher geht.«

Ist also doch wieder eine Art Blase entstanden? In der Menschen sich nicht über vier Generationen von Schützenkönigen definieren, auch nicht über ihre wirtschaftliche Stellung, sondern über ähnliche Werte und Lebensvorstellungen – und genau deshalb wenig Berührungspunkte haben mit anderen, die ihre Postleitzahl teilen? Und das, obwohl man in einem kleinen Ort enger beisammen lebt als in einer Millionenstadt mit ihren unterschiedlichen Milieus?

Das Ziel: Durchlässigkeit nach innen und außen

Das möchte Roman Seifert nicht so stehen lassen – er wünscht es sich auch anders: »Noch vor Projektbeginn waren einige Bewohner:innen von Hitzacker sehr reserviert uns gegenüber und äußerten Befürchtungen, das könnte hier völlig vermüllen, eine Art Ghetto werden. Auch das Thema Ausländer machte einigen Sorgen. Das stand immer wieder in dem Gästebuch, das wir ausgelegt haben, als Angebot zur Kommunikation. Aber das hat sich gegeben. Die Leute merken ja, dass ihre Sorgen unbegründet waren. Durchlässigkeit nach innen und außen ist uns wichtig, und jetzt, da die letzten Häuser bald fertig sind, wird das auch mehr werden. Das ist so gewollt.«

Schon jetzt kommen Menschen aus dem Ort zu einem Arzt, der in der neuen Siedlung seine Praxis hat; im letzten Neubau soll ein Café mit Mittagstisch entstehen. Zugleich gehen Bewohner:innen von Hitzacker Dorf in Sportvereine, schicken ihre Kinder zu Kitas und Schulen. Auch so entsteht Verbindung, es entstehen soziale Netze. Noch so eine Parallele zu unserem ersten Beispiel: Wo gemeinsame Interessen entstehen – etwa weil man zusammen in derselben Mannschaft kickt, Essen für den Mittagstisch kocht, ein Kita-Sommerfest für alle plant –, lassen sich auch weltanschauliche Differenzen einhegen, bleiben Gesprächskanäle offen. Und Offenheit ist auf beiden Seiten Voraussetzung. Ob man im Dorf nach leeren Marmeladengläsern fragt oder Gäste zum Mittagstisch lädt.

Der Vergleich zwischen Sebastian Rabe und Roman Seifert zeigt bei aller Unterschiedlichkeit auch: Identifikation mit einem Ort kann etwas Fluides sein und heißt nicht zwangsläufig, sein ganzes Leben unter derselben Adresse zu verbringen. So wie Sebastian Rabe zwischen Herzens- und Studienort pendelt und den Kontrast auch schätzt, können Roman Seifert und seine Partnerin aufgrund ihrer Jobs von überall arbeiten und sind nicht an einen Standort gebunden.

Heimatgefühl funktioniert auch als Patchwork

Und das Patchwork-Heimatgefühl nimmt zu, vor allem bei Jüngeren und Höherqualifizierten. So gibt es nicht nur im Wendland[33], sondern zum Beispiel auch in Brandenburg einige Initiativen, die um Rückkehrende und Neuankömmlinge werben, etwa die Elblandwerker[34] und die Raumpioniere Oberlausitz[35]. Mit ähnlichen Argumenten, die auch die Gründer:innen von Hitzacker Dorf angezogen haben: viel Platz, geringe Kosten, eine lokale Verwaltung, die sich über den Zuzug Jüngerer freut. Digitale Arbeitsmodelle begünstigen das Leben an mehreren Orten. Etwa: einige Tage im Co-Working-Space in der brandenburgischen Prignitz, in Wittenberge oder Perleberg, ein, zwei Tage Jobpräsenz in Hamburg oder Berlin. Das geht in Hitzacker auch, jedenfalls theoretisch. Denn anders als in Wittenberge, das einen ICE-Bahnhof hat, verkehren in Hitzacker nur wenige Regionalzüge täglich in Richtung Lüneburg und die Fahrt nach Hamburg dauert trotz ähnlicher Entfernung etwa doppelt so lange wie die von Wittenberge nach Hamburg. Die Lücke füllen für mehr Mobilität wollen neuere Initiativen, etwa zum ländlichen Carsharing.[36]

Initiativen wie diese passen zu einer verbreiteten These: Der ländliche Raum sei die neue Avantgarde, weil hier die Megatrends der gesellschaftlichen Transformation früher, schneller und heftiger zuschlagen und somit auch schneller als anderswo zu innovativen Antworten auf diese Entwicklungen führen.

Widmen wir uns zum Schluss noch einer etwas heiklen Frage: Bis zu welchem Grad ist Identifikation mit Ort, Lebensumfeld oder Stadtteil ein positiver Identitätsbaustein, der zu mehr Engagement, Nähe, Resilienz führt – und wo kippt sie in Richtung Ausgrenzung?

Man könnte von einer Art Fußballmoment sprechen – auch da ist es oft nur ein kleiner Schritt vom positiven, fröhlichen Wir-Gefühl, das die Anhänger:innen einer Mannschaft verbindet, zu Schmähungen des

Gegners oder gar zu Gewalt. Das von Roman Seifert erwähnte Beispiel – negative Kommentare in der Projektphase inklusive latent rassistischer Vorurteile gegen mögliche Zuwanderung aus anderen Weltgegenden – findet sich deutschlandweit in ähnlichen Situationen, nur in unterschiedlicher Vehemenz.

Das zeigen etwa Bürgerinitiativen gegen Erstunterkünfte für Geflüchtete, auch wenn sie in Stil und Ton unterschiedlich ausfallen – ob im ländlichen Mecklenburg-Vorpommern[37] oder im feinen Hamburg-Pöseldorf, wo man 2016 versuchte, die Unterbringung von Geflüchteten mit vordergründig menschenfreundlichen Argumenten (»da gibt es doch gar keine Discounter zum Einkaufen«) zu unterbinden oder jedenfalls zu reduzieren.[38]

Liebe zum eigenen Ort – inklusiv oder exklusiv?

Man muss aber nicht mal an Geflüchtete denken. Oft reichen schon kleinere kulturelle Unterschiede, die dafür sorgen, dass Neuzuzügler:innen lange brauchen, in einer nach innen harmonischen, aber auch hermetischen Dorf- oder Stadtgesellschaft anzukommen. Etwa ein Migrationshintergrund der zweiten Generation, der in das Gefühl mündet: Er (oder sie) gehört nicht richtig hierher. Das führt zu der, wenn auch zugespitzten, Frage: Zeigt Heimatverbundenheit sich nach außen als Ablehnung, Ausgrenzung, Rassismus?

In unserer eigenen Zusammenhaltsstudie konnten wir das nicht bestätigen. Auch wenn man es vermuten könnte, ist Heimat ausdrücklich nicht mit Fremdenfeindlichkeit und auch nicht mit rechten Einstellungen verbunden.[39] In unserem Kapitel zum Thema »Vertrauen« werden wir später noch sehen: In manchen migrantisch geprägten Städten und Kommunen kann Identifikation durchaus als Kitt zwischen verschiedenen Schichten und Herkünften dienen und wehrhaft machen gerade gegen solche Menschen, die den Zusammenhalt von innen bedrohen.

Allerdings lässt sich damit der Zusammenhang zwischen Heimatverbundenheit und Ausgrenzung nicht komplett abhaken. Das zeigt ein weiterer Befund aus der zuvor zitierten Studie des Bundesinnenministeriums: Eine höhere Identifikation hängt auch mit einer Tendenz zum Protektionismus zusammen, sprich: Man ist tendenziell weniger freigiebig damit, seinen Wohlstand zu teilen.[40] Eine wichtige Frage scheint zu sein, ob darüber hinaus eigene Abwertungserfahrungen mit ins Spiel kommen.

Vereinfacht gesagt: Wer den Eindruck hat, dass eigene Lebensleistungen nicht gewürdigt werden oder seine Gegend sozial abgehängt wird, neigt eher zu rechten Einstellungen und wählt mit höherer Wahrscheinlichkeit die AfD – das zeigen etwa Untersuchungen im Ruhrgebiet[41] und in ländlichen Gegenden Ostdeutschlands.[42] Der psychologische Mechanismus des Othering, also der Ausgrenzung und Abwertung anderer, hängt nicht unerheblich von der eigenen (gefühlten) Kränkung ab.

Was wir aus diesen Beobachtungen mitnehmen:

Identifikation schafft Verbindung und Solidarität nach innen und erhöht die Bereitschaft, füreinander einzustehen. Dieser Effekt ist größer, je überschaubarer der Kreis ist. Unter diesem Aspekt wären hyperlokale Ansätze zielführend, die auch die Vernetzung in Stadtvierteln erhöhen.

Identifikation ist kein Schicksal und nicht zwingend eine Folge von weit zurückliegender, familiärer Verwurzelung, sondern wird auch genährt von Selbstwirksamkeit und der Erfahrung, im eigenen Nahbereich etwas bewirken zu können. Das muss nicht gleich der Aufbau einer Ökosiedlung mit basisdemokratischen Prozessen sein. Auch ehrenamtliche Projekte oder die Verständigung auf ein gemeinsames Regelwerk können darauf einzahlen. Mehr dazu findet sich unter anderem in den Kapiteln 4 und 9.

Die Frage, ob positive Identifikation in Ausgrenzung kippt, hat stark mit der allgemeinen psychischen Verfasstheit einer sozialen Gruppe zu tun. Es gibt Anzeichen dafür, dass stabiles Selbstbewusstsein, eigene soziale Sicherheit und das Gefühl der Wertschätzung die Hilfsbereitschaft und Freigiebigkeit erhöhen. Sozialer Zusammenhalt ist also auch eine Frage der kollektiven mentalen Gesundheit.

In unserem nächsten Kapitel vertiefen wir das Thema »Engagement«. Wie haben Formen der Solidarität sich verändert und wie stärken sie sich, wenn die Bereitschaft zu bedingungslosen, langfristigen Bindungen abnimmt, nicht nur im Privaten?

KURZ GESAGT

Unser Thema: Die Identifikation mit dem eigenen Wohnort ist in der Regel umso größer, je kleiner die geografische Einheit ist, und auf dem Land höher als in der Stadt. Im Großen und Ganzen wirkt das Zugehörigkeitsgefühl nicht ausgrenzend, sondern steigert das Gefühl von Verantwortung für das eigene Umfeld und die Bereitschaft zum Engagement. Manchen Gruppen gegenüber gilt das jedoch weniger.

Unser Fall: Im niedersächsischen Wendland besuchen wir zwei Männer, die sich auf unterschiedliche Weise mit ihrem Heimatort identifizieren: Der eine hält die Tradition im Schützenverein aufrecht und kann auf mehrere Generationen am Ort zurückblicken, der andere hat sich die Gegend zur Wahlheimat erkoren.

Unsere wichtigste Erkenntnis: Identifikation muss nicht notwendigerweise für jede:n Bewohner:in eines Ortes das Gleiche bedeuten. Auch mehrere Formen von Zugehörigkeit können nebeneinander bestehen und sich ergänzen, solange alle Seiten sich ihre Offenheit bewahren.

Ort: München
Bundesland: Bayern
Einwohner:innen: 1,47 Millionen

Ort: Eichenau
Landkreis: Fürstenfeldbruck
Bundesland: Bayern
Einwohner:innen: 11.800

KAPITEL 3

Solidarität braucht keine Satzung

Wir begeben uns in den Süden nach *Bayern* und sehen uns an, wie demografischer Wandel und ein verändertes Selbstverständnis Solidarität und sozialen Einsatz herausfordern: *Eichenau* im Landkreis *Fürstenfeldbruck*. Wir fahren nach *München* und fragen nach, wie es Menschen geht, die privat Hilfe in akuten Krisen anbieten, ohne institutionellen Rahmen. Und wollen wissen, warum in *Michelbach, Hessen* anscheinend alles so perfekt funktioniert.

Als der Anruf kam, war Stefanie Ratcliffe[43] gerade auf dem Weg zur Arbeit. »Wir haben hier eine Familie für Sie, drei Personen. Sind Sie bereit, die aufzunehmen?«

»Wann soll ich da sein?«

»Passt es Ihnen in den nächsten zwei Stunden?«

Zwei Telefongespräche später – mit ihrem Mann, ihren Chefs – parkte Stefanie in der Münchner Einsteinstraße. Dort, in den Räumen eines privaten Radiosenders, hatte die Stadt eine Erstaufnahme für Geflüchtete aus der Ukraine eröffnet.

In den Wochen nach dem russischen Überfall auf das Nachbarland hatte das Ehepaar Ratcliffe sich immer wieder zusammengesetzt und beraten, wie man helfen könnte. »Mein Mann Martin hat das sehr getrieben. Er fand, es sei unsere Pflicht, Menschen in Not aufzunehmen. Zwei unserer drei Kinder leben schon nicht mehr zu Hause; vom Platz her war es möglich. Trotzdem habe ich anfänglich gezögert.« Nicht aus Hartherzigkeit, sondern aus Realismus.

Stefanie arbeitet als Psychologin seit einigen Jahren mit minderjährigen, unbegleiteten Geflüchteten. Sie weiß, was es bedeutet, traumatisierte Menschen zu unterstützen, mental wie zeitlich. Sie hatte eine Ahnung, was auf sie zukam.

Am Ende einigte sich das Ehepaar: eine Familie, nicht mehr als drei Personen. Dafür würden sie zusammenrücken, das Gästezimmer unterm Dach ihres Einfamilienhauses zur Verfügung stellen und ein Arbeitszimmer freiräumen. Die wenigsten Opfer musste die Teenagertochter bringen, sie hat ihr Zimmer im Souterrain, mit eigenem Bad.

Doch dass es am Ende so schnell gehen würde, hatten sie nicht erwartet. Schon ein paar Tage nach der Hilfszusage meldete sich der Mitarbeiter der Erstaufnahme. »Ich konnte förmlich die Not in seiner Stimme hören, die Zwangslage, so schnell so viele Menschen verteilen zu müssen. Aber ich gebe zu, als ich die Räume betrat, gab es einen winzigen Moment, in dem ich dachte: Das packe ich nicht. Ich drehe wieder um und gehe.«

Die Bilder haben sich ihr eingebrannt: die drangvolle Enge, das Gewusel, Menschen mit leerem Blick, die auf Koffern saßen oder auf Bierbänken – die einzige, karge Möblierung in den leeren Räumen, die man so schnell aufgetrieben hatte. Das pure Leid von Menschen, die von einem Tag auf den anderen aus ihrem Leben gerissen wurden, Menschen zurückgelassen hatten, die sie liebten, ein Land, das nicht mehr sicher war.

Sie drehte nicht um. Sondern saß kurze Zeit später in einem improvisierten Büro einer Mutter und zwei kleinen Jungen aus Kiew gegenüber. Ein Blick, ein Lächeln, ein Aufatmen. »Lilija sprach weder Deutsch noch Englisch und ich kein Ukrainisch. Trotzdem hatten wir beide gleich das Gefühl, die Chemie könnte stimmen.« Bald würden sie einige Gemeinsamkeiten herausfinden, die das Zusammenleben und die Kommunikation leichter machten, auch wenn Gespräche nur per Google Translate möglich waren: der ähnliche Bildungshintergrund, die städtische Herkunft.

»EINEN MOMENT LANG DACHTE ICH: ICH DREHE UM, DAS PACKE ICH NICHT«

Ein Moment der Identifikation, des Wiedererkennens, auch des Erschreckens. Diese Familie in Not, das könnten unter anderen Umständen auch wir sein. Reiner Zufall, dass sie es waren, die Hilfe anbieten konnten, weil sie auf der sicheren Seite Europas lebten.

Das wurde Stefanie besonders bewusst, als sie in die Gesichter der beiden Jungen sah. Denn die erinnerten sie an ihre eigenen, erwachsenen Söhne. »Besonders der ältere hat mich beeindruckt, Matwij. Seine letzten zwei Tage mussten schrecklich gewesen sein. Sie hatten den Vater in Kiew zurücklassen müssen, mitten in der Gefahrenzone; sie hatten sich mit anderen zu acht oder neunt in einen Golf gequetscht, eine Nacht auf dem Fußboden bei Bekannten in Nordbayern verbracht und waren dann weitergefahren nach München. Und jetzt saß er vor mir, lächelte und sagte in seinem schönsten Schulenglisch: ›This is an adventure.‹ Diese Bereitschaft, auch der schlimmsten Krise etwas Positives abzugewinnen, das hat mich gerührt.«

Als Stefanie ihre neuen Mitbewohner in ihr Auto einsteigen ließ und das wenige Gepäck im Kofferraum verstaute, ahnte allerdings noch niemand, wie lange dieses Abenteuer für alle dauern würde. »Am Anfang haben ja alle gedacht, der Krieg ist in zwei, drei Wochen vorbei. Wir waren alle ein wenig blauäugig, auf was wir uns da einlassen.«

Am Ende blieb die Familie aus Osteuropa drei Monate.

Von etwa einer Million Ukrainer:innen, die seit Kriegsausbruch Zuflucht in Deutschland gefunden haben, leben derzeit (Stand: Juli 2023) 80 Prozent in privaten Wohnungen und Häusern.[44] Etwa die Hälfte war bei ihrer Flucht mit Kindern unterwegs. Und viele von ihnen landeten zunächst bei hilfsbereiten Menschen wie den Ratcliffes. Nur eine von Hunderttausenden Geschichten, die allein anlässlich der jüngsten von vielen Krisen der vergangenen Jahre zeigt: Grundsätzlich sind viele Menschen bereit, anzupacken und nicht nur finanziell, auch zeitlich und psychisch Opfer zu bringen.

»THIS IS AN ADVENTURE«, SAGTE DER JUNGE

Janina Krüger kann das bestätigen. Sie leitet seit bald zwanzig Jahren die Ehrenamt Agentur Essen e. V. und bringt noch länger Erfahrung mit dem Thema »Ehrenamt« und Initiative mit. »In aktuellen Krisensituationen legen Menschen in der Regel die höchste Hilfsbereitschaft an den Tag. Vor allem, wenn sie einen persönlichen Bezug zu einem Thema haben. In der Corona-Zeit hatten wir den höchsten Zulauf an Freiwilligen, als es darum ging, warme Mahlzeiten an Kinder zu verteilen.« Eine Aufgabe, die unmittelbar an die eigene Menschlichkeit appelliert.

Gefühlte Nähe motiviert, das merkte Familie Ratcliffe später auch in ihrer Nachbarschaft: »Als Leute von unseren neuen Mitbewohnern erfuhren, konnten wir uns kaum retten vor Hilfsbereitschaft. Leute haben Fahrräder für die Kinder gespendet, standen mit Geschenken vor der Tür, Kleidung oder gaben einfach Geld, gerade in der Zeit, bevor die Familie in München gemeldet und noch nicht sozialleistungsberechtigt war. Manchmal nahm es fast schon Züge eines Wettbewerbs an, die Leute überboten sich vor Freundlichkeit.« Ähnliche Geschichten hört man in München auch sonst: von Schulkindern, die für ihre neuen Klassenkamerad:innen aus Osteuropa extra eine ukrainische Begrüßung auswendig lernten; von Staus vor der ukrainischen und polnischen Botschaft in der Prinzregentenstraße, weil so viele mit ihren Autos vorfuhren, um

»WIR KONNTEN UNS KAUM RETTEN VOR HILFSBEREITSCHAFT«

Kinderkleidung, Hygieneartikel und Babynahrung für geplante Hilfstransporte abzugeben; von leer gekauften Regalen in Drogeriemärkten und Excel-Tabellen, mit denen sich Freundeskreise bei der Unterstützung von Familien abstimmten.

Gefühlte Wahrnehmung und Realität liegen bei wenigen Fragen des sozialen Zusammenhalts weiter auseinander als bei der nach Solidarität und Hilfsbereitschaft. Insgesamt schätzen Menschen hierzulande ihre Mitmenschen nämlich deutlich pessimistischer ein, als diese wirklich sind. So waren in unserer Pandemiestudie 55 Prozent aller Befragten der Meinung: »Im Grunde ist es den meisten Menschen egal, wie es anderen geht.«

Dabei lässt sich immer wieder zeigen, wie groß der Impuls zum Anpacken bei vielen tatsächlich ist: nicht nur am Beispiel des Ukrainekrieges, sondern auch bei der Flutkatastrophe im Ahrtal, im Zuge des »Geflüchtetenjahres« 2015 sowie zu Beginn der Pandemie, als Menschen sich landesweit in ihrer Nachbarschaft organisierten, um für Alte und Kranke die Einkäufe zu erledigen.

Was Menschen über andere denken und welche Absichten sie ihnen unterstellen, ist aber nicht konstant, sondern unterliegt gewissen Schwankungen. Auch das lässt sich belegen, besonders eindrücklich am Beispiel der Corona-Pandemie.

Corona hat das Menschenbild verändert

Das zeigen kombinierte Zahlen verschiedener eigener Erhebungen, sowohl aus der Zusammenhalts- und der Pandemiestudie als auch einer weiteren Längsschnittstudie der Bertelsmann Stiftung, in der wir 2020 zu verschiedenen Zeitpunkten die Veränderungen von Einstellungen gemessen haben.[45] Vor dem Ausbruch des weltweiten Gesundheitsnotstandes stimmten 37 Prozent uneingeschränkt der Aussage zu: »Die meisten Leute kümmern sich in Wirklichkeit gar nicht darum, was mit ihren Mitmenschen geschieht«, 42 Prozent sagten »teils, teils«, ein knappes Viertel (22 Prozent) teilte die pessimistische Einschätzung gar nicht. Zwischen 2017 und einer ersten Befragungswelle Anfang 2020 waren die Werte annähernd konstant.

In einer zweiten Welle nach Pandemiebeginn fand dann eine bemerkenswerte Verschiebung statt, und zwar zum Positiven: Nun stimmten nur noch 21 Prozent der negativsten Einschätzung zu, 55 Prozent sagten »teils, teils«, die Zahl derer mit dem positivsten Menschenbild änderte sich nicht. Das zeigt: Die Solidarität gegenüber Schwächeren, die vor allem in der Anfangsphase der Pandemie spürbar war, ließ auch mehr Menschen neues Vertrauen in den guten Kern ihrer Mitmenschen fassen.

Zwei zermürbende Jahre später, so zeigt die Pandemiestudie, war das Bild jedoch erneut gekippt: Nun waren es ganze 59 Prozent, die fanden, dass Mitmenschen sich zu wenig umeinander kümmerten, und 28 Prozent stimmten der Aussage zu: »Heutzutage kann man sich auf niemanden verlassen«. So harsch hatten 2017 nur 13 Prozent geurteilt. Auch wenn die Datensätze nicht komplett vergleichbar sind, zeigt sich hier eine Tendenz: Das unmittelbare Erleben in Krisensituationen bestimmt, wie wir unsere Mitmenschen einschätzen, und ist in beide Richtungen formbar.

Neben persönlichen Erfahrungen beeinflussen auch äußere Faktoren diese Einschätzung, beispielsweise der soziale Status: Je prekärer die eigene Lebenssituation, als desto weniger hilfreich werden Mitmenschen eingeschätzt.

Unabhängig von akuten Krisen und eigenen Erfahrungen gibt es aber noch weitere Gründe, warum das Gefühl, in einer solidarischen Gesellschaft zu leben, abnimmt. Selbst wenn die Hilfsbereitschaft an sich gar nicht zurückgeht.

Langfristiges Engagement ist out

Die Tendenz lautet: eher spontan als langfristig geplant, eher zielgerichtet und projektorientiert als in einem festen Rahmen. »Menschen wollen heute auch in ihrem Engagement mehr mitbestimmen, autarker entscheiden, eine direkte Wirkung ihrer Handlungen spüren«, fasst Ehrenamtsexpertin Janina Krüger aus Essen zusammen. »Die Strukturen müssen sich den Menschen anpassen, nicht umgekehrt.« Und das sind, gelinde gesagt, nicht nur gute Nachrichten für traditionell organisierte Hilfsnetzwerke. Ebenso wie Parteien, Kirchen und Gewerkschaften müssen nämlich auch klassische Vereine und Verbände um Mitglieder kämpfen.

Vor allem um solche, die nicht nur profitieren, sondern sich einbringen wollen. Ob als Jugendtrainer:in oder Kursleiter:in im Fußball- oder Musikverein, als ehrenamtliche Vorlesepatin oder in der Obdachlosenhilfe.

Das Schrumpfen lässt sich belegen. Die Zahl der jährlichen Neueintragungen von Vereinen ist zwischen 1995 und 2021 von rund 22.000 auf circa 9.000 gesunken; die Zahl der Löschungen dagegen stieg von etwa 4.500 auf rund 7.100.[46] Die Zahl engagierter Einzelpersonen ist zwar von 1999 bis 2014 gewachsen und bis 2019 auf hohem Niveau bei knapp 40 Prozent stabil geblieben – mit den wichtigsten Themenfeldern Sport (13 Prozent), Kultur und Musik (8,6 Prozent), Soziales (8,2 Prozent) sowie Schule und Kindergarten (ebenfalls 8,2 Prozent). Allerdings verbringt der oder die Einzelne durchschnittlich weniger Zeit im Ehrenamt.

Verrichteten 1999 noch 23 Prozent mehr als sechs Wochenstunden unbezahlten Dienst an der Gemeinschaft und 50 Prozent brachten immerhin maximal zwei Stunden auf, hatte sich 2019 das Verhältnis verschoben: zu 17 Prozent mit mehr als sechs versus 60 Prozent mit bis zu zwei Wochenstunden.

Gesucht: Führungskräfte für Ehrenämter

Hinzu kommt, dass Menschen zunehmend ungern dauerhaft Verantwortung übernehmen wollen. Die Zahl der Engagierten in ehrenamtlichen Leitungs- und Vorstandspositionen nahm von 1999 bis 2019 um etwa zehn Prozentpunkte ab, von 37 auf 26 Prozent.[47]

Das ist erst mal kein Grund, in Pessimismus zu verfallen, sondern eine nachvollziehbare Entwicklung. Wenn alles weniger berechenbar wird, von Wohnort und beruflichen Karrieren über Lebenseinstellungen und Liebesbeziehungen, dann werden eben auch klassische Vereinskarrieren seltener, die von der Jugendorganisation bis zum Seniorentreff reichen und mit freiwilligem Engagement einhergehen.

Janina Krüger kennt das Problem und will gegensteuern. »Wir versuchen, Menschen über den gesamten Lebenslauf hin für Ehrenämter zu begeistern«, erklärt sie, »auch wenn das nicht immer dieselben bleiben. Von der Mitmach-AG in der offenen Ganztagsgrundschule, wenn die Kinder beispielsweise Senior:innen mit Sehbehinderungen vorlesen, über Corporate Volunteering, wenn ein Arbeitgeber Mitarbeitende zu bestimmten Zeiten freistellt, damit sie zum Beispiel einen Spielplatz bauen oder eine Kita streichen, bis zu Ruheständlern, die Patenschaften für benachteiligte Jugendliche übernehmen.«

Klappt das, können diese Tätigkeiten in vieler Hinsicht als sozialer Kitt wirken. Zum einen, weil Einzelne aus ihrer sozialen Blase herauskommen, etwa wenn leitende Angestellte von Thyssen Krupp jährlich beim Renovieren einer Kita im armutsgefährdeten Essen Nord aushelfen. Zum anderen, weil Schulklassen, Arbeitsteams, Freundeskreise durch ein gemeinsames Ziel neue Verbundenheit erleben. Die größte Herausforderung ist, diesen Effekt auf Dauer aufrechtzuerhalten.

Weniger örtliche Verwurzelung, kürzeres Commitment

Denn: Natürlich sehen Vereine und Verbände gern Kontinuität und Verlässlichkeit. Doch die hat in modernen Lebensläufen oft weniger Platz. So wie bei unserem oben zitierten Schützenkönig und Gildenbruder aus Hitzacker. Tief verwurzelt, stark identifiziert mit seinem Heimatort und seinem Verein – und trotzdem kann er nicht bei jedem Treffen und jeder

Sitzung dabei sein, solange er in Berlin studiert. Flexibilität, Offenheit für Neues – Werte im modernen Berufsleben stehen oft diametral den Werten entgegen, die bürgerschaftliches Engagement begünstigen.

Und eine Familie wie die Ratcliffes gehört zur Schicht derer, die theoretisch auf der ganzen Welt zu Hause sein könnten: multinational (sie Deutsche, er gebürtiger Brite), mehrsprachig. Gemeinsam haben sie in mehreren Ländern gelebt, ihre Kinder auf die internationale Schule geschickt. München? Eine klassische Wahlheimat. Die Entscheidung für die Stadt fiel vor rund fünfzehn Jahren in einer Mischung aus privaten und beruflichen Gründen. Klar, dass in einer so langen Zeit dort ein soziales Netz entsteht – doch auch das ist zum Teil international geprägt. Man gehört dazu, aber unterscheidet sich auch von den Alteingesessenen, die im Viertel jeder kennt und die Familiennamen tragen, die auch an den Fassaden der jahrhundertealten Höfe entlang des Hachinger Bachs prangen. Und da liegt die spontane Hilfsaktion für die ukrainische Familie emotional erst mal näher als das Amt des Kassenwarts im Fußballverein.

Rotkreuz-Jugend, Kolpingwerk, Feuerwehr

Ortswechsel, dreißig Kilometer vom Münchner Südosten in den Südwesten, nach Eichenau im Landkreis Fürstenfeldbruck. Hier sind wir mit zwei Brüdern verabredet, Markus und Alexander Handelshauser. Ihr Lebensentwurf ist in vielen Punkten das genaue Gegenteil zu dem der Ratcliffes: Sie sind beide in den Siebzigerjahren in Eichenau geboren und aufgewachsen, haben dort geheiratet und ihre Familien gegründet. Von Kindheit an sind sie hineingewachsen ins Vereinsleben: Rotkreuz-Jugend, Kolpingwerk, dann endlich, zum sechzehnten Lebensjahr, der Eintritt bei der freiwilligen Feuerwehr. »Wir haben als Buben regelrecht darauf hingefiebert, endlich mitmachen zu dürfen«, erinnert sich Alexander, geschäftsführender Gesellschafter einer Baufirma. Und Markus, Unternehmer mit Schwerpunkt Brandschutz, ergänzt: »Schon unser Vater war Vorstand und Kommandant, das lag in der Familie. Aber auch diese Überzeugung: Es gehört sich einfach zu helfen, wenn Not am Mann ist, ohne zu fragen, was man dafür bekommt. Christliche Nächstenliebe, das war ein hoher Wert.«

Über Jahre und Jahrzehnte blieben die Brüder dabei, bekämpften Brände, sprangen mitten in der Nacht ins Löschgruppenfahrzeug, pumpten überschwemmte Keller aus, alles ehrenamtlich. Einsätze pro Jahr: mal 150, manchmal auch 400. Zu Markus‘ Hochzeit kamen die Kameraden direkt an die katholische Kirche und ließen ihn nach dem Jawort mitsamt seiner Braut hochleben, indem sie die höchste Drehleiter mit den beiden ausfuhren. Dreißig Meter, das reichte fast an die Spitze des typisch bayerischen Zwiebelturms. Sein Büro im Eichenauer Gewerbegebiet ist dekoriert mit gerahmten Urkunden (»25 Jahre Freiwillige Feuerwehr Eichenau«), im Hängeregal stehen Spielzeug-Feuerwehrautos, mittendrin ein geschnitzter St. Florian, der gerade einen Schwall Wasser über einer Kirche ausschüttet, aus der die Flammen schlagen. »Meine Frau hat einmal gesagt: Du hast einen unbezahlten Vollzeitjob mit hoher Verantwortung – neben deiner Berufstätigkeit.«

Aber all das ist Vergangenheit. Denn vor fünf Jahren legte Markus alle Ämter nieder, als stellvertretender Kommandant und Einsatzleiter, und wurde passives Mitglied. Erster Vorstand ist jetzt Alexander. Er sagt, er kann seinen älteren Bruder verstehen. Es klingt beinahe wie das traurige Ende einer Liebe. Was ist da schiefgelaufen?

Zu viel Bürokratie, zu wenig Wertschätzung

Am Ende waren es mehrere Dinge, die Markus zermürbt haben. Von außen wie von innen. Erstens: eine steigende Regulierungswut, so empfindet er es jedenfalls. »Wenn früher bei einem Brand eine Kettensäge eingesetzt werden musste, habe ich einfach den Zimmerer gefragt, weil ich wusste, der kennt sich damit aus. Heute dürfte ich das keinen mehr machen lassen, der nicht schriftlich mit einem Extraschein nachweisen kann, dass er den Job beherrscht«, gibt er ein Beispiel. Ständig stehe man mit einem Bein vor Gericht, ob es um das Verhalten im Einsatz geht, um Qualifikationen, eine Auftragsvergabe oder die richtige Anwendung der Datenschutzgrundverordnung auf der Webseite des Vereins.

Dazu kommt die mangelnde Wertschätzung. Menschen, die sich beschweren, wenn man in Feuerwehrstiefeln ihr Haus betritt, um den Keller auszupumpen – der Boden könnte schmutzig werden. Markus sagt, oft sei denen, die die Feuerwehr riefen, gar nicht mehr bewusst, dass der Dienst ein Ehrenamt ist. Und sie reagierten ganz erstaunt, wenn sie erführen, dass die Truppe für ihre Arbeit nicht bezahlt wird.

Das alles wäre noch auszuhalten gewesen, hätte im Inneren alles gestimmt. Aber auch da gab es Veränderungen und Probleme. Um die zu verstehen, muss man ein wenig über den Ort wissen – weil er beispielhaft für viele andere Gemeinden stehen kann – und die Herausforderung, traditionelle Institutionen aufrechtzuerhalten. Und Ehrenamtler:innen bei der Stange.

Eichenau liegt im Münchner S-Bahn-Netz, die Fahrt ins Zentrum der bayerischen Landeshauptstadt dauert etwa dreißig Minuten. Diese gute Anbindung war schon früher attraktiv für Pendler:innen. Bereits in den Siebzigerjahren, als die Handelshauser-Geschwister Kinder waren, wuchs der Ort stark. Mitarbeiter:innen großer Münchner Firmen wie Siemens und Rohde & Schwarz bauten oder kauften dort Häuser für ihre Familien. In den letzten drei Jahrzehnten ist die Einwohnerzahl noch einmal um 20 Prozent gestiegen, von 10.000 auf knapp 12.000.[48] Das macht das Zusammenleben ein Stück weit anonymer, auch weil die Bevölkerungsstruktur sich schleichend ändert. Im Zuge der rasant gestiegenen Immobilienpreise verbreitert sich der Speckgürtel um München immer mehr, der Quadratmeterpreis liegt aktuell bei 1.600 Euro.[49]

Wenn junge Leute sich den eigenen Ort nicht leisten können

Das ist zwar immer noch deutlich niedriger als im Münchner Stadtgebiet, aber eine wirklich preiswerte Alternative ist der Landkreis nicht mehr. Also ziehen wohlhabendere Menschen nach, während junge Leute aus dem Ort in Ausbildung oder Berufseinsteiger:innen sich die Miete oft nicht mehr leisten können und noch weiter hinausziehen, in Orte ohne S-Bahn-Anschluss.

Diese Dynamik des Zu- und Wegzugs macht auch Institutionen wie der freiwilligen Feuerwehr zu schaffen. Alexander drückt es so aus: »Es kommt viel Geld in den Ort, aber das Miteinander schwindet gleichzeitig. Wir werden überschwemmt mit Spenden, nicht selten bekommen wir achthundert, tausend, zweitausend Euro von Einzelpersonen. So viel können wir gar nicht satzungskonform ausgeben. Das klingt nach einem Luxusproblem, denn es ist natürlich eine gute Sache, wenn Menschen die lokalen Vereine unterstützen. Aber damit stirbt ein Stück weit auch der Zusammenhalt.« Als Kinder und Teenager hätten er und sein Bruder oft mit anderen gemeinsam Aktionen zum Spendeneintreiben organisiert, für das Kolpingwerk Theater gespielt, Altpapier gesammelt, als Nikolaus gelaufen, um am Ende ein paar Hundert Euro einzusammeln. Dieser positive Spirit sei weniger, seitdem die Gelder so unangestrengt sprudeln.

Mehr Geld, weniger Nachwuchs

Verallgemeinern lässt sich diese Beobachtung nicht. Empirisch belegt ist, dass gerade die Engagierten oft auch die sind, die häufiger und mehr spenden.[50] Aber in Eichenau ist das anders und den bayerischen Brüdern bereitet das gemischte Gefühle, vermengt mit einer gewissen Nostalgie. Früher war weniger Geld da, aber mehr Nachwuchs – heute ist es eher umgekehrt. »Es ist nicht einmal so, dass wir keine jungen Leute mehr bekommen«, erzählt Alexander, »aber es fällt schwer, sie zu halten.«

Das liegt zum Teil daran, dass Berufseinstieg, soziale Verpflichtungen, gestiegener Arbeitsdruck sich weniger mit einem zeitaufwendigen

Ehrenamt verbinden lassen. Zum Teil, findet auch Alexander, liege es an der höheren Regulierung: »Für den Einsatz müssen die Leute immer up to date sein, regelmäßig an Übungen teilnehmen, sonst dürfen sie zum Beispiel bestimmte Fahrzeuge nicht mehr fahren. Da gibt es ganz klare Bestimmungen. Wenn einer dann merkt, er wird sanktioniert, weil er gerade mehr zu tun hat im Job oder in der Familie, dann ist der frustriert. Und oft ganz schnell weg.«

Noch schwerer wiege, was sich in den Köpfen verändert hat, glaubt Markus: »Die Jüngeren sind oft sehr wettbewerbsorientiert, wollen bei der Feuerwehr Karriere machen, möchten sich als heldenhafte Firefighter inszenieren. Aber das geben viele Einsätze nicht her. Wenn du über Stunden mit einem Pinsel eine Ölspur von der Straße entfernst, rettest du damit möglicherweise Leben – aber es macht sich halt nicht so gut als Foto auf Social Media.«

Die Geschichte der beiden Brüder zeigt, was passieren kann, wenn traditionelle Hilfsorganisationen wie eine freiwillige Feuerwehr mit den vielfältigen Herausforderungen gesellschaftlichen Wandels zusammentreffen. Einschließlich der Frage, wie eine Institution sich öffnen kann, die seit ihrer Gründung vor hundert Jahren traditionell weiß und männlich geprägt ist. Ohne dabei das Gefühl für die gewachsene Identität zu verlieren.

Der typische Ehrenamtler: westdeutsch, wohlsituiert, weiß

Ein schwieriger Balanceakt, der sich weit über das konkrete Beispiel auch in den Zahlen niederschlägt, etwa im Freiwilligen-Survey 2022. Demnach ist der (oder die) typische Engagierte eher jung bis mittelalt, hat eher keinen Migrationshintergrund, lebt in einem ländlichen Gebiet (eher west- als ostdeutsch), ist überdurchschnittlich gebildet und mit überdurchschnittlichem Einkommen. Ein Steckbrief, der – Zufall oder nicht – exakt auf unsere beiden Gesprächspartner zutrifft.

Nicht, dass man daran nichts ändern wollte. Vor einigen Jahren hat die Eichenauer Feuerwehr ihren Claim überarbeitet, vom überlieferten »Gott zur Ehr, dem Nächsten zur Wehr« in ein moderneres »Wir zusammen für deine Sicherheit«. Weil ihnen der alte Spruch angestaubt schien und wenig einladend für Menschen anderer Glaubensrichtungen.

Genützt hat es aber nicht viel. »Die wenigen Muslime am Ort, auch die in der zweiten und dritten Generation, gehen eher zum Fußballverein als zur Feuerwehr«, erzählt Markus. So richtig glücklich mit dem neuen Spruch sind die Brüder auch nicht. Zu glatt, zu unemotional. »Ich glaube, es braucht einen höheren Wert, um Menschen zusammenzuhalten«, sagt der ältere.

Damit liegt er, bewusst oder nicht, auf einer Linie mit dem, was gerade jüngere Erwachsene heute erwarten, ob in der Arbeitswelt oder auch im Ehrenamt: Erfüllung, Wertschätzung, Sinn oder neudeutsch: Purpose. Nur dass ein solches Ziel für eine individualistischere Gesellschaft eben schwerer zu formulieren ist als für eine relativ homogene Gruppe. Was tun, wenn Gott nicht mehr als Chiffre taugt?

Markus Handelshauser ist jetzt nur noch passives Mitglied der Feuerwehr. Sein Engagement für andere ist nicht weniger geworden. Doch auch er handelt heute eher punktuell, je nach Notsituation. Ohne großes Nachdenken bot er nach Kriegsausbruch in der Ukraine Hilfe an. Er und seine Frau machten im Partykeller und Büro Platz, bauten dort provisorisch getrennte Schlaf- und Wohnbereiche sowie eine Küche ein. Zeitweise lebten dort drei Familien und insgesamt acht Personen aus der Eichenauer Partnerstadt Wischgorod, am Ende fast ein Dreivierteljahr lang. Und als wir nach unserem Gespräch durch den Ort laufen, zeigt er eine Baustelle in der Ortsmitte, wo im Familienverbund gemeinsam mit seinem Bruder und ihren Eltern ein neues Projekt entstehen soll: Mehrgenerationenwohnen mit 28 Einheiten, Kindertagespflege, vielleicht auch Altenpflege. Ein kleines Dorf im Dorf, in dem ein übersichtliches Miteinander möglich sein soll, zu Mieten, die sich nicht nur Wohlhabende leisten können, energieeffizient und nachhaltig.

Das klingt nach einem kleinen Happy End, für die Familie wie für den Ort. Führt man die unterschiedlichen Geschichten und Erlebnisse mit den Einschätzungen der Ehrenamtsexpertin Janina Krüger zusammen, ergibt sich daraus ein allgemeiner Überblick. Wie kann es gelingen, dass aus der grundlegenden Bereitschaft, sich für andere einzusetzen, reale Solidarität wird?

Anerkennung. Durch einen generellen gesellschaftlichen Wandel in Erziehung, Bildung und Arbeitswelt – Autoritäten werden hinterfragt, Hierarchien abgebaut – wird es heute zunehmend wichtiger, ehrenamtlich Engagierten Wertschätzung entgegenzubringen und bei der Kommunikation alle mitzunehmen. Das gilt sowohl für Institutionen als auch für privates Engagement, wenn es über zentrale Stellen organisiert wird. Dabei sind vor allem die herausgefordert, die unbezahlte Führungspositionen bekleiden. Die Cafébetreiberinnen im sächsischen Sohland (Kapitel 1) erzählten uns: »Wir haben unterschätzt, dass wir auf einmal eine Art Chefposition gegenüber den Ehrenamtler:innen haben. Sie erwarten von uns Feedback, Motivation,

Zugewandtheit – mit Recht!« Doch auch eine gestiegene Anspruchshaltung auf Empfängerseite macht Freiwilligen oft zu schaffen – etwa wenn die Eltern von Kindern im Sportverein für einen schmalen Mitgliedsbeitrag einen Proficoach für ihren Nachwuchs erwarten, der sportlich wie auch pädagogisch voll up to date ist.

Innere Abgrenzung. Die zunehmende Abkopplung von großen Trägern und Institutionen verlangt von den Einzelnen ein hohes Maß an Selbstreflexion und Grenzziehung, aber auch an Kommunikation. Denn wenn es keinen »Dienstherrn« gibt, mit dem man Umfang und Inhalt der Hilfeleistung absprechen kann, muss alles auf individueller Ebene ausgehandelt werden. Gerade am Beispiel des Ukrainekrieges hat man gesehen: Die völlige Unberechenbarkeit der Situation hat die Hilfsbereitschaft vieler auf die Probe gestellt, etwa wenn sie nicht nur über Wochen, sondern über Monate in oft beengten Wohnverhältnissen Geflüchtete beherbergten. Unter der Überforderung litten meist alle Beteiligten. Trotzdem ist spontane, private Hilfsbereitschaft ein wichtiger Baustein im gesellschaftlichen Solidaritätsmix. Hier könnten spezielle Beratungs- und Coachingangebote für private Helfer:innen greifen, die dazu beitragen, Selbstausbeutung auf der einen und Enttäuschung auf der anderen Seite zu vermeiden.

Konkurrenz. Nicht nur große Hilfsorganisationen stehen im Wettbewerb um Spenden und Ehrenamtler:innen, auch die Engagierten selbst müssen ständig eine Entscheidung treffen: Wo ist die Not am größten, was kann ich mit meinen eigenen Ressourcen leisten? Das kann umgekehrt zu Kränkungen und dem Gefühl der Benachteiligung bei denen führen, die Hilfe brauchen – etwa wenn ukrainische Roma oder nigerianische Austauschstudierende von der Uni Kiew deutlich zurückhaltender empfangen werden als eine weiße Mutter mit Kindern. Oder wenn Ukrainer:innen einen leichteren Zugang zu staatlichen Leistungen haben als Geflüchtete aus dem Globalen Süden.

Flexibilität. Aufgrund der generell niedrigen Geburtenrate und der höheren Mobilität fehlt vielerorts entweder der Nachwuchs oder Menschen binden sich weniger langfristig an Hilfsprojekte. In der Lebensmitte verringert sich das Engagement bei vielen, weil in der sogenannten Rushhour des Lebens und aufgrund höherer Berufstätigkeit von Frauen und Müttern kaum Zeit bleibt für zusätzliche Ehrenämter. Die Älteren (Generation Babyboomer), die in den kommenden Jahren in Rente gehen, haben zwar die Zeit, aber gleichzeitig ein anderes Selbstverständnis als Senior:innen früherer Alterskohorten. Janina Krüger sagt: »Das Ehrenamt kommt nicht an erster Stelle, wenn Menschen ihren Ruhestand planen. Sie übernehmen gern einzelne Projekte, aber eher ungern langfristige Ämter.« All das verlangt nach einer grundsätzlich neuen, flexibleren Organisation von Ehrenämtern. Im Idealfall könnte Engagement von staatlicher Seite oder aus Arbeitgeberperspektive auch stärker unterstützt werden, etwa über einen bezahlten »Ehrenamts-Urlaub« – analog zur bezahlten Elternzeit – oder durch Anrechnung auf Rentenansprüche, um Menschen zu ermöglichen, sich zeitweise stärker für andere einzubringen.

Abgrenzung gegenüber staatlichen Aufgaben. Das Thema Ehrenamt lässt sich von zwei Seiten betrachten. Positiv gesehen erhöht Engagement den sozialen Zusammenhalt und das Gefühl eigener Selbstwirksamkeit und ist deshalb eine wichtige Ergänzung zu staatlich organisierter Hilfe. Kritisch gesehen macht der Staat sich einen schlanken Fuß, wenn er sich aus grundlegenden Versorgungsaufgaben zurückzieht, diese privatisiert und die Selbstausbeutung Freiwilliger in Kauf nimmt. Diese Gefahr sieht Janina Krüger etwa bei der Lebensmittelausgabe der Tafeln: Ursprünglich gegründet, um Lebensmittelverschwendung entgegenzuwirken, stopft die Ausgabe an den Tafeln heute oft Löcher im Sozialsystem und muss rationiert werden, was Bedürftige wiederum ausschließt.[51] Letztlich ist das Ehrenamt also eine politische und eine Wertefrage, die immer wieder zu stellen ist: Wo stärkt es die Zivilgesellschaft, wo wird in unzulässiger Weise staatliches Handeln auf private Akteur:innen abgewälzt?

Nach diesem ersten Überblick über Faktoren, die Solidarität praktisch ermöglichen, werfen wir noch einen Blick auf einen Ort, der gleich in mehreren Kategorien punkten kann: Michelbach in Mittelhessen. Er gewann 2022 den Regionalwettbewerb »Unser Dorf hat Zukunft« sowie einen Sonderpreis für vorbildliche Leistungen zu den Themen Identität und Nachhaltigkeit. Allein für die Teilnahme am Wettbewerb konnte der Verein »Unser Michelbach« dreihundert Aktive mobilisieren.

Erster Vorsitzender ist Martin Kaminski, Unternehmensberater im Ruhestand, vor fünfzehn Jahren aus Schwaben nach Hessen umgezogen. Er hat das Großprojekt koordiniert. Aber nicht nur das fachliche Know-how und die rege Teilnahme haben die Jury beeindruckt, sondern auch die Verzahnung von analogen und digitalen Unterstützungsangeboten. Das wollten wir genauer wissen und haben uns mit Martin Kaminski zu einem Videocall verabredet. Ein freundlicher Herr mit akkurat gestutztem grauem Bart lacht uns vom Bildschirm entgegen. Zeit für unsere Fragen ...

Identifikation, soziales Miteinander, Hilfsbereitschaft – was läuft in Michelbach anders als an anderen Orten?

Zum einen hat der Ort eine gewachsene Identität – er gehört zwar verwaltungstechnisch zu Marburg, ist aber älter und wurde erst später eingemeindet. Die Leute fühlen sich als Michelbacher, und zwar nicht nur die, die schon seit Generationen hier leben, sondern auch die später Zugezogenen. Ich kann das bestätigen, man wird hier mit offenen Armen aufgenommen. Es gibt ein reges Sozialleben, ob in der Dorfkneipe »Emil's«, im Frühjahr beim Osterfeuer, im Sommer draußen beim Boulespielen, in unserem Turn- und Sportverein mit über tausend Mitgliedern, wo sich alle treffen von der Mutter mit Baby bis zu den Senioren. Aber auch ein gemeinschaftliches Gefühl, dass wir uns weiterentwickeln wollen, nicht nur erhalten, was wir haben. Nachhaltigkeit zieht sich bei uns als wichtiges Thema durch, von den Angeboten in der Kita bis zu einer Gruppe von Bastlern, die gerade ein Repaircafé gegründet haben, wo sie alte Elektrogeräte wieder instand setzen. Ich glaube, viele am Ort teilen diese besondere Kultur des Anpackens.

Wie sieht die aus?

Unter den vielen Vereinen am Ort gibt es zum Beispiel einen, die »Ruutschwänzcher« – das ist Hessisch Platt für Rotkehlchen. Darin haben sich vor allem Nebenerwerbslandwirte und Waldbesitzer zusammengetan, die große Maschinen besitzen, die sie für alle möglichen Hilfsdienste ganz unbürokratisch zur Verfügung stellen. Etwa wenn jemand Steine zu transportieren hat oder etwas zu betonieren ist; sie haben aber auch eine große Holzskulptur für unseren Kunstverein transportiert und eine andere selbst geschaffen, für einen Aussichtspunkt im Ort. Und wenn Kita- und Grundschulkinder beim Projekttag losziehen, um selbst Apfelsaft zu machen, dann kommen die Landwirte mit ihren Traktoren und transportieren die Kinder zu den Bäumen und später mit ihrer Ernte zurück ins Dorf.

Da gibt es sicher viel Abstimmungsbedarf …

Ja, deshalb ist Kommunikation auch ein zentrales Projekt in unserem Verein. Wir haben eine Gruppe, die sich darum kümmert, wie man Vernetzung schafft, analog wie digital. Einer von denen hat eine nicht kommerzielle Plattform ausfindig gemacht, über die man sich eine App erstellen kann, die nur von Ortsansässigen genutzt werden darf, die sich dafür einmal bei unserem Admin Herbert verifizieren müssen. Die Teilnehmer posten unter Klarnamen, die Plattform ist werbefrei, die Daten werden nicht gesammelt. Die Nutzung wurde zwei Jahre lang von der Stadt finanziert, zukünftig wird wohl der Verein die Kosten übernehmen. Derzeit beteiligen sich sechshundert Leute, das sind mehr als ein Viertel der Michelbacher. Da melden sich dann zum Beispiel Leute, wenn sie gerade geräucherte Forellen aus dem Ofen übrig haben, oder ein Hobbyfotograf am Ort stellt seine schönsten Aufnahmen da rein. Im Grunde kann man alles machen wie in einem der großen Social Networks, mit dem Unterschied, dass die Daten sicher und nur für einen bestimmten Kreis zu sehen sind.

Keine Berührungsängste bei den Älteren?

Dazu haben wir ehrenamtliche EDV-Lotsen hier im Dorf, die feste Termine im Gemeindehaus anbieten, an denen sich ältere oder technisch nicht so versierte Menschen erklären lassen können, wie das funktioniert. Wir sprechen sie auch auf Festen und Veranstaltungen proaktiv an und machen sie darauf aufmerksam, was sie davon haben, wenn sie die App installieren.

Was Sie erzählen, klingt nach einem recht homogenen Dorf. Stimmt der Eindruck?

Ja, schon. Auf unserer Gemarkung stellt die Firma BionTech ihren Impfstoff her. Das zieht hoch bezahlte Fachkräfte an und auch Professorinnen und Professoren von der Uni wohnen gern in dieser ruhigen und schönen Gegend. Aber natürlich gibt es nicht nur die oberen Gehaltsklassen. Wir haben auch sozial geförderten Wohnraum und das Dorf hat geografisch zwei Teile, das Altdorf und das Neubaugebiet. Auch das wächst nicht von ganz allein zusammen. Insofern sind die Herausforderungen bei uns vielleicht nicht ganz so groß wie andernorts, aber es läuft auch nicht von selbst.

Wie geht es jetzt bei Ihnen weiter?

Kürzlich erst haben wir als Heimatverein eine Ideenplattform gegründet für die Frage, was wir mit den siebentausend Euro Siegergeld anfangen. Und zwar mit einem besonderen Trick: Jeder und jede konnte Vorschläge einbringen, die allen Michelbachern zugutekommen, die Lebensqualität am Ort verbessern und davon finanzierbar sind – ein Mehrgenerationenpark, ein neuer Wanderweg –, aber bei der Abstimmung gewichten wir die Vorschläge von Leuten höher, die angegeben haben, dass sie sich auch einbringen wollen bei der Umsetzung. Das gemeinsame Anpacken stärkt den Zusammenhalt.

Danke für das Gespräch, Herr Kaminski!

Aus dem Interview ist klar geworden: Michelbach ist ein Beispiel dafür, was passiert, wenn gute Voraussetzungen – eine relativ homogene Sozialstruktur, Wohlstand, starke Identifikation mit einem Ort – auf engagierte Einzelpersonen treffen. Ein ideales Biotop für Engagement, wenn zusätzlich ein paar Spielregeln beachtet werden. Etwa die Betonung auf Kommunikation, digital wie analog, und die Möglichkeit, sich schnell und unbürokratisch einzubringen, wenn man nicht am traditionellen Vereinsleben teilnehmen möchte (natürlich geht auch beides parallel).

Das heißt aber noch nicht, dass bürgerschaftliches Engagement nicht auch dort funktionieren könnte, wo die Gegensätze größer und die Gräben tiefer sind. Sei es durch Bildung, durch ökonomischen Status, kulturellen Hintergrund oder das Gefälle zwischen Hilfeleistenden und Hilfeempfänger:innen.

Uwe Amrhein, Vorstand der »Stiftung Bürgermut«, schreibt: »Es geht nicht mehr nur darum, mit guten Ideen und jeder Menge Tatkraft gesellschaftliche Probleme zu lösen. Wir alle müssen uns zukünftig viel stärker als bisher nicht bloß fragen, *für* wen wir uns engagieren, sondern vor allem, *mit* wem wir das tun.«[52] Etwa beim gemeinschaftlichen Gärtnern mit Geflüchteten in Leipzig, im Seniorennetz in Berlin, das Ältere digital befähigt und dadurch ihre Kommunikationskanäle erweitert, oder bei Stadtführungen in der Hauptstadt (»querstadtein«), die Menschen durchführen, die obdachlos waren oder Fluchterfahrungen haben und anderen die Augen öffnen können für ihre Perspektiven und Geschichten.

Denn das ist ein weiterer, ein letzter wichtiger Punkt zu denen, die wir weiter oben bereits skizziert haben: Je heterogener eine Gesellschaft, desto notwendiger ist es, Engagement auf Augenhöhe zu organisieren.

Niemand möchte nur Hilfeempfänger sein

Stefanie Ratcliffe aus München erzählt, dass das Zusammenleben mit ihren ukrainischen Gästen leichter wurde, je mehr die Mutter der beiden Söhne ihr Leben aktiver gestalten konnte. Durch Lebensmittelspenden der ukrainischen Gemeinde und das Anrecht auf Sozialleistungen konnte Lilija selbst ihre Kinder versorgen. Gestalten können statt erzwungen unselbstständig sein – auch darin liegt ein Schlüssel zu einer Art von Unterstützung, sei sie spontan oder organisiert, die allen zugutekommt.

Im nächsten Kapitel stellen wir die Frage: Wie organisieren wir die Regeln des Zusammenlebens gemeinsam – gerade dort, wo Gefühle von Perspektivlosigkeit und Abgehängtsein ihr Frust- und Gewaltpotenzial entwickeln können?

KURZ GESAGT

Unser Thema: Anders als die allgemeine Stimmungslage vermuten lässt, sind Menschen nicht grundsätzlich egoistisch, sondern zeigen sich vor allem in Notsituationen häufig großherzig und hilfsbereit. Dennoch sinkt die Bereitschaft, sich langfristig und in verantwortungsvoller Position ehrenamtlich zu engagieren. Grund sind flexiblere Lebensläufe und eine generell gesunkene Bereitschaft, sich dauerhaft in große Organisationen einzubringen.

Unser Fall: Wir haben zwei unterschiedliche Formen von Hilfsbereitschaft verglichen: eine spontane Hilfsaktion für eine geflüchtete ukrainische Familie mit der langjährigen Mitgliedschaft bei der freiwilligen Feuerwehr. Dazu als Exkurs ein Interview mit einem Ehrenamtler, der mit seinem Verein verschiedene Formen von Beteiligung und Nachbarschaftshilfe fördert, auch auf digitaler Ebene.

Unsere wichtigste Erkenntnis: Ähnlich wie in der Arbeitswelt wird die Ehrenamtsszene durchlässiger, flexibler, projektorientierter. Die grundsätzliche Hilfsbereitschaft ist vorhanden, aber es braucht neue, variablere Formen und eine andere Art von Ansprache und Wertschätzung, um Menschen für Engagement zu gewinnen.

SCHLESWIG-HOLSTEIN
Lübeck
Bremerhaven
Wilhelmshaven
Hamburg
Oldenburg
HATTEN
BREMEN
NIEDERSACHSEN
Hannover
Ort: Bremen
Bundesland: Bremen
Einwohner:innen: 570.000
Ort: Hatten
Landkreis: Oldenburg/Niedersachsen
Bundesland: Niedersachsen
Einwohner:innen: 14.400

KAPITEL 4

Rücksicht anders regeln

Vorschriften und Normen können einengen, aber auch schützen: indem sie das Zusammenleben in der Nachbarschaft auf eine verbindliche Grundlage stellen. Wie findet man diesen gemeinsamen Nenner in einer Großstadt, in der unterschiedliche Alters- und Bevölkerungsgruppen sowie diverse Lebensstile aufeinandertreffen – und führt die Durchsetzung zu mehr Konflikten oder kann sie sogar das Miteinander stärken? Das haben wir uns am Beispiel verschiedener Initiativen aus *Bremen* angeschaut. Außerdem wollten wir wissen: Wie passen beim Thema Regeln die analoge und die digitale Welt zusammen? Dazu haben wir einen Abstecher nach *Hatten, Niedersachsen* gemacht.

Soziale Regeln – das ist ein Thema mit vielen Assoziationen. Nachbarschaftsstreits über rücksichtslos abgestellte Autos fallen einem da ein, an Grundstücksgrenzen wuchernde Knallerbsensträucher oder nächtliche Partys, Hundehalter:innen mit einem lässigen Verhältnis zu Kotbeuteln, Eigentümerversammlungen, die Mahnbriefe schreiben, weil jemand seine Außenfläche verkommen lässt. Oder, in Schwaben, die kleine oder große »Kehrwoche« vernachlässigt – also die gemeinschaftliche Treppenhausreinigung unterschiedlichen Umfangs.

Das klingt erst mal nach Nickeligkeiten, so wie sie im Kleinen auch in jeder Familie und jeder WG vorkommen. Also überall dort, wo Menschen zusammenleben und ihre Vorstellungen zu Sauberkeitsempfinden, Lautstärke und Ordnung auf einen Nenner bringen müssen. Und es klingt auch nach einem, vorsichtig formuliert, Hauch von Spießigkeit (»Rasen nicht betreten!«). Tatsächlich stammen die in unseren Studien am häufigsten genannten Störungen aus diesen Kategorien: Spitzenreiter in der Ärgerskala sind Hundekot (42 Prozent) und falsch geparkte Autos (37 Prozent), über Belästigungen und Beschimpfungen klagen vergleichsweise wenige (10 Prozent).[53]

Allerdings hat das Thema weitere Dimensionen, die unmittelbar mit dem Thema Zusammenhalt zu tun haben.

Zum einen hat die gemeinsame Erfahrung der Pandemie gezeigt, wie stark gesetzliche Vorschriften, aber auch weichere soziale Regeln ausdrücken, wie wir Rücksicht auf Schwächere organisieren. Als kleines Beispiel mag die Frage gelten, ob der Handschlag als allgemein akzeptiertes Begrüßungsritual zurückkommt.[54] Oder ob es auch nach Abflauen der großen Corona-Wellen eine sinnvolle Hygienemaßnahme sein könnte, Körperkontakt einzuschränken. Dasselbe gilt für freiwilliges Maskentragen nach dem Ende der weitgehenden Maskenpflicht. Auch wenn es das Gesundheitsministerium grundsätzlich empfiehlt,[55] ist der Atemschutz – Stand: Spätsommer 2023 – fast vollständig aus dem Straßenbild verschwunden.

Soziale Regeln schützen Schwächere

In der nachträglichen Aufarbeitung des Pandemie-Managements wird erneut Kritik laut, dass eine andere vulnerable Gruppe über Gebühr belastet wurde: Kinder und Jugendliche und ihr Recht auf Bildung, soziale Kontakte, Entfaltung. Ohne die Beobachtungen werten zu wollen, zeigen diese Beispiele: Die gesellschaftliche Diskussion um soziale Regeln verhandelt immer zugleich grundsätzliche Fragen des Miteinanders mit Schutzbedürftigen, etwa chronisch Kranken, Menschen in prekären Wohnverhältnissen sowie Kindern und Jugendlichen.

Sicherheitsempfinden ist ein weiterer Punkt, wenn wir über soziale Regeln sprechen. Beispielsweise: Kann ich als Frau unbekümmert vor meine eigene Tür gehen, auch nachts, ohne Angst vor Belästigung, Raub, Überfällen? Fühle ich mich in meinen eigenen vier Wänden sicher? Muss ich als Elternteil Angst haben, wenn mein Kind allein unterwegs ist? Mir Sorgen machen, ob meine Teenagertochter im Nachtleben Opfer sexueller Übergriffe wird?

Anhand solcher Fragen lässt sich zum einen zeigen: Auch wenn Kriminalität insgesamt und insbesondere Gewaltkriminalität in der langfristigen Tendenz eher ab- als zunimmt,[56] sind die Sorgen vor allem bei denen groß, die zwar deutlich seltener von Kriminalität betroffen, aber dabei hoch vulnerabel sind. So sorgen sich ältere Frauen diesbezüglich mehr als junge Männer, obwohl diese viel häufiger mit realer Gewalt konfrontiert sind. Nach einer Studie der Konrad-Adenauer-Stiftung hat das Sicherheitsempfinden leicht abgenommen. Rund zwei Drittel der Bevölkerung gehen – entgegen dem belegbaren Trend – davon aus, dass Kriminalität zunimmt und ein großes oder sehr großes Problem darstellt.[57] Ein Grund dafür könnte die stärkere mediale Berichterstattung sein.

Die MeToo-Bewegung stellt Regeln infrage

Auch die Toleranzschwelle für bestimmte Grenzüberschreitungen ist gesunken – und das ist ein gesellschaftlicher Fortschritt. Denn wo Gewalt beginnt, ist Definitionsfrage. Im Zuge der MeToo-Bewegung ist etwa die Sensibilität für das Thema sexuelle Belästigung und sexualisierte Übergriffe gestiegen. Das zeigt auch die öffentliche Diskussion um Führungsverhalten in Medienkonzernen oder die Gepflogenheiten in Nachtleben und Showgeschäft, zuletzt beim Fall mutmaßlicher sexueller Übergriffe auf Konzerten der Band Rammstein.[58] Unter dem Schlagwort »Awareness« wird daher auf vielen Ebenen versucht, mehr Sicherheit insbesondere für Frauen herzustellen, beispielsweise im Nachtleben von Hannover durch die Initiative »We Take Care«.[59]

Ein anderer Befund ist weniger erwartbar, aber in Bezug auf Zusammenhalt hat er es in sich: Das Thema soziale Regeln und Sicherheitsgefühl korreliert stark mit dem eigenen Sozialstatus. Zwar fühlt sich die große Mehrheit der Menschen, 85 Prozent, in der eigenen Nachbarschaft sicher.[60] Doch aus der Pandemiestudie lässt sich klar lesen, wer die Gruppen sind, die sich eher bedroht fühlen und subjektiv den Eindruck haben, dass soziale Regeln weniger beachtet werden. Es sind tendenziell Menschen mit geringerer Bildung, ohne Erwerbstätigkeit, mit geringem Einkommen, chronischen Krankheiten und einem allgemeinen Misstrauen der Politik gegenüber.

Sicherheit ist auch eine Frage des Kontostandes

Das mag zum einen an realen Verhältnissen liegen. Sicherheitsgefühl und der Eindruck von Rücksichtnahme sind auch eine Frage des Kontostandes und der eigenen Situation. Wer in einer kleinen Wohnung in einem hellhörigen Mehrfamilienhaus wohnt, weil das Budget für Miete gering ist, leidet eher unter dem Lärm der Nachbarn als Reihenendhausbewohner:innen. Wer in einem Viertel lebt, in dem auf Spielplätzen benutzte Heroinspritzen herumliegen, hat mehr Angst um die Gesundheit seines Kindes, als wenn es im eigenen Garten im Sandkasten spielen kann. Und wer auf den Rollstuhl angewiesen ist, für den sind herumliegende E-Scooter auf dem Bürgersteig ein größeres Hindernis als für Menschen ohne Gehbehinderungen.

Aber das Ganze fügt sich auch in ein Gesamtbild der Befindlichkeiten ein, wie wir es bereits an anderer Stelle gesehen haben (und noch sehen werden, etwa beim Thema Gerechtigkeit): Das Gefühl materieller und sozialer Benachteiligung führt zu einem geringeren Vertrauen in Mitmenschen und Institutionen, zu weniger stabilen zwischenmenschlichen

Netzen und in der Folge zu einer geringen Bereitschaft, sich ehrenamtlich oder politisch zu engagieren.

Kippt dieses Gefühl noch weiter, führt es manchmal zu einer Art Täter-Opfer-Umkehr. Dann werden nach dem Prinzip Sündenbock gerade die zum Ziel von Anfeindungen, die ohnehin von Diskriminierung betroffen sind. Tendenziell rassistisch und queerfeindlich eingestellte Parteien punkten überdurchschnittlich etwa in ostdeutschen Wahlkreisen, die unter Abwanderung leiden und ökonomisch abgehängt zu werden drohen.[61]

Betrachtet man das Thema aus diesem Blickwinkel, wird klar: Wenn wir uns für die Einhaltung sozialer Normen einsetzen und damit letztlich für einen respektvollen, von Rücksicht geprägten Umgang, stärkt das das allgemeine Sicherheitsgefühl und hat nichts mit »typisch deutscher« Regelwut zu tun, sondern ist dem Zusammenhalt im Ganzen förderlich. Dabei kann nicht das Ziel sein, Vorschriften zu formulieren, die für alle und überall gelten. So heißt es in unserer Pandemiestudie: »Es geht nicht darum, wie viel Müll tatsächlich in einem Park liegt, sondern ob das achtlose Wegwerfen (…) als Regelverstoß wahrgenommen wird (…). Nicht überall (…) müssen dieselben Normen gelten. Wichtig ist nur, dass sich alle an das halten, was für ein gutes Miteinander nötig ist.«[62] Ein Großstadt-Szeneviertel ist etwas anderes als eine Landgemeinde, ebenso wie sich die Sauberkeitsstandards in einer Studierenden-WG von denen im Villenviertel unterscheiden.

Das ganz besondere Bremer Wir-Gefühl

Und genau das haben wir uns am Beispiel einer Stadt angeschaut, die sich dafür besonders gut eignet: Bremen. Zum einen, weil Bremen – gemeinsam mit Hamburg – in Umfragen überdurchschnittlich gut abschneidet, was den sozialen Zusammenhalt betrifft;[63] zum anderen aber auch, weil sich in Bremen als vergleichsweise armem und sozial herausgefordertem Bundesland der letzte Aspekt besonders gut zeigen lässt. Denn auch wenn der Stadtstaat wirtschaftlich insgesamt gut dasteht, sind sowohl die Arbeitslosenquote als auch der Anteil armutsgefährdeter Menschen hier höher als in allen fünfzehn Vergleichsländern.[64]

Die Bremer Polizei klagt über steigende Kriminalitätsraten und eine zunehmende Gewaltbereitschaft.[65] Zugleich machen immer wieder krasse Fälle von Vandalismus Schlagzeilen, etwa Zerstörungen an einer Schule in Bremerhaven, bei denen ein Sachschaden von 40.000 Euro entstand.[66] Wo liegen die Herausforderungen in den Vierteln und wie gehen die Bremer:innen damit um? In drei kurzen Reportagen erzählen wir von unterschiedlichen Ansätzen aus verschiedenen Stadtteilen.

Erstens: Ist das Kunst oder kann das weg? – Wohlfühlen an öffentlichen Orten

Rund fünf Jahre lang ging alles gut. Passant:innen glücklich, Kulturbehörde glücklich, Künstler:innen glücklich. »Jedes Mal wenn ich zu Renovierungsarbeiten unterwegs war, stoppten Menschen und sprachen mich an: Diese Wandbilder sind so toll, wir entdecken jedes Mal etwas Neues darauf; wenn wir Besuch haben, kommen wir her und bringen Freunde mit!«, erinnert sich Johann Büsen.

Und es war ja auch wirklich viel zu sehen im »Kunsttunnel«: Fünfhundert Quadratmeter mit surrealen, comichaften Märchenmotiven, stilistisch irgendwo zwischen Leipziger Schule und Graphic Novel, in denen alles außer Kraft gesetzt schien, die Größenverhältnisse, die Farben, die Trennlinie zwischen Traum und Wirklichkeit. Doch dann, Anfang 2022, begann etwas zu kippen.

Aber von vorn. Im Jahr 2017 beauftragte die Kulturbehörde den Digitalkünstler Johann Büsen, einen schäbigen Fußgängertunnel hinter der Bremer Kunsthalle in einen Wohlfühlort zu verwandeln. Denn bis dahin war dieser das genaue Gegenteil: düster, heruntergekommen, Wände mit illegalen Graffiti besprüht, die Deckenlampen teils kaputt, teils das Licht unter dicken Farbschichten gedämpft. Dazu der Gestank, weil Fußgänger (wohl eher keine Fußgängerinnen) den von außen schlecht einsehbaren Ort als Pissoir benutzten.

Als die Stadt Bremen erhob, welche öffentlichen Orte als Angsträume wahrgenommen und gemieden wurden, kam sie zu dem wenig überraschenden Ergebnis: Es waren vor allem Unterführungen und Fußgängertunnel wie dieser, über die Bürger:innen sagten: Wir benutzen sie nur, wenn es gar nicht anders geht. Wie konnte man diese anders gestalten – freundlicher, einladender?

Ein »Rabbit Hole« als neue Kunstattraktion

So kam es zu einer Ausschreibung und einem Ideenwettbewerb. Aus Landes- und Bundesmitteln sollten Künstler:innen gefördert werden, die überzeugende Entwürfe vorlegten. Das Pilotprojekt landete bei dem jungen Künstler Johann Büsen, der seine digitalen Bildwelten nicht nur für klassische Wandbilder im Wohnzimmerformat kreiert, sondern auch für andere öffentliche Orte wie Sparkassen, Kaufhäuser, den Bremer Flughafen. XL-Formate, auf denen die surrealen Digitalcollagen besonders gut zur Geltung kommen, den Raum einnehmen können, den sie brauchen. So entstand der »Bremer Kunsttunnel« mit dem Projekt »Rabbit Hole«, einer Anspielung auf den Kinderbuchklassiker »Alice im Wunderland«.

Ein Jahr dauerte es von den ersten Entwürfen bis zu den fertigen Riesenbildern, die auf Spezialtapeten gedruckt und an den Kachelwänden aufgebracht wurden.

Dass jeder Quadratzentimeter bedeckt war, hatte aber nicht ausschließlich künstlerische Gründe, erzählt Büsen in seinem Atelier im Univiertel: »Wenn man nur einen kleinen Teil einer Wand künstlerisch gestaltet, wo sonst Graffitisprayer unterwegs sind, dann wird das sofort von denen besetzt.« Mit kompletten Wänden setzt man auch ein Signal, ein soziales Tabu: Das hier gehört allen, nicht Einzelnen. Und diese Strategie ging, von kleinen Ausnahmen abgesehen, ziemlich lange auf.

Doch dann begannen die Probleme. Zunächst waren es nur Witterungsflecken, die sich auf den bunten Wänden ausbreiteten und nicht zu beseitigen waren. Aber sie brachten die permanente Renovierung ins Stocken. »Irgendwann war klar, dass das Material der Wandtapeten auf Dauer nicht geeignet ist. Wir brauchten Zeit, um über eine andere, permanente Lösung nachzudenken. Aber sobald jemand den Eindruck hat, hier kümmert sich gerade keiner, gibt es sofort neuen Wildwuchs.« Und das geschah auch dort. Dazu kam ein Kompetenzgerangel zwischen Bau- und Kulturbehörde – die Zukunft hing in der Luft. Und schon tobten sich die Sprayer wieder aus, es wurde dreckiger, auch die Lampen bekamen etwas ab.

»SCHÖN, SCHÖN, SCHÖN«

Das löste eine Kettenreaktion von Vandalismus aus. Am Ende wurde es aggressiv und richtig schmutzig: Zuerst, so nimmt Büsen an, artete ein Gelage bei einer Party im Tunnel aus, keiner räumte danach auf. So blieben Scherben liegen, an denen Menschen und Tiere sich hätten schwer verletzen können. Später wurde fast ein Drittel der Folien von den Wänden gerissen und angekokelt, vielleicht von denselben Täter:innen, vielleicht von anderen. Läuft man heute durch den Tunnel, sieht er fast wieder so aus wie vor seiner Umgestaltung zum Kunstwerk: vollgesprüht, düster. Nur noch an wenigen Stellen sind die ursprünglichen Bildmotive zu erkennen. Über das Plexiglasschild mit Informationen zu Künstler und Kunstwerk am Eingang hat jemand die Worte »schön, schön, schön« gesprüht. Es wirkt wie ein sarkastischer Kommentar zur Zerstörung.

Andere Projekte derselben Reihe haben ein ähnliches Schicksal erlitten, wenn auch weniger massiv. An einem Tunnel im Stadtteil Hemelingen ist die Wandgestaltung zwar zu erkennen – ein grafisches Muster in Blau und Weiß, das immer wieder aufgefrischt wird –, aber auf die Erklärtafel hat jemand in Giftgrün gesprüht: »Keine Kunst!«. Schön ist auch das nicht.

Was hier passiert ist, lässt sich soziologisch mit der »Broken-Windows«-Theorie erklären: Schon in den Achtzigerjahren vermuteten Forschende in den USA einen Zusammenhang zwischen Verwahrlosung im öffentlichen Raum – zerbrochene Fenster, Überhandnahme von Graffiti, herumliegender Müll – und tatsächlich steigender Delinquenz. Ob das so ist, bleibt umstritten, doch der Einfluss auf die Gefühlslage ist empirisch belegbar: Forschende legten im Online-Journal für Kriminologie dar,[67] dass Phänomene von »Social Disorder« Unsicherheit und Angst fördern. In Bremen, ähnlich wie in Hamburg, spielt vor allem Vandalismus eine Rolle, so eine Studie der Friedrich-Ebert-Stiftung.[68]

»MANCHE SPRAYER VERSTEHEN MEINE KUNST ALS PROVOKATION«

Dabei geht die Gleichung »Verwahrlosung = Verbrechen« gar nicht unbedingt auf. Im Fall des »Kunsttunnels« scheint es vielmehr darum zu gehen, ein Revier zu markieren, vermutet Johann Büsen: »Ich höre aus der Graffitiszene, dass es einen harten Kern von zehn, fünfzehn Sprayern gibt, die generell keine Kunst im öffentlichen Raum akzeptieren. Vor allem, wenn sie klar den Zweck verfolgt, deren eigene Graffiti zu verhindern. Die verstehen das erst recht als Einladung. Als Provokation.« Denn wo Auftragsgraffiti entstehen oder andere Formen von Kunst wie eben in diesem Tunnel, wird der Raum für illegale Sprayer:innen kleiner.

Wütend ist der Künstler nicht, eher enttäuscht. »Ich finde es schade, dass eine Handvoll Leute mutwillig etwas zerstört, an dem Hunderte, Tausende Freude hatten.« Immerhin, die Motive sind nicht unwiederbringlich verloren, digitaler Technik sei Dank. Und Aufgeben ist keine Option. Wie die Zukunft aussieht, ist allerdings eine Budgetfrage. Berlin, erzählt Büsen, habe bei öffentlichen Kunstwerken gute Erfahrungen mit abwaschbaren Emailleplatten gemacht, aber das sei für Bremen zu teuer.

Inzwischen hat die Stadt regelmäßige Vernetzungstreffen angesetzt, mit eigenen Vertreter:innen, Akteur:innen aus der Graffitiszene, aber auch anderen Beteiligten wie denen, die in ihren Läden Sprühutensilien verkaufen. Das Ziel: Gemeinsam zu scouten, wo es in der Stadt Freiflächen geben könnte, auf denen sich Sprayer:innen ganz legal austoben können. »Man wird mit diesem Angebot nicht alle erreichen, jedenfalls nicht die, die die Bilder im Tunnel zerstört haben«, glaubt Johann Büsen. »Aber vielleicht Jugendliche, die sich über legale Möglichkeiten zum Sprühen freuen.« So könnte es eine zweite Chance für den »Kunsttunnel« geben. Im Moment ist er nur an einem Ort in voller Schönheit zu sehen: auf Instagram und auf der eigenen Website[69].

Zweitens: »Bürger in gut« – Aufräumen im eigenen Viertel

»Müll? Her damit!« So steht es auf dem neongrünen Straßeneimer an der Ecke Vegesacker und Auricher Straße. Darüber hängt ein leeres Marmeladenglas als Sammelbehälter für Zigarettenkippen. Alles sehr ordentlich, aber trotzdem ärgert sich Heike Nietfeld: »Da hat doch zum dritten Mal jemand den Deckel abgeschraubt und das offen stehen lassen!« Nietfeld ist eine Frau mit Mission, daran lässt schon die Aufschrift ihres schwarzen T-Shirts keinen Zweifel. »Nicht mein Müll, aber mein Planet« steht vorne drauf, auf dem Rücken das Logo des Vereins »Clean Up Your City«. Sie ist Stadtteilpatin und organisiert seit einigen Jahren Aufräumaktionen in ihrem Viertel, oft mehrmals wöchentlich.

»Bürger in gut« – so nennt Katrin Zeise, Gründerin und erste Vorsitzende des Vereins, ihre Initiative scherzhaft. Das Wortspiel hat sie sich nicht ausgedacht, sondern auf Social Media gefunden. Es bezieht sich auf die Gruppierung »Bürger in Wut«, die bei der letzten Bürgerschaftswahl in Bremen neun Senatssitze errang. Von einem zehnten Abgeordneten trennten sie sich unmittelbar danach, weil ihm Kontakte ins rechtsextreme Milieu nachgewiesen wurden, und fusionierten mit dem »Bündnis Deutschland.«[70] Die Rechtsoffenheit haben sie mit der AfD gemein, die in Bremen nicht antrat, und wohl auch das Mindset der namensgebenden »Wutbürger«.

Ganz im Gegenteil zu den »Gutbürgern«. Die ehrenamtlichen Müllsammler:innen wollen gerade nicht stehen bleiben beim Ärger über öffentliche Zustände, sondern konstruktiv damit umgehen, indem sie selbst anpacken. Heike Nietfeld und ihre Mitstreiter:innen sind nur eins von mehreren Teams, die in der ganzen Stadt nach Unrat fahnden.

Zurück an die Straßenkreuzung Vegesacker/Auricher Straße. Dass der öffentliche Ascheimer überhaupt da hängt, nahe bei Heike Nietfelds Haus, daran ist die Mutter dreier erwachsener Kinder nicht unbeteiligt. »Wir haben dem *Weser-Kurier* ein Interview gegeben, dass Müll in unserer Nachbarschaft ein Problem ist. Daraufhin hat die Stadt drei neue Mülleimer installiert. Das mit den zusätzlichen Behältern für Kippen, das waren wir selbst.« Dann zieht sie weiter, eine Hand an der Deichsel eines Handwagens mit verschiedenen Behältern und Mülltüten, in der anderen eine lange Metallzange mit Griff: »Die stellt uns die Stadtreinigung zur Verfügung.«

Ihr folgt ein Grüppchen weiterer Ehrenamtler:innen, darunter Tochter Anke. Während die junge Frau auf den Grasflächen am Straßenrand Zigarettenstummel aufklaubt, erklärt sie: »Die wenigsten Leute machen sich klar, wie gefährlich Zigarettenkippen, Kronkorken oder Glasscherben sein können, wenn sie einfach so herumliegen. Zum Beispiel für Vögel oder für kleine Kinder auf dem Spielplatz.« Keine zwei Querstraßen weiter ist der 1-Liter-Joghurteimer in ihrer Hand bereits halb voll mit Kippen. Ein Fahrradfahrer kommt dem Trupp entgegen und nickt anerkennend: »Man sieht ja immer nur, dass Leute etwas wegwerfen, aber kaum das Gegenteil. Vielen Dank dafür!«

Müllsammeln als urbane Schnitzeljagd

Die meisten Passant:innen würden ähnlich reagieren, erzählt eine Frau aus der Gruppe, nur manchmal kämen auch Bemerkungen wie »Was habt ihr verbrochen, müsst ihr Sozialstunden leisten?«. Menschen, die sich nicht vorstellen können, dass jemand so etwas freiwillig tut: mehrmals pro Woche ehrenamtlich losziehen und den Mitbürger:innen hinterherräumen, manchmal kopfschüttelnd, was andere alles einfach so liegen oder fallen lassen, gleichzeitig mit viel Engagement dabei. Eine urbane Schnitzeljagd im Dienste aller, bei der viel gelacht wird.

Die Gruppe, die wir begleiten, patrouilliert in Walle. Ein Mittelstandsviertel, geprägt von schmalen Häuschen mit gepflegten Vorgärten, in denen Stockrosen und Büsche blühen, und einer typisch bunten Großstadtmischung: Shisha-Bar neben Fair-Trade-Kaffeeladen, Hidschabi neben bauchfreier Tattoo-Trägerin. Was bringt die gut gelaunten Ehrenamtler:innen dazu, in der eigenen Freizeit hinter ihren Mitmenschen herzuräumen? Eine Mischung aus Eigeninteresse (»ich mag einfach keinen Dreck vor der eigenen Haustür«) und Verantwortungsgefühl – für das eigene Viertel, die Nachbarschaft, Tiere, Umwelt. Die Menschen in Walle packen so buchstäblich eines der Probleme an, das sie mit vielen Großstadtbewohner:innen gemein haben. In der schon erwähnten Studie der Friedrich-Ebert-Stiftung wird Müll mit Vandalismus gleichauf genannt.[71]

Der Schneemann steht für ein wachsendes Problem

Die Sammelaktionen sind das eine, doch darüber hinaus geht es dem Verein auch um Bildungsarbeit, um Bewusstsein. Und so werden im Winter an öffentlichen Plätzen schon mal »Müllschneemänner« mit Fundstücken dekoriert, als Mahnmal für das Problem. Oder Müllsünder:innen, auf frischer Tat ertappt, wird freundlich ein Taschenaschenbecher aus alter Tetrapack-Pappe überreicht. Eine befreundete Textilkünstlerin hat schon aus weggeworfenen Getränkeverpackungen und Zigarettenstummeln Kleider genäht – als Kunstprojekt –, doch ihre wichtigste Mission ist, weggeworfene Kleidung zu retten und neu zu verwerten. Etwa aus alten Handtüchern Hüte zu gestalten. Nachhaltigkeit statt Wegwerfgesellschaft.

Durch ihre öffentliche Sichtbarkeit gewinnen die Müllsammler:innen nicht nur dauerhafte Mitstreiter:innen, sondern auch immer wieder temporäre Helfer:innen. Bei einer Aktion im Ostertorviertel konnten Kinder sich für jedes 1-Liter-Glas mit Zigarettenkippen eine Kugel Eis von der örtlichen Eisdiele abholen und bei der Nachbesprechung im Lokal gewähren manche Wirt:innen in den Stadtteilen großzügigen »Clean-up-Rabatt«. Klar, dass nicht nur die Bremer Stadtreinigung die fleißige Hilfe schätzt (und mit Müllsäcken und Greifzangen unterstützt), sondern auch Geschäftsleute und Cafébesitzer:innen. Schließlich hat man ein gemeinsames Ziel und der Erfolg ist sicht- und greifbar. Die vollen Behälter nach der Zwei-Stunden-Runde durch Walle sprechen eine deutliche Sprache.

Anderen helfen macht glücklich

Ein eindrückliches Beispiel für Selbstwirksamkeit, jenen psychologischen Mechanismus, der auch im vorigen Kapitel über Engagement eine Rolle spielte. Martin Seligman, der Begründer der »Positiven Psychologie« und Depressionsforscher, erzählt in seinem Buch »Flourish. Wie Menschen aufblühen«[72] eine Anekdote von der Mutter eines Schulfreundes, dem sie bei schlechter Laune riet: »Du siehst angefressen aus, warum gehst du nicht los und hilfst jemandem?« Die Idee, anderen Menschen, der Nachbarschaft, dem eigenen Viertel etwas Gutes zu tun und sich damit selbst zu stabilisieren, wurde zu einem Teil seines späteren Konzepts. Das gelingt besonders dort, wo sich der »Circle of Influence« – also das, was wir beeinflussen können – mit dem »Circle of Concern« – also dem, was uns bewegt – überschneidet. So ordnet es die Sozialpsychologie ein.

Und dennoch bleibt neben allem Positiven ein Eindruck von Sisyphosarbeit. »In einer idealen Welt würden wir uns selbst überflüssig machen, weil Leute verantwortungsvoller mit ihrem Müll umgingen«, sagt Heike Nietfeld. Aber, so sagte es schon der französische Autor Albert Camus in seinem berühmten Essay: »Wir müssen uns Sysiphos als einen glücklichen Menschen vorstellen.«

Drittens: Furchtlos durch die Nacht – mehr Sicherheit auf Plätzen und im Nahverkehr

Ein Vierersitz im Bus, Samstagabend. Der Mann hat die Füße auf der Bank gegenüber abgelegt, als wär's sein Wohnzimmersofa, und fläzt sich in die Polster. Als eine Frau die Bahn betritt, klopft er einladend auf den

Platz neben sich. »Ey, Schnecke! Setz dich doch mal zu uns!« Als sie wortlos an ihm vorbeigeht, legt er nach. »Ey, sei nicht so, bei uns ist es gemütlich!« Plötzlich richtet er sich auf, stellt die Füße auf dem Boden ab und blickt sich um. »Na? Was würdet ihr in dieser Situation tun?«

Der Bus ist kein echter Bus, der Mann kein angetrunkener Partygänger und in Wirklichkeit ist es auch nicht Samstagabend, sondern Mittwoch später Nachmittag. Wir befinden uns im Kursraum eines Familienzentrums in Bremen-Hemelingen. Ein paar Stühle, ein paar Mitspieler:innen – fertig ist die Szene fürs Deeskalationstraining.

Der drahtige Mann, der da in die Runde fragt, weiß, wie man mit brenzligen Situationen umgeht. Andreas Boehme war 47 Jahre bei der Polizei, arbeitet seit 22 Jahren selbstständig in der Gewaltprävention und ist Vorstand im »Präventionsrat Bremen Nord«. Der Verein hat sich das Ziel gesetzt hat, »eine Kultur des Hinsehens« zu schaffen und »das Wir-Gefühl« zu stärken, so steht es auf der Webseite.

An diesem Tag ist er nach Hemelingen gekommen, um drei Ehrenamtsanwärter mit Informationen und Rollenspielen für ein besonderes Nachbarschaftsprojekt zu schulen, die »Nachtwanderer«. Szenen wie diese werden sie bei ihren abendlichen und nächtlichen Einsätzen in den nächsten Monaten erleben. Ob in Bus und Straßenbahn, im Park, wo Jugendliche des Viertels an Sommerabenden zusammenkommen, an Straßenecken: Situationen, in denen ein harmloser Spruch in aggressive Anmache umschlagen kann, Partnerschaftsstreit, Zoff zwischen Gruppen, oft befeuert von Alkohol und Adrenalin.

Eingeladen zum Training hat Birgit Benke vom Stadtteilmarketing, die selbst seit bald zwanzig Jahren dabei ist und die eine oder andere brenzlige Situation erlebt hat: »Einmal ist einer vor einer Disco ausgeflippt und hat einem anderen eine abgebrochene Flasche an den Hals gehalten. Das hätte tödlich ausgehen können.«

Nachtwanderer sind kein Polizeiersatz

In dem Fall half nur, den Mann so lang in Schach zu halten, bis die Polizei kam. Nachtwanderer sind keine Profis, dürfen keine Waffen tragen – auch keine Stöcke oder Reizgasflaschen –, sollen sich nicht selbst in Gefahr bringen. Um all das geht es an diesem Abend: Wie weit weg von einem Störer stelle ich mich auf, wie spreche ich ihn – oder sie – an, wie schützen wir uns als Team gegenseitig? Die allermeisten Fälle sind weniger dramatisch, oft geht es nur darum, dass draußen feiernde Teenies ihre leeren Flaschen und Dosen wieder mitnehmen. Oder einen Streit zu schlichten, ehe Worte in tätliche Gewalt umschlagen können.

Angefangen hat Birgit Benke, als ihre Tochter im Teenageralter war und anfing auszugehen. Jetzt wirbt sie um Nachwuchs, um neue Unerschrockene, die in Viererteams auf »Nachtwanderung« gehen. »Wir brauchen Jüngere, die Dreißig- und Vierzigjährigen, die selbst Kinder im Schul- und Teenageralter haben«, wünscht sie sich. »Die haben doch einen direkten Draht zu denen und wissen, wo der Schuh drückt.«

Hemelingen ist der zweitgrößte von fünf Bremer Ortsteilen. Ein ganz normales Viertel, sagt sie, aber eben auch mit Problemen. An der Hauptstraße stehen viele Läden leer, vor einem Bauzaun türmt sich Sperrmüll. Dort, wo man weit blicken kann, sieht man hauptsächlich Industrieanlagen, den Schlot eines Heizkraftwerks, die Industriegebäude eines nahen Gewerbegebiets. Ein Revier, in dem ein niedrigschwelliges Angebot wie die Nachtwanderer für mehr Sicherheitsgefühl sorgen soll – die Idee brachte vor vielen Jahren ein Bremer aus seiner schwedischen Heimat mit. Es gibt sie in mehreren Stadtteilen, aber auch bundesweit haben sie Nachahmer gefunden.

Das gefällt vielen, nicht zuletzt den Verkehrsbetrieben. Kein Fahrer, keine Fahrerin kann sofort einschreiten, wenn es Ärger gibt im Bus und er oder sie die Hände am Steuer hat. Mitfahrende Nachtwanderer, die eine Situation beobachten, sind da schneller. Auch weil sie die Aufmerksamkeit trainieren. »Wenn ihr privat unterwegs seid, im Bus, auf der Straße, stellt euch gelegentlich vor: Was würde ich tun, wenn jetzt etwas passieren würde? Wenn ich Zeuge eines Partnerschaftsstreits werde, wenn ich sehe, wie eine Frau – oder ein Mann – im Bus bedrängt wird«, regt Andreas Boehme an. Die Regeln zum Eingreifen sind nicht schwer zu verstehen: Laut und deutlich das mögliche Opfer fragen, ob es Hilfe braucht, sich um das Opfer kümmern, möglichen Täter:innen gegenüber klar sein, aber höflich bleiben, sich Hilfe von Umstehenden holen. All das, was gemeinhin Zivilcourage ausmacht.

»WIR WISSEN GAR NICHT MEHR, WO DIE JUGENDLICHEN SICH TREFFEN«

Ähnlich wie die Clean-up-your-City-Teams sehen sich auch die Nachtwanderer als Knotenpunkt in einem Stadtteilnetzwerk. Bewusstsein für Konflikte und den Umgang damit schaffen, dafür braucht es Partner. Zivilcourage-Schulungen könnten in örtlichen Sparkassen stattfinden oder im Rahmen von Schulprojekten, schlägt der Sicherheitsexperte Andreas Boehme vor. Nicht nur für Menschen, die sich bei den Nachtwanderern engagieren wollen. Eine Vierergruppe schützt sich gegenseitig – eine kritische Masse von Menschen, denen ihre Nachbarschaft nicht gleichgültig ist, schützt das ganze Viertel.

Eine Frage beschäftigt Birgit Benke und ihre Mitstreiter:innen jedoch schon seit Längerem. Denn seit den Lockdowns in den Corona-Zeiten hat sich etwas verändert. Wie es scheint, auf Dauer. »Wir wissen teilweise gar nicht mehr, wo die Jugendlichen sich treffen«, sagt sie. »Und sie sind insgesamt weniger draußen unterwegs.« Viele gehen auch nicht mehr in den Park, sondern bleiben zu Hause vor ihren digitalen Endgeräten sitzen. Und bewegen sich damit in einer Welt, in der es teils noch viel rauer zugeht. Auch wenn man es nicht auf den ersten Blick sieht.

Wie man darauf reagieren kann, zeigt das letzte unserer vier Beispiele. Dafür haben wir Bremen verlassen und sind ein Stück weiter ins ländliche Niedersachsen gefahren, nach Hatten bei Oldenburg.

Viertens: **Wenn Welten verschmelzen – wie analoge und digitale Sicherheit zusammengehören**

An der Waldschule Hatten gibt es klare Regeln. Und man muss nicht lang nach ihnen suchen. Gleich über der Tür zum Gang im Erdgeschoss weist ein digitales Board darauf hin, was hier gilt in Sachen Outfit (»Ich kleide mich dem Arbeitsplatz Schule angemessen«), Pausen (»Bei Regen darf ich im Klassenraum bleiben«), Essen und Trinken (»Ich kaue keinen Kaugummi«).

Es sind genau zehn Gebote, aber in Stein gehauen sind sie nicht. Sondern stets per Mausklick änderbar. »Regeln müssen klar, kurz, strukturiert sein und genügend individuelle Freiheit lassen, sie zu gestalten. Und wir passen sie immer wieder mal an«, sagt Schulleiterin Silke Müller. Etwa: Trinken im Klassenraum – ja, aber ohne große Show. Jogginghosen zum Unterricht? Kommt darauf an – schließlich gibt es in der Schülerschaft auch Mädchen und Jungen, deren Familien finanziell so knapp sind, dass sie sich für ihre Kinder kaum etwas anderes leisten können.

So weit, so gewöhnlich. Auch in anderen Schulen hängen die Spielregeln des Zusammenlebens im Eingangsbereich, wenn auch nicht überall so smart und digital. Aber das ist es auch schon mit den Gemeinsamkeiten. Denn an der weiterführenden Schule mit rund achthundert Schüler:innen wird nicht nur der analoge Schulalltag ständig neu verhandelt, sondern auch das digitale Zusammenleben.

Müller und ihre Kolleg:innen kennen sich aus. Und lassen sich nichts vormachen.

Mit Vorschrift Nr. 10 (»Ich nutze Handy, iPod, Kopfhörer und andere Geräte nur außerhalb des Unterrichts«) ist das Thema nämlich noch lange nicht abgehakt. Denn was die Jugendlichen in ihrer Freizeit im Netz

erleben, bestimmt tagsüber immer wieder den Unterricht, über Fachgrenzen hinweg. Und es geht oft weniger um die technische Seite als um die ethische. Wie gehen wir miteinander um, wie zeigen wir Respekt, stellen einander nicht bloß? Das treibt Silke Müller so sehr um, dass sie sogar ein Buch darüber geschrieben hat.[73]

Medienkunde? Das allein wird es nicht richten

Müller und ihre Kolleg:innen halten nichts von einer Insellösung wie einem Fach »Medienkunde«, dazu ist das Thema viel zu präsent. »Es gibt viele Möglichkeiten, Netzthemen im Unterricht zu behandeln«, sagt Müllers Kollege Thomas Hillers, »ob im Ethikunterricht, in Wirtschaft oder Philosophie. Wenn ich den Bezug zur Lebenswelt der Schüler:innen herstellen will, finde ich die besten Beispiele auf Social Media. Gerade Fälle, in denen Jugendliche schlimme Erfahrungen im Netz gemacht haben, erzeugen persönliche Betroffenheit, so bekomme ich ihre Aufmerksamkeit.«

»WIR KÖNNEN DEN GEIST NICHT IN DIE FLASCHE ZURÜCKSTOPFEN«

Und das ist auch nötig. Weil das Netz vor allem für die jüngsten Schüler:innen keinen Gegenpol mehr zum »wirklichen Leben« darstellt, sondern beide Bereiche nahtlos ineinander übergehen. »Wenn es einen neuen Trend auf TikTok gibt, kann ich fast sicher sein, dass er auch in die Schule schwappt«, sagt Silke Müller. »Wenn es nachmittags in der Klassen-WhatsApp-Gruppe Streit gibt, tragen die Kinder die schlechte Stimmung am nächsten Morgen in die Schule. Und wenn sich auf dem Schulhof welche in die Haare kriegen, filmen andere das heimlich und stellen es ins Netz.«

Mit ihren langen blonden Haaren, dem Smokey-Eye-Make-up und Nietenarmband entspricht sie nicht dem typischen Bild einer strengen Direktorin – sie könnte auch als coole Musikerin oder Barbetreiberin durchgehen. Aber darauf sollte man sich nicht verlassen, in der Sache kann sie knallhart sein. »Wenn wir spitzbekommen, dass so etwas bei unseren Kindern landet, sprechen wir sie an und signalisieren: Wir wissen, was ihr da tut, und wenn wir euch erwischen, ist der Bock fett.«

Manches ist ärgerlich, aber harmlos. Nasses Klopapier an die Wände werfen, sodass es kleben bleibt, und Videos von der Schultoilette streamen. Anderes ist ein paar Umdrehungen härter – kürzlich kursierten Rezepte für Cocktails aus Limo und codeinhaltigem Hustensaft, die in kürzester Zeit high machen.

Und dann gibt es das richtig brutale Zeug, das das eigene Kinderzimmer für manche zu einem Ort macht, der deutlich gefährlicher ist als jeder Park bei Nacht. Mutproben, bei denen Teenager Selfies auf Bahnschienen posten und andere auf lebensgefährliche Ideen bringen. Videos von Folter und Mord, Pornografie, eigene Nacktbilder, die jemand in einer verliebten Laune gemacht hat und die plötzlich über mehrere Stufen hinweg in Chatgruppen kursieren – Silke Müllers tägliches Brot.

Technische Filter kommen dagegen nicht an, Eltern, die wegschauen, aus Überforderung oder Zeitnot, sind ein Problem. »Wir können den Geist nicht in die Flasche zurückstopfen und ich will überhaupt nicht das Internet an sich verdammen – ich bin selbst sehr digitalaffin, es gibt jede Menge guten, freundlichen, lehrreichen, unterhaltsamen Content da draußen«, sagt sie. »Aber wir brauchen einen Konsens, wie wir miteinander umgehen wollen. Und der muss überall gelten, egal ob auf dem Schulhof oder im Netz.«

Um dem einen Raum zu geben, wo auch Intimes zu Wort kommen kann, eigene Fehler inklusive, hat Müller den Kollegen Hillers für eine Schulstunde pro Woche freigestellt: für eine »digitale Sprechstunde«. Oft, so erzählen beide, kommen Schüler:innen mit ihren Sorgen aber lieber ganz nebenbei in der Pause. Und schicken auch schon mal Freitagabend spät eine Mail mit Hilferuf. Weil es online einen Konflikt gibt, Mobbing, unerlaubt verschickte Bilder mit sexuellen Inhalten.

Seitdem bekommt das Kollegium mehr mit von dem, was die Jugendlichen bedrückt. Manchmal Inhalte, die selbst für die taffe Direktorin schwer zu verarbeiten sind. Aber die Offenheit sei ein gutes Zeichen, finden Thomas Hillers und Silke Müller. »Es zeigt, dass wir hier eine Gesprächskultur haben, bei der die Jugendlichen wissen, wir lassen sie nicht fallen, auch wenn sie selbst Mist gebaut haben. Wir reißen ihnen deshalb nicht den Kopf ab, sondern finden gemeinsam einen Weg. Dieses Vertrauen ist unser größtes Pfund.«

Und immer wieder geht es um den Wertekompass: Was tut anderen weh – im Netz genauso, wenn nicht noch mehr als auf dem Schulhof? Wie fühlt sich mein Gegenüber? Wie kann ich um Entschuldigung bitten, Dinge wiedergutmachen?

Keine Frage der Technik, eine Frage der Haltung

Denn am Ende, sagen Silke Müller und Thomas Hillers, sei die Haltung entscheidend. Und die sei bei den Eltern oft ähnlich fragwürdig wie bei den Kindern. Auch wenn es bei ihnen nicht um unerlaubt verschickte Nacktbilder oder Gewaltvideos geht, sondern um die Art des Umgangs. »Ich erlebe zu oft, dass über andere geredet wird statt mit ihnen. Dass sich Mütter und Väter in einer Chatgruppe über einen Lehrer auslassen, statt das direkte Gespräch zu suchen. Das ist kein gutes Vorbild.« Ein wenig Nachhilfe in Empathie könnten alle miteinander gut gebrauchen. Eine Schule kann ihren Teil dazu beitragen. Das mag nicht viel sein, gesamtgesellschaftlich. Aber eben auch nicht nichts.

Unser kurzes Fazit aus diesem Kapitel? Drei Punkte sind wichtig:

- **Konfrontation:** Wer Regeln durchsetzen will, muss Konfliktfähigkeit mitbringen und bereit sein, sich auseinanderzusetzen. Das gilt sowohl im eigenen Umfeld als auch im Digitalen. Initiativen für einen zivileren Umgangston im Netz, die Hass und Hetze etwas entgegensetzen, machen es vor, etwa »Ich bin hier«.[74]
- **Kommunikation:** In einer Gesellschaft mit unterschiedlichen Interessenlagen und teils auseinanderdriftenden Werten braucht es die Bereitschaft, Regeln des Zusammenlebens fair und ständig neu auszuhandeln.
- **Commitment:** Ein gemeinsames Ziel und Interesse helfen, Initiativen zu bündeln und darüber hinaus den Zusammenhalt zu stärken – an einer Schule, in der Nachbarschaft oder im Stadtviertel.

Die Beispiele aus Bremen und Hatten haben noch etwas gemeinsam: die Notwendigkeit, sich gegenseitig zu vertrauen. Ob das im Nachtwanderer-Team ist, in einer Stadtgesellschaft, im Viertel, an einer Schule. Denn das ist die beste Basis, um mutig und engagiert auf andere zuzugehen.

Doch was passiert, wenn diese Grundlage durch eine Tat nachhaltig erschüttert wird? Wenn die Vorstellung vom friedlichen Zusammenleben sich auf einmal als brüchig, als illusionär erweist? Um das zu erfahren, sind wir für die nächste Reportage nach Hanau gereist, wo im Februar 2020 neun Menschen durch einen rassistischen Anschlag starben. Und haben eine aufgewühlte Stadtgesellschaft erlebt, die um Zusammenhalt ringt.

KURZ GESAGT

Unser Thema: Soziale Regeln sind dafür da, Schwächere in der Gesellschaft zu schützen und ihnen Sicherheit zu geben. Doch wie die Regeln ausgestaltet werden, ist immer wieder neu Gegenstand von Verhandlungen und muss nicht an jedem Ort und für jede gesellschaftliche Gruppe gleich sein.

Unser Fall: Wir haben verschiedene Projekte in Bremen besucht: einen Fußgängertunnel, der mithilfe von Kunst zu einem angenehmeren Ort werden sollte, eine Gruppe ehrenamtlicher Müllsammler:innen und eine Initiative, die öffentliche Orte und Verkehrsmittel bei Nacht sicherer machen möchte. Dazu kommt ein Exkurs in die digitale Welt zu einer Schulleiterin in Niedersachsen, die mit ihren Schüler:innen Regeln aufstellt für den Umgang in sozialen Netzwerken und auf Messengerdiensten.

Unsere wichtigste Erkenntnis: Einigt sich eine Gruppe auf ein gutes Regelwerk, geht das einher mit höherer Identifikation und Verantwortungsgefühl für den eigenen Nahbereich. Generell sind die zugrunde liegenden menschlichen Werte wichtiger als möglichst detaillierte Vorschriften. Das richtige Verhalten ergibt sich aus einer bewussten Haltung.

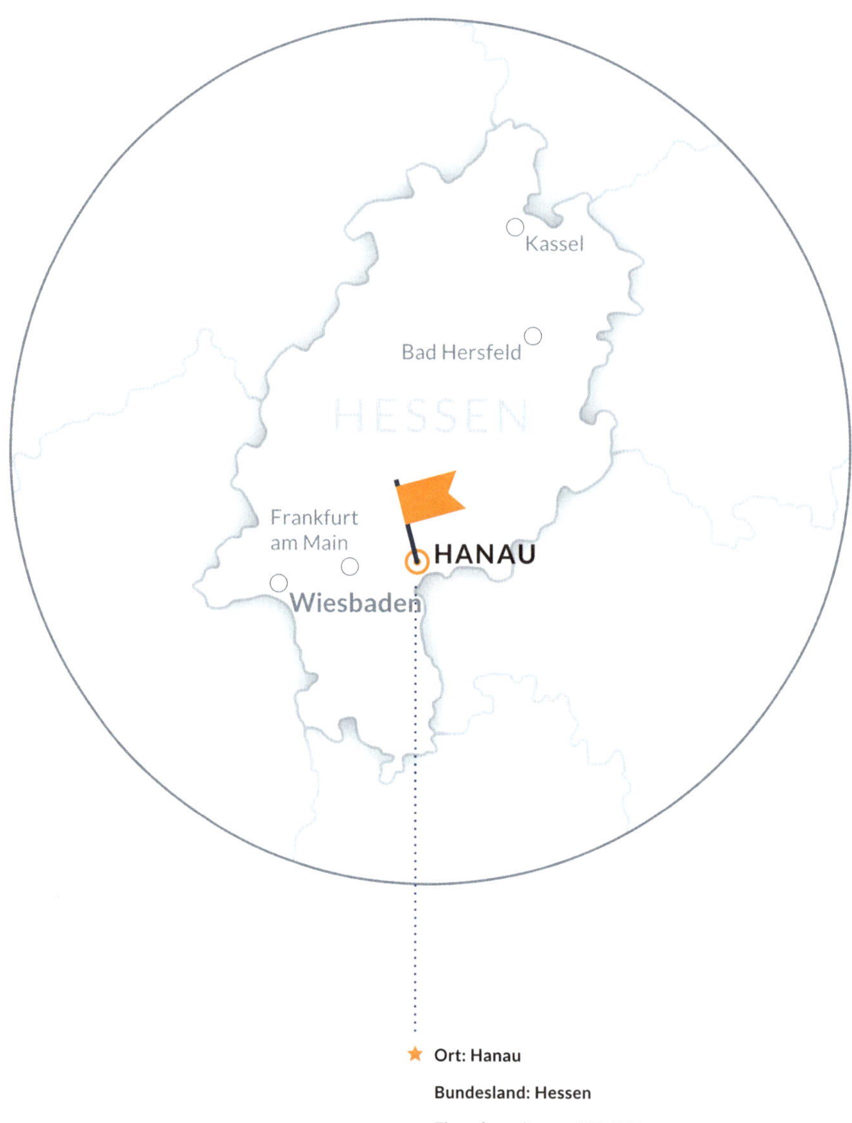

★ **Ort: Hanau**

Bundesland: Hessen

Einwohner:innen: 103.500

KAPITEL 5

Vertrauen – eine aktive Tätigkeit

Wir können unseren Alltag nur bewältigen und als Gesellschaft zusammenleben, wenn wir unseren Mitmenschen erst einmal gute Absichten unterstellen. Im Kleinen wie im Großen. Bei einem Terroranschlag wird dieses Vertrauen massiv erschüttert. Wir sind nach *Hanau, Hessen* gereist, drei Jahre nach den rassistisch motivierten Morden an acht Männern und einer Frau, und haben nachgefragt: Wie fühlen sich vor allem migrantische Menschen heute? Die Mutter eines Opfers hat eine Initiative gegründet, die zeigt: Vertrauen ist keine passive Einstellung, sondern eine aktive Entscheidung.

Seitdem es passiert ist, sagt Yasmin, muss sie immer die Tür im Blick haben. Egal, ob sie in der S-Bahn sitzt oder abends mit Freund:innen in einer Bar. Beobachten, wer kommt und geht. Ein Versuch, Kontrolle zu behalten über etwas, das man nicht kontrollieren kann. »Man sieht es den Leuten ja nicht an, was in ihrem Kopf vorgeht, was sie vorhaben«, sagt die frischgebackene Abiturientin aus Hanau. Genau das bringt sie in einen inneren Zwiespalt. »Es ist auch früher schon passiert, dass jemand im Bus eine blöde Bemerkung über mein Kopftuch machte. Mir war klar, dass es Menschen gibt, die rassistisch denken. Aber heute frage ich mich immer gleich: Wenn jemand schon so *denkt*, was wäre er in der Lage zu *tun*?«

Gleichzeitig, sagt Yasmin, möchte sie sich nicht dominieren, nicht bestimmen lassen von dieser neuen Angst: »Ich möchte keine Vorurteile gegenüber Menschen aufbauen, nur weil sie aussehen, wie sie aussehen.« Blond, blauäugig, Nazi, Mörder – natürlich geht diese Gleichung nicht auf, genauso wenig wie die Gleichsetzung von Muslimen und Islamismus. Yasmin, Tochter einer Deutschen und eines migrantischen Vaters, ver-

bindliches Lächeln, perfekt gestylte Wimpern, kämpft mit eigenen Ängsten und Vorverurteilungen. Sie möchte ja vertrauen, aber es fällt oft schwer.

Früher. Heute. Vor dem 19. Februar 2020, nach dem 19. Februar. Es ist, als würde das Datum die Zeitrechnung von Hanau zweiteilen. Vor dem Terroranschlag, nach dem Terroranschlag. Ein Schock, der tief sitzt, bei allen. Weil er eine grundlegende Gewissheit infrage stellt, ohne die wir im Alltag gar nicht existieren könnten: Dass von Mitmenschen in der Regel keine Gefahr ausgeht, schon gar nicht für Leib und Leben.

Es ist Donnerstag. Wir sitzen auf einem schwarzen Ledersofa in einem Flachbau am Rand des Freiheitsplatzes im Stadtzentrum. An der verglasten Eingangstür des Gebäudes prangt ein Schild mit der Aufschrift: »Geschlossen gegen Rassismus – offen für Vielfalt«. Direkt daneben an der Außenwand ein überlebensgroßes Porträt von Ferhat Unvar, einem der Opfer vom 19. Februar. Ein rundes, junges Gesicht, offener Blick, modisches Bärtchen, Basecap. Daneben eine Zeile aus einem seiner Gedichte: »Tot sind wir erst, wenn man uns vergisst«, fast als hätte er geahnt, dass er nicht älter werden würde als 23. Auch der Innenraum ist mit Bildern von ihm dekoriert, mit Zitaten. In einem Wechselrahmen hängen Zettel mit Grüßen zu dem ersten Geburtstag, den er nicht mehr erlebt hat. »Lieber Ferhat, deiner Mama geht es größtenteils gut«, steht auf einem.

Der Ort hat etwas von einem Schrein, einer Gedenkstätte, aber er ist mehr als das. Den Kindern, Jugendlichen und jungen Erwachsenen, die herkommen, geht es um Austausch. Um Aufklärung. Um seelische Stärkung. Aber auch einfach ums Chillen und Quatschen.

Manchmal spielen sie Werwolf. Dabei muss man durch Fragen und geschickte Kooperation einen Mörder, eine Mörderin in den eigenen Reihen ausfindig machen. Oder überzeugend bluffen, wenn man selbst der Täter ist. Sich nicht erwischen lassen.

Das Kartenspiel ist in bei fast allen Teenagern und jungen Erwachsenen, aber vielleicht ist es dennoch kein Zufall, dass es gerade hier so ein beliebter Zeitvertreib ist. Unter denen, die sich das Vertrauen in Menschen neu erkämpfen müssen. Die bei jeder Runde wissen: Es ist nur ein Spiel, der Werwolf eine zufällig gezogene Karte. Die Toten stehen wieder auf.

»GESCHLOSSEN GEGEN RASSISMUS, OFFEN FÜR VIELFALT«

»Deiner Mama geht es größtenteils gut.« Serpil Unvar heißt die Mutter, zusammen mit einigen Mitstreiter:innen hat sie die »Bildungsinitiative Ferhat Unvar« gegründet. Ihr Sohn soll nicht ganz umsonst gestorben sein. Das hat sie immer wieder geantwortet, wenn Journalist:innen wissen wollten, was sie antreibt. Der Verein ist eine Anlaufstelle für Kinder,

Jugendliche, junge Erwachsene, die einen Raum brauchen für ihre Fragen und Gefühle, aber die auch rausgehen und Antirassismus-Workshops an Schulen durchführen. Damit so eine schreckliche Tat nie wieder passiert.

Fragt man Serpil Unvar, ob sie noch Vertrauen in andere haben kann, nach dem, was ihr und ihrer Familie widerfahren ist, nickt sie energisch: »Den Jugendlichen, mit denen ich hier jeden Tag zu tun habe, vertraue ich aus ganzem Herzen. Ich könnte meine Arbeit nicht machen ohne Vertrauen – in die Menschen, aber auch darin, dass sich etwas ändern kann in der Gesellschaft.«

Dann serviert sie starken, süßen Tee in kleinen Gläsern und Zimtschnecken. »Nehmt euch, habe ich heute gebacken.« Und man versteht: Vertrauen ist nichts Passives, ist mehr als eine innere Haltung. Es kann auch eine aktive Bewegung sein, auf andere zu. Eine bewusste Entscheidung gegen die Verbitterung, gegen die Untröstlichkeit.

Neben Yasmin auf dem Sofa sitzt Joe, Lehramtsstudent. Auch er hat migrantische Wurzeln, auch er ist Hanauer, auch er ist noch immer erschüttert und macht seinen Gefühlen Luft. »Der 19. Februar hat klargemacht: Rassistische Gewalt ist keine Sache der Vergangenheit, sie ist direkt hier, mitten unter uns. Hanau, das gesamte Rhein-Main-Gebiet habe ich immer als bunt wahrgenommen, friedlich, tolerant. Dass es ausgerechnet hier passiert ist, das war für mich wie ein Schlag in die Fresse.«

»ICH KÖNNTE MEINE ARBEIT NICHT MACHEN OHNE VERTRAUEN«

Denn der Täter stammte aus dieser Stadt und hat gezielt die Orte ausgesucht, an denen sich migrantische Menschen gern aufhalten. Weil sie sich sicher fühlen können vor unangenehmen Bemerkungen, vor Diskriminierungen. Eine Sportbar, eine Shisha-Bar, einen Kiosk mit Imbiss direkt neben einem Jugendzentrum. Einen Mann ließ der Täter laufen, einen türkischen Kioskbesitzer. Möglicherweise rettete ihm sein nordeuropäisches Aussehen das Leben, seine blonden Haare.

Im Weltbild eines solchen Täters haben Menschen wie Yasmin und Joe eine Zielscheibe auf der Stirn, allein weil sie aussehen, wie sie aussehen. Hautfarbe, Haarfarbe, Hidschab. »Ein Ort wie eine Shisha-Bar ist für uns ein Safe Space«, erklärt Yasmin. »Wenn wir uns dort nicht sicher fühlen können, wo denn dann?«

Yasmins Freundin Mouna, die ebenfalls für die Bildungsinitiative arbeitet, erzählt Ähnliches. »Alle Menschen, die umgebracht wurden, kannte ich vom Sehen«, erinnert sie sich. »Hanau ist ja nicht groß, eigentlich kennt jeder jeden. Am Abend ehe er umgebracht wurde, hatte ich gerade zum ersten Mal mit Ferhat geredet.« Nur eine halbe Stunde vor dem Anschlag hatte sie das Jugendzentrum verlassen, wo sie Kickboxen trainierte. Direkt neben dem Kiosk im Stadtviertel Kesselstadt, wo der Täter das zweite Mal zuschlug. »Es war so krass, zu spüren, wie schnell das Leben vorbei sein kann. Aber auch das Wissen: Scheiße, ich sehe genauso aus wie die, mich hätte es auch treffen können.«

Als sie am Morgen danach weinend zu ihrem Vater ging, tat er, was wohl die meisten Eltern getan hätten. »Er sagte: ›Du gehst nicht in die Schule, du gehst überhaupt nirgendwohin, solange draußen ein Mörder herumläuft.‹ In den ersten Tagen nach dem Anschlag war auch die ganze Stadt wie ausgestorben, wie gelähmt.«

Am Anfang ging es Mouna sehr schlecht und auch wenn mittlerweile drei Jahre vergangen sind, ist etwas zurückgeblieben. »Nach der Tat hatte ich richtige Angstzustände, das ist jetzt nicht mehr so. Aber wenn ich im Dunkeln einen Mann auf der anderen Straßenseite sehe, sind da immer noch diese Gedankenblitze: Hat er eine Waffe? Will er mich abknallen?«

Aber wie lang kann man sich zu Hause verstecken? Und war das nicht genau das, was der Täter wollte: Lähmen, Menschen in Angst und Schrecken versetzen? Terrorist:innen, die gezielt bestimmte Gruppen im Visier haben, wollen ja nicht nur einzelne Leben auslöschen. Sondern Anschläge, ob rechtsterroristisch oder islamistisch, haben immer eine bestimmte Lebensweise, eine bestimmte Gruppe im Blick, sind ein bedrohliches Signal: Ihr seid die Nächsten. Gibt man dem nach, bekommen sie, was sie wollen.

»ICH SEHE GENAUSO AUS, MICH HÄTTE ES AUCH TREFFEN KÖNNEN«

Mouna ging also wieder nach draußen, zum Boxtraining, zu den Demonstrationen, auf denen Rassismus ebenso angeprangert wurde wie das Verhalten der Polizei und der Behörden (dazu später mehr). Die Eltern hatten gemischte Gefühle, aber am Ende ließen sie Mouna ziehen. »Was hätten sie auch machen sollen? Ich musste ja lernen, mit diesem Bewusstsein zu leben: dass niemand irgendwo sicher ist, dass jederzeit und überall etwas passieren kann. Erst recht auf einer Demo, bei der klar ist, wofür man steht – damit wäre man ja theoretisch das perfekte Ziel.«

Die Verarbeitung ist ihr gelungen, sie hat sich ihren Ängsten gestellt. »Ich habe aus dieser Angst eine Stärke gemacht. Mich mit Menschen zusammengetan, die das verstehen und auch wollen.«

Mouna und ihre Freund:innen sind lebendige Beispiele für gelungene Traumabewältigung. Die Psychologin und Autorin Anne Otto sagt: Wie bereit ein Mensch ist, auch nach schweren Erlebnissen wieder Vertrauen zu fassen, hat auf einer individuellen Ebene mit einem Grundgefühl von

Geborgenheit zu tun, das in der Kindheit entsteht. Und im weiteren Verlauf von Kindheit und Jugend mit Umwelteinflüssen und sozialem Lernen. Eine liebevolle Familie, wie die jungen Frauen sie schildern, macht resilient.[75]

Das ist bekannt, ist aber noch nicht alles. Auf eine paradoxe Art und Weise bedeutet Vertrauen nämlich gerade nicht, sich für unverletzbar zu halten, sondern im Gegenteil: »Vertrauen ist der Wille, sich verletzlich zu zeigen«, zitiert Anne Otto eine Studie zweier Organisationspsychologen.[76] Das heißt: Gerade die Bereitschaft, eigene Ängste und Schwächen zuzulassen, sich mit anderen zu verbinden, sich Hilfe zu holen, Kraft aus früheren Erfahrungen erfolgreicher Krisenbewältigung zu ziehen, dient als Schlüssel zum Weiterleben. Nach sicheren Orten zu suchen, konkret, aber auch abstrakt, im Sinne von: Ich schaffe mir einen Safe Space in mir selbst. Ob nach einem Moment der existenziellen Bedrohung oder in anderen Lebens- und Gesellschaftskrisen.

Bereits in der Einleitung unseres Buches haben wir den Kasseler Sozialpsychologen Ernst-Dieter Lantermann zitiert und seine Unterscheidung zwischen »Unsicherheit« und »Ungewissheit«. Mit Ungewissheit leben zu lernen, scheint eine Kernqualität derer zu sein, die auch bei größten Herausforderungen das Vertrauen nicht verlieren.

»VERTRAUEN IST DER WILLE, SICH VERLETZLICH ZU ZEIGEN«

Mouna ist Workshop-Trainerin, in der Bildungsinitiative hat ihre Stimme Gewicht. Doch ein mulmiges Gefühl bleibt und lässt sich nie ganz abschütteln. Und sie weiß auch, dass diese Angst nicht alle Menschen in ihrer Stadt gleichermaßen betrifft. »Ich erlebe heute mehr Zusammenhalt, mehr vertrauensvolles Miteinander in der Stadt, aber vor allem unter den Menschen, die von Rassismus betroffen sind. Die Nichtbetroffenen haben oft eine gewisse Distanz.« Das kann sie sogar nachvollziehen: »Entweder man muss sich damit auseinandersetzen, weil man selbst zum Opfer werden könnte. Oder man hat die Wahl und kann sich diesem Thema entziehen. Ich kann das menschlich auch verstehen. Aber ich habe diese Wahl nicht.«

»ICH KANN MICH NICHT ENTZIEHEN, OB ICH WILL ODER NICHT«

Lehramtsstudent Joe findet: Es hat sich in Hanau seit der Tat durchaus Positives getan, im Zwischenmenschlichen. »Ich finde schon, der Zusammenhalt in der Zivilgesellschaft ist gewachsen«, sagt er. »Aber die Strukturen bei der Polizei, in der Politik, in Schulen – die sind nach wie vor nicht so, dass sie das Vertrauen fördern. Im Gegenteil. Es muss sich vieles ändern. Besser gesagt: alles!«

Auch deshalb hat er sein Studienfach gewählt. »Ich möchte vor allem migrantischen Kindern Selbstvertrauen geben können, dass sie es im Leben zu etwas bringen können, einfach dadurch, dass sie sehen: Da ist einer, der sieht aus wie wir und wird als Lehrer arbeiten. Erst neulich war ein Junge völlig verblüfft, dass jemand wie ich das einfach so kann, studieren. Und hat sofort beschlossen: Wenn der das macht, dann will ich das auch.«

Eine Tat, die Selbstheilungskräfte aktiviert

Selbstvertrauen, Vertrauen in Mitmenschen – Hanau ist ein besonders drastisches Beispiel, an dem man sehen kann, was passiert, wenn es untergraben und bedroht wird.

Der positive Eindruck: Die Tat war eine Verletzung, die alle Selbstheilungskräfte der Zivilgesellschaft mobilisiert hat.

Menschen aller Schichten und Herkünfte gedachten mit Blumen, Kerzen und Bildern der Verstorbenen, liefen zu Tausenden beim Trauermarsch mit. Alle waren dabei, die »Omas gegen Rechts«, Sinti- und Roma-Initiativen, afrodeutsche Gruppen ebenso wie jene, die nicht organisiert sind, nicht aktivistisch, und trotzdem das Gefühl hatten: Wir wollen zeigen, dass wir zusammenstehen. Unabhängig vom eigenen Background. Bundespräsident Frank-Walter Steinmeier kam gemeinsam mit dem damaligen hessischen Ministerpräsidenten Volker Bouffier und hielt auf dem Marktplatz eine Rede, die das Wir beschwor, den Zusammenhalt, gemeinsame Trauer und gemeinsame Wut.[77]

Beim rechtsterroristischen Brandanschlag von Mölln, fast dreißig Jahre zuvor, hatten zwar zwei Bundesminister an der Trauerfeier teilgenommen und auch Teile der Mehrheitsgesellschaft zeigten sich solidarisch, nicht aber der ebenfalls eingeladene Bundeskanzler Helmut Kohl. Der ließ über seinen Sprecher ausrichten, er wolle keinem »Beileidstourismus« Vorschub leisten.[78] Eine heute kaum noch denkbare Reaktion.

Die Solidarität in Hanau hatte Bestand, über lange Zeit. Die Anteilnahme kam von allen, nicht nur von denen, die eine persönliche Geschichte mit den Opfern und ihren Familien teilten. Auch nicht nur von denen, die eine ähnliche Migrationsgeschichte verband. Noch Monate nach der Tat legten Menschen auf dem zentralen Marktplatz Blumen ab und Kerzen, am Denkmal der Gebrüder Grimm, den wohl berühmtesten Söhnen der Stadt. Zwei urdeutsche Märchensammler als Anlaufstelle und Trostort für die postmigrantische Gesellschaft.

Eine »Gefährderansprache« für die Gefährdeten

Aber auch im Negativen ist Hanau in mancher Hinsicht ein Beispiel dafür, wie erschüttertes Vertrauen noch weiter erodieren kann. In den Gesprächen mit den Mitgliedern der Bildungsinitiative klingt an, dass Wunden zurückgeblieben sind, Misstrauen. Die *Frankfurter Rundschau*, die sich journalistisch von Beginn an intensiv mit der Aufarbeitung der Tat beschäftigt und kritischen Fragen Raum gegeben hat, lädt regelmäßig zu Podien, auf denen die Opferfamilien zu Wort kommen. Beim jüngsten Termin schildert Ajla Kurtovic, Schwester eines der Mordopfer, wie eine Kontaktbeamtin der Polizei sie kurze Zeit später kontaktierte[79] und ihr mitteilte, der Vater des Täters sei wieder in der Stadt, ebenfalls nachweislich ein Mann mit rechtsradikalem Gedankengut.[80] Dabei sei es aber nicht um die Frage gegangen, wie die Hinterbliebenen vor dem Mann geschützt werden könnten, sondern um Unterstellungen, ihr Vater könne Rachegedanken hegen und den Vater des Täters seinerseits bedrohen.

Ein besonders unglückliches Beispiel, wie tief Verletzungen gehen, wenn man statt mit staatlicher Unterstützung mit staatlichem Misstrauen konfrontiert ist. Und es gibt eine ganze Reihe von Vorwürfen gegen die Polizei, von Fehlern im Einsatz selbst bis zu einem unsensiblen Umgang mit den Opferfamilien. Auch drei Jahre nach der Tat, bei Drucklegung dieses Buches, lässt der Abschlussbericht eines Untersuchungsausschusses noch auf sich warten.

Alle Menschen, mit denen wir in Hanau gesprochen haben, bestätigen: Nach der anfänglichen Welle der Solidarität gibt es heute eine gewisse Lagerbildung. Vor allem in der nicht migrantischen Gesellschaft ist umstritten, wie man langfristig damit umgehen kann, wenn die eigene Stadt mit anderen zur Chiffre geworden ist für Rassismus und Gewalt. Die einen wollen vor allem das Andenken wachhalten, die anderen würden gern eine Art Schlussstrich ziehen, übergehen zur Tagesordnung. Wollen feiern, beim Altstadtfest, beim Weinfest, beim Bürgerfest, ohne bei jedem Schluck Pfälzer Riesling daran zu denken, was geschehen ist. Wollen, dass man anderswo in Deutschland beim Namen Hanau auch wieder an die beiden Märchensammler denkt, deren Konterfeis das offizielle Logo der Stadt zieren.

Wenn die Solidarität langsam bröckelt

Sozialpsychologisch ist das nachvollziehbar. Ein ähnlicher Mechanismus wie der, den wir in Kapitel 3 zum Thema Engagement beschrieben haben: Angesichts von Katastrophen und Notlagen zeigen Menschen sich in der Regel solidarisch, doch irgendwann nimmt die Unterstützung wieder ab, wird die Solidarität dünner. Das gilt genauso für Menschen, die bei einer Flutkatastrophe ihre Häuser verlieren, oder für Geflüchtete aus Kriegsgebieten und Familien von Terroropfern.

Das zeigt auch die Debatte um den Standort für ein Denkmal, das an die Opfer erinnern soll. Dass es eines geben wird, ist beschlossene Sache, im Gespräch sind mehrere Standorte. Doch während sowohl das Umfeld der Opfer als auch Teile der Zivilgesellschaft einen zentralen Ort auf dem Marktplatz fordern, gibt es für diese Lösung derzeit keine Mehrheit in der Stadtverordnetenversammlung. Das wiederum führt zu neuem Misstrauen bei den Betroffenen: Will man uns und unseren Schmerz lieber an den Rand drängen, dorthin, wo andere möglichst wenig damit konfrontiert sind?

Ehe wir uns auf den Weg durch die Stadt machen, zu den Orten, an denen der Anschlag sichtbare Spuren hinterlassen hat, und zum städtischen Opferbeauftragten, noch ein paar Worte zu Vertrauen allgemein. Denn auch wenn Schockwellen nicht so hoch schlagen wie in Hanau, ist zwischenmenschliches Vertrauen leicht zu erschüttern und macht Gemeinschaften nachhaltig brüchig. Umso wichtiger ist, es zu erhalten.

Vertrauen macht die Welt weniger kompliziert

Grundlegendes zur gesellschaftlichen Funktion von Vertrauen hat bereits der Soziologe und Systemtheoretiker Niklas Luhmann vorweggenommen, der in seinem Essay von 1968 Vertrauen als »Mechanismus zur Reduktion von Komplexität« definierte. Einfacher gesagt: Da wir unmöglich alle sozialen Beziehungen kontrollieren und überwachen können (nicht mal, wenn wir, bildlich gesprochen, immer die Tür im Blick haben), bleibt uns gar nichts anderes übrig, als zu erwarten, dass Menschen sich in einer bestimmten Art und Weise verhalten.

In Kombination mit einer werthaft aufgeladenen Bedeutung heißt das aber nicht nur, dass die Handlungen unserer Mitmenschen berechenbar sind, sondern auch: Wir leben mit der Prämisse, dass Menschen unsere Werte teilen, sich vernünftig verhalten und keine bösartigen Absichten haben. Daher greift es unser innerstes Sicherheitsgefühl an, wenn diese Regel gebrochen wird. Nicht erst bei einer Gewalttat, sondern schon, wenn wir feststellen, dass wir betrogen, hintergangen oder belogen werden.

Wie positiv unsere Grundannahmen sind, hat nicht nur eine persönliche Komponente – also etwa, ob wir in unserem individuellen Aufwachsen die Welt als generell sicheren Ort erlebt haben, in dem unsere Bezugspersonen feinfühlig auf unsere Bedürfnisse reagiert haben –, sondern auch eine soziale. Generell ist das Level des Vertrauens in kleinen, wohlhabenden, liberalen und eher egalitären Gesellschaften wie Dänemark und Finnland höher als in osteuropäischen Ländern wie Bulgarien und Serbien.[81]

Das kann zum einen dadurch erklärt werden, dass soziale, ökonomische und kulturelle Unterschiede in den erstgenannten Ländern geringer sind, zum anderen aber auch durch die enormen Transformationen nach dem Ende des Sozialismus, die das Vertrauen in die Mitmenschen stärker untergraben haben. In eine ähnliche Richtung argumentiert die *Zeit*-Journalistin Anita Blasberg in ihrem Sachbuch »Der Verlust. Warum nicht nur meiner Mutter das Vertrauen in unser Land abhandenkam«.[82] Darin skizziert sie am Beispiel aus dem persönlichen Nahbereich, wie politische Enttäuschungen dazu führen können, dass Menschen ein grundsätzliches Misstrauen sowohl in ihr Umfeld als auch in Institutionen und Politik entwickeln. Ihre Beispiele reichen vom Wirken der Treuhand in den Nachwendejahren über den Einzug neoliberaler Ideen in sozialdemokratische Politik bis zum teils verunglückten Krisenmanagement der Bundesregierung während der Pandemie.

Man muss dieses Narrativ nicht eins zu eins übernehmen. Aber es könnte eine von mehreren Ursachen sein für wachsende Aggressivität, die vom rauen Ton in sozialen Netzwerken über die Nähe zu Verschwörungstheorien bis hin zu Umsturzfantasien oder gar gewalttätigen Taten führt (selbstverständlich ohne diese zu entschuldigen oder gar zu billigen).

Wenn Autorität die Offenheit ersetzt

Eine Sekundäranalyse fasst noch einmal zusammen, aus welchen Puzzleteilen sich Vertrauen zusammensetzt.[83] Geringes Vertrauen kann seine Ursachen in traumatischen Erfahrungen haben, doch auch kulturelle und gesellschaftliche Aspekte, sozioökonomische Faktoren und der individuelle Charakter spielen eine Rolle. Umgekehrt führen neben den oben genannten Faktoren (u.a. finanzieller Wohlstand), stabile soziale Netze, Gesundheit und Lebenszufriedenheit zu einem positiveren Menschenbild.

Noch einen Schritt weiter gedacht, lassen Gewalttaten wie die von Hanau und gruppenbezogene Menschenfeindlichkeit sich generell als Ausdruck eines gestörten Vertrauens seitens der Täter:innen begreifen. Anne Otto, die sich in ihrer Arbeit mit rechten Gewalttaten und Rassismus beschäftigt hat, spricht vom »Autoritarismus«: dem Versuch einer instabilen, über lange Zeit verunsicherten Psyche, die eigene Ohnmachtsgefühle mit der Abgrenzung gegen andere Gruppen kompensiert. Die daraufhin entweder selbst gewalttätig handelt, verbal oder handgreiflich, oder sich nach einer starken Führungspersönlichkeit sehnt, die Verantwortung übernimmt und stellvertretend gewaltsam durchgreift. Ein Erklärungsansatz für Rassismus und rechtspopulistische Weltbilder neben individuellen psychischen Faktoren. In diese Richtung gehen etwa die Befunde der Leipziger Autoritarismus-Studien.[84]

Geht man vom großen Ganzen in die Nahbetrachtung, fällt auf: Mitmenschliches Vertrauen (und Misstrauen) ist insgesamt recht stabil. Unsere Zusammenhaltsstudie zeigt fast unveränderte Werte im Vergleich von 2017 und 2020; in beiden Jahren äußerte sich knapp die Hälfte der Befragten (46/48 Prozent) pessimistisch (»Heutzutage kann man sich auf niemanden verlassen«), 39 Prozent sagten »teils, teils«, 13 bzw. 14 Prozent stimmten der Negativaussage nicht zu.

Während der Pandemie ist der positive Eindruck anfangs sogar gewachsen, die ersten Monate haben Solidarität und Zusammenhalt gestärkt.[85] Unserer Pandemiestudie zufolge ging die Kurve in der Folge jedoch rasant nach unten. Möglicherweise hat die Corona-Zeit bei unterschiedlichen gesellschaftlichen Gruppen den Eindruck erweckt, dass ihre Bedürfnisse nicht genügend berücksichtigt wurden.

Hat die Pandemie uns am Ende misstrauischer gemacht?

Ohne das werten zu wollen, sind die Zahlen deutlich, gerade im Vorher-nachher-Vergleich. Im Jahr 2019 äußerten im Südwesten – unserem Erhebungsgebiet, das sich aber aufs ganze Land hochrechnen lässt – nur neun Prozent die Meinung, man könne sich auf niemanden mehr verlassen, 2022 waren es 24 Prozent, also beinahe dreimal so viele. Umgekehrt verringerte sich die Zahl derer, die mit dieser Negativaussage nichts anfangen konnten, im selben Zeitraum von 55 auf 33 Prozent.

Welche Folgen die Pandemie-Erfahrung für die generellen Einstellungen hat, lässt sich heute noch nicht abschätzen; möglich, dass diese Schwankungen langfristig nicht von Bedeutung sind. Die Zahlen zeigen aber, dass eine kollektive Leidenserfahrung auch Einfluss darauf hat, wie zwischenmenschliche Beziehungen von verschiedenen Gruppen eingeschätzt werden.

Interessant ist der Zusammenhang zwischen persönlichem Vertrauen und anderen soziodemografischen Faktoren. Sowohl jüngere Menschen bis 24 also auch ältere ab 65 sehen ihre Mitmenschen in einem besseren Licht als die Altersgruppen dazwischen, aber auch höhere Bildung, ein mittleres bis höheres Einkommen sowie ein Wohnort auf dem Land (im Gegensatz zur Stadt) führen zu einem positiveren Menschenbild.

Ein weiterer Befund passt spiegelbildlich dazu und auch zu dem, was wir in Hanau gehört haben: Menschen mit Migrationshintergrund haben tendenziell weniger Vertrauen in ihre Mitmenschen – was nachvollziehbar ist, wenn man sich Erfahrungen von Rassismusbetroffenen anhört. Wem häufig Misstrauen entgegengebracht wird, dem fällt es auch selbst schwerer zu vertrauen.

Unsere jungen Gesprächspartner:innen berichteten unisono, dass sie beispielsweise in der Schule immer wieder mit Lehrkräften zu tun hatten, die ihnen nichts zutrauten (»Ein muslimisches Mädchen muss nicht studieren, am Ende bekommt sie ohnehin fünf Kinder«). »Ich habe so oft das Gefühl, dass ich mich rechtfertigen muss für das, was ich bin«, sagt Yasmin, »dass ich zum Beispiel oft betone, dass meine Mutter deutsch ist. Dabei sollte das doch gar keine Rolle spielen.«

Vorverurteilung und Misstrauen in Medienberichten

Yasmin geht davon aus, dass ihr nicht deutsch klingender Nachname und ihre Kleidung im Erwachsenenalltag noch häufiger zum Problem werden könnten: »Wenn ich mal ausziehen und eine Wohnung mieten möchte, dann schicke ich meine Mutter vor. Wenn die mit ihrem deutschen Aussehen und ihrem Namen auftaucht, ist das sicher kein Problem. Mein Name, mein Aussehen aber schon.«

Alltagserfahrungen wie diese verstärken das Gefühl der Vorsicht vor allem gegenüber nicht migrantischen Menschen. Und Teile der deutschen Medienlandschaft spielen das diskriminierende Spiel eifrig mit. Als besonders verletzend haben viele die Live-Berichterstattung von *Bild TV* am Tatabend von Hanau empfunden, in der die Redaktion ohne gesicherte Erkenntnisse von mutmaßlichen »Milieu-Morden« sprach.[86] Ein Vorgehen, das fatal an das ebenso herabsetzende wie sachlich falsche Label »Döner-Morde« erinnert. Unter diesem Begriff wurden Gewalttaten an Migranten in den Nullerjahren zusammengefasst, ehe die Taten korrekt dem rechtsextremen NSU zugeschrieben wurden.

Um ein Haar der Schusslinie entkommen

Als Nächstes sind wir mit Eren Okcu verabredet, Jugendreferent, zuständig für Öffentlichkeitsarbeit bei der Bildungsinitiative. Am Abend des Anschlags war er gerade mit einer Gruppe politischer Aktivist:innen beim Abendessen; das Motto ihres Bündnisses, ausgerechnet: Solidarität statt Spaltung. Danach fuhr er nach Hause, mit dem Bus Nr. 10 Richtung Kesselstadt. Währenddessen ahnte er noch nicht, was sich in seiner Nähe abspielte. Erst danach konnte er rekonstruieren: Der Täter musste direkt hinter ihm gefahren sein. Ein Zufall, dass nicht er in der Schusslinie war.

Hat er mehr Angst als früher, dass auch ihm etwas zustoßen könnte, als Aktivist, als einer, der Serpil Unvar auf Reisen begleitet? Er zuckt die Achseln, antwortet lakonisch: »Ich bin Kurde, ich bin als Kind in den Achtzigern in einem Kriegsgebiet aufgewachsen. Ich hatte sowieso nie das Gefühl, dass Menschen besonders vertrauenswürdig sind.«

Auf sein Verhalten hat das wenig Einfluss. Vielleicht, weil er schon so lange mit der latenten Bedrohung lebt. »Ich habe immer Gesicht gezeigt, ich habe mich auch schon auf Demos gegen die NPD verprügeln lassen. Meine Mutter macht sich manchmal Sorgen und sagt: Ihr macht euch doch zur Zielscheibe. Aber ich wüsste gar nicht, wie ich sonst handeln sollte. Rechtsextreme bewaffnen sich, wir haben allen Grund, alarmiert zu sein.« Ein Mann ohne Illusionen, aber mit Hoffnung. »Ich bin der Meinung: Der Täter vom 19. Februar hat sein Ziel nicht erreicht. Am Ende hat er es nicht geschafft, die Stadt zu spalten.«

Nicht schön, aber lebendig

Hanau ist kein besonders schöner Ort, aber ein lebendiger. Die unscheinbare kleine Schwester der Kultur- und Finanzstadt Frankfurt, mit weithin sichtbaren Fabrikschloten vom Reifenhersteller Dunlop und den Heraeus-Werken, einem Mischkonzern mit Sparten von Chemie bis Windkraft. Nicht schön, aber lebendig, das gilt auch für den Freiheitsplatz, wo die Bildungsinitiative ihren Sitz hat. Ein Ort, an dem vieles zusammenläuft. In seiner Mitte enden und beginnen Buslinien, am Rand sitzen Jugendliche auf Mäuerchen, spielen mit ihren Smartphones. Am unteren Ende, ein paar Meter neben der Busschleife, rasen halb nackte Kleinkinder auf Laufrädern durch die Fontänen eines ebenerdigen Springbrunnens, während Mütter mit Hidschab zuschauen und Eis essen. Ein paar Häuser weiter wirbt eine Bäckerei mit deutschen und türkischen Backwaren, auf dem Werbeschild vor dem Laden sind Baklava und Wurstbrötchen nebeneinander zu sehen.

Am Freiheitsplatz stand das Elternhaus von Jacob und Wilhelm Grimm, hier hat die Polizeidirektion Main-Kinzig ihren Sitz. Schräg gegenüber, neben modernen Einkaufsarkaden, steht eine Statue des Hanauer Malers Moritz Daniel Oppenheim, berühmt für seine Darstellungen jüdischen Lebens in der zweiten Hälfte des 19. Jahrhunderts. Spuren aus einer Zeit, in der Antisemitismus in Deutschland zwar nicht überwunden, aber doch eingedämmt schien. Ein mörderischer Trugschluss, denn nur wenige Jahrzehnte später wurde auch in Hanau die jüdische Bevölkerung entrechtet, deportiert, ermordet. Und so wirkt die Figur auf dem Freiheitsplatz auch wie eine Mahnung aus der Vergangenheit: So trügerisch kann die Fassade des friedlichen Zusammenlebens sein.

Es gibt einige dieser Verbindungslinien zwischen Vergangenheit und Gegenwart, zwischen antimuslimischem Rassismus und Antisemitismus, ohne das eine mit dem anderen gleichsetzen zu wollen. Nur wenige Monate vor dem Attentat in Hanau scheiterte ein Anschlag auf die Synagoge in Halle, zwei Passanten kamen dennoch ums Leben. Aus dem Bekennerschreiben ging hervor, dass der Attentäter sich umentschieden hatte: Ursprünglich war sein Ziel nicht die Synagoge gewesen, sondern eine Moschee.[87]

Gruppenbezogene Menschenfeindlichkeit, Hass und Gewalt haben viele im Visier: Juden, Muslime, queere Menschen, Sinti, Roma. Auch das ist eines der Ziele der Hanauer Bildungsinitiative: sich vernetzen, europaweit, mit anderen Vereinen, die sich für Opfer rechter Gewalt einsetzen, in Athen, in Oslo, in Brüssel. Egal wie unterschiedlich die Gründe sind, aus denen sie ins Fadenkreuz des Terrors geraten sind.

Und, das ist Eren Okcu wichtig: sich dabei nicht instrumentalisieren lassen, von keiner Seite. Auch nicht von nationalistisch gesinnten Türk:innen, die offen oder verdeckt zu Rache aufrufen, deren Medienvertreter:innen Suggestivfragen stellen: »Was sollen wir als Türken tun, wie können wir als Muslime uns wehren?« Dann kann es passieren, dass Eren ein Interview abbricht. Auf den gemeinsamen Demos und Gedenktagen sind keine Flaggen erlaubt, es soll nicht um Ethnien gehen, sondern um die gemeinsame Sache.

#saytheirnames – es klingt wie ein Klagelied

Während die Hanauer Bürger:innen noch über einen angemessenen Ort für ein offizielles Gedenken an die Opfer debattieren, ist die Erinnerung an den beiden Tatorten sehr präsent. Das wird klar, als wir mit Eren durch die Stadt fahren. Überall im Zentrum finden sich Graffiti an Wänden, Aufkleber an Verkehrszeichen und Pollern mit dem Hashtag #saytheirnames, der auffordert, sich an die Opfer zu erinnern. Der stumme Refrain eines vielstimmigen Chores, wie er bei den Gedenkfeiern auf öffentlichen Plätzen ertönt. Ein Imperativ, ein Aufruf, sich an jede:n Einzelne:n zu erinnern.

In einer unscheinbaren Straße, gesäumt von schmucklosen, dreistöckigen Nachkriegsbauten, stehen Topfblumen und Kerzen vor den beiden Lokalen, in denen der Attentäter als Erstes zuschlug, davor eine Stellwand mit Fotos und Biografien der Toten. Die Lokale gibt es noch, die Betreiber haben gewechselt. Keiner der Ehemaligen wollte weiter an einem so belasteten Ort arbeiten.

Danach fahren wir weiter ins Stadtviertel Kesselstadt, den Ort des zweiten Anschlags, der noch mehr Opfer forderte. Vielleicht lässt sich nirgends so sehr wie dort spüren, was es bedeutet, wenn ein Täter aus der eigenen Mitte zuschlägt. Ein Viertel mit Mischbebauung, Hochhäuser auf der einen Seite der Durchfahrtsstraße, baumbestandene Straßen mit Einfamilienhäusern auf der anderen, in der Mitte der Parkplatz eines großen Discounters.

Ein betender Engel erinnert an das Opfer

Hier, zwischen Parkbuchten und überdachten Abstellplätzen für Einkaufswagen, steht ein rührendes Monument für Vili Viorel Paun, der den Täter mit seinem eigenen Auto verfolgte. Warnen wollte, vergeblich versuchte, den Polizeinotruf zu erreichen, schließlich hier in seinem Auto erschossen wurde. Ein Wechselrahmen zeigt das Porträt des 22-Jährigen, davor aufgestellt sind betende Engel, Kerzen, Kreuze. Eine Gedenktafel erinnert an ihn und seine Tat, der Bürgermeister der rumänischen Herkunftsgemeinde seiner Familie hat sie gespendet.

Direkt daneben, im Erdgeschoss eines Hochhauses, lag der Kiosk mit Pizzabäckerei, in dem die meisten der Opfer starben. Hier verblutete auch Ferhat Unvar, keine fünfzig Meter von seinem Elternhaus entfernt. Auch in diesem Lokal hat nach dem Anschlag der Pächter gewechselt, nun ist hier ein afghanischer Supermarkt.

Viele der Opferfamilien sind mittlerweile aus Kesselstadt weggezogen. Zu schwer erträglich ist die Erinnerung. Eine ist geblieben, mit ihrer Familie: Serpil Unvar. Und das, obwohl der Vater des Täters noch immer in der Nachbarschaft wohnt. In dem Haus, in dem sein Sohn die Morde plante und am Ende sich selbst und seine Mutter erschoss. Er ist ein alter Mann, der mit seinem Verhalten seit der Tat die Hinterbliebenen provoziert, ihnen droht, auf eine finstere Weise präsent ist. Viel in der Hand hat die Stadt nicht gegen ihn, trotz seiner nachweislich rechtsradikalen Gesinnung. Eine Kamera vor Familie Unvars Haus, ein Betretungsverbot, das war's. Serpil Unvar will trotzdem nicht gehen, jetzt erst recht nicht. Es gibt viel zu verteidigen: ihr Haus, ihre Gegend, ihren Sohn. Man könnte auch sagen: ihre Heimat.

Ein neuer Tag, ein neues Gespräch, eine neue Kulisse. Der weitläufige Hessen-Homburg-Platz im nördlichen Hanau ist von imposanten Buntsandsteinbauten umgeben, ein kleiner Bungalow duckt sich unscheinbar zwischen den mächtigen Gebäuden. Hier hat Andreas Jäger sein Büro, Leiter des Amts für Demokratie, Vielfalt und Sport sowie Beauftragter für die Anliegen der Opferfamilien. Ein freundlicher, rotblonder Mann mit weichem, hessisch gefärbtem Zungenschlag. Er hat sich gekümmert, als die Familien der Ermordeten finanzielle Unterstützung brauchten und

Hilfe beim Ausfüllen von Anträgen für die Wiedereingliederung ins Arbeitsleben nach einer langen Krankschreibung wegen der psychischen Belastung. Er ist da, so wie es Eren Okcu für die Jugendlichen ist; die beiden Männer kennen und schätzen sich.

»Der 19. Februar war der dunkelste Tag, den ich in meiner Heimatstadt erleben musste«, sagt Andreas Jäger. »Er hat die Stadt nachhaltig verändert, mich auch. Weil es nichts Schlimmeres geben kann, als auf diese Weise sein Kind zu verlieren, aber auch, weil eine solche Tat einem brutal den Spiegel vorhält. Waren wir das jemals, ein Hanau, eine bunte Stadt, die zusammensteht? Oder haben wir uns etwas vorgemacht, haben wir schon immer in Parallelwelten gelebt? Ich hinterfrage mich viel stärker selbst: Welche Schubladen hast du im Kopf, welche Scheren? Wo grenze ich aus, ohne es zu wollen?«

Der Mann hat sich in vollem Bewusstsein zwischen die Stühle gesetzt. Auf der einen Seite die Familien mit ihrem Schmerz, ihrer Wut, ihren unterschiedlichen Bedürfnissen. Auf der anderen Seite jene, die finden, es müsse jetzt auch mal wieder Platz sein für andere Themen.

Jäger wägt ab, hat für viele Seiten Verständnis. Für die Wut der Jugendlichen, aber auch für die Polizisten, die in Kesselstadt Streife fahren und häufig vorwurfsvoll darauf angesprochen werden: Na, wo wart ihr am 19. Februar? Für die, die mehr Verantwortung fordern, und für die, die finden, es sei unfair, wenn Hanau zum Synonym werde für rassistische Gewalt. Für die, denen alles nicht schnell genug geht, die Aufarbeitung, die Denkmalsfrage, und denen, die sagen: Wir sind ja bereit, uns der Kritik zu stellen, aber das braucht Zeit. Ein Balanceakt zwischen individueller Schuld – die nur einige trifft, die an dem Tag selbst versagt haben – und einer kollektiven Verantwortung der Mehrheitsgesellschaft. Zwischen Hanau als Brüder-Grimm-Stadt und Hanau als Gewaltsymbol. Dabei müsste es kein Entweder-oder sein, sondern im besten Fall ein Sowohl-als-auch.

»DAS WAR DER DUNKELSTE TAG FÜR MEINE HEIMATSTADT«

Ein weiter Weg, und Andreas Jäger weiß das. »Es ist wie im Privatleben auch – wenn Sie Vertrauen verlieren, ist es sehr schmerzhaft und dauert lang, bis es wiederaufgebaut ist. Die Stadt kann helfen, indem sie Stellen schafft, Bildungsprojekte finanziert, aber am Ende passiert diese Arbeit jeden Tag, auf der Straße, in der Schule, im täglichen Miteinander.«

Doch je länger wir unterwegs sind, um so klarer wird: Es könnte hier etwas geben, das bei der Heilung hilft. Das Aktive, die Erfahrung von Selbstwirksamkeit, aber eben auch dieses spezifische Hanau-Gefühl. Also dieses gemeinsame Selbstbewusstsein zu sagen: Ich gehöre hier hin. Egal, woher meine Eltern, Großeltern oder ich ursprünglich stammen. Identität als Empowerment, als Gemeinsamkeitsstifter, nicht als Instrument der Spaltung. »Wir und wir« statt »wir gegen die«. »Unter den Opfern waren Jugendliche, die hatten sich die Postleitzahl von Hanau auf den Arm tätowiert«, erzählt Andreas Jäger sichtlich berührt. Hanauer wie er, der hier geboren und aufgewachsen, Mitglied im Sportverein ist, seine Freunde hier hat. Das verbindet.

Damit spannt sich der Bogen zu einem Thema, das schon an verschiedenen Stellen in unserem Buch angeklungen ist: Positive Identifikation mit einem Ort schafft manchmal auch Nähe zwischen Menschen, die sonst wenig gemeinsam haben.

Vielleicht kann der Name Hanau irgendwann für etwas Drittes stehen, neben Märchenvergangenheit und gewaltvoller Gegenwart: für ein Zusammenstehen, das resilient macht und hilft, gemeinsam Katastrophen zu überstehen. Es wäre der Stadt und ihren engagierten Menschen zu wünschen und könnte ein Modell werden weit über Hessen hinaus.

Das klingt nach einem versöhnlichen, einem hoffnungsvollen Fazit und das soll es auch sein. Aber reicht das, um unser optimistisches Buchmotto »Anders wird gut« zu unterstreichen? Denn schließlich zeigt diese Reportage im Gegenteil auch, wozu Hass und Radikalisierung führen können. Und dass in mancher Hinsicht eben gar nichts besser oder gar gut wird. Rassismus – hier: insbesondere Muslimfeindlichkeit – bewegt sich seit Jahren auf einem gleichbleibenden, hohen Niveau. Das lässt sich empirisch belegen.[88] Ist es also vielleicht sogar zynisch, wenn wir diese Reportage, in der es um so viel menschliches Leid geht, einfach einreihen zwischen Geschichten über zivilgesellschaftliche Initiativen und Nachbarschaftsbegegnungen?

»DIE HATTEN SICH DIE POSTLEITZAHL VON HANAU TÄTOWIERT«

Wir finden: nein. Denn genauso, wie es in jedem individuellen Leben manchmal diese absurd erscheinenden Gleichzeitigkeiten gibt von existenzieller Sorge, Verlust, Bedrohung und täglichen, kleinen Herausforderungen, so haben wir auch als Gesamtgesellschaft auf ganz vielen Ebenen gleichzeitig damit zu tun, das Zusammenleben gut, vertrauensvoll, diskriminierungsfrei zu gestalten. Das alles gehört zusammen, auch wenn angesichts einer solchen Erfahrung anderes läppisch und unwichtig erscheint.

Und bei aller nachvollziehbaren Wut und Kritik vieler unserer Gesprächspartner:innen – sowohl gegenüber Mitmenschen als auch gegenüber Institutionen – steckt in den Versuchen, die Trauer zu bewältigen, und dem Entschluss, neu zu vertrauen, eben auch viel Hoffnungsvolles. Weil einzelne Menschen wie Serpil Unvar und ihr Team einen mutigen Schritt weitergehen, heraus aus Erstarrung und Verletzung, und damit zum Vorbild werden können. Aber auch, weil es in der Verwaltung Menschen gibt wie Andreas Jäger, die sich dem Schmerz und den Vorwürfen stellen und nicht einfach zur Tagesordnung übergehen, wie es in früheren Jahrzehnten leider üblicher war.

Da es in diesem Kapitel schwerpunktmäßig um das Thema zwischenmenschliches Vertrauen ging, sind wir nur am Rande auf die Diskussion um die Rolle der Polizei und der Politik in Hanau eingegangen. Auch weil wir damit nur den Stand vom Sommer 2023 kurz vor Drucklegung unseres Buches hätten wiedergeben können, der möglicherweise schon zur Veröffentlichung veraltet ist. Dafür wollen wir uns in unserem nächsten Kapitel detailliert mit dem Thema »Vertrauen in Institutionen« beschäftigen, aber nicht anhand eines einzelnen, tragischen Ereignisses, sondern strukturell. Wie sieht es aus mit dem generellen Vertrauen in staatliche Organe wie Polizei und Parlamente, was ist Hol- und was ist Bringschuld, wer zweifelt besonders (und warum) und wie könnte man das angeknackste Verhältnis reparieren?

KURZ GESAGT

Unser Thema: Vertrauen ist eine individuelle, psychologische Kategorie, aber auch eine Zutat für friedliches Zusammenleben. Wenn es durch äußere Ereignisse erschüttert wird, kann sich das Menschenbild Einzelner, aber auch die Stimmung in einer Community massiv verändern.

Unser Fall: Wir haben mehrere Jahre nach dem rassistischen Anschlag von Hanau nach Spuren gesucht: Wie schafft es die Zivilgesellschaft, wie schaffen es Behörden und Initiativen, verlorenes Vertrauen wiederaufzubauen – und stärkt die gemeinsame Trauer den Zusammenhalt in der Stadt oder spaltet sie migrantische und nicht migrantische Gruppen?

Unsere wichtigste Erkenntnis: Vertrauen ist eine aktive Tätigkeit: Durch Erfahrungen von Selbstwirksamkeit und Gemeinschaft sowie das Eingeständnis eigener Verletzlichkeit kann ein Trauma überwunden werden.

★ **Ort: Hamburg**

Bundesland: Hamburg

Einwohner:innen: 1,85 Millionen

KAPITEL 6

Volkes Stimme? – Vertrauen stärken durch Zuhören und Mitreden

Institutionen wie Parlamente, Polizei und Justiz geben Raum für eigene Anliegen und bieten Schutz vor erlittenem Unrecht. Jedenfalls in der Theorie. Denn dieses Grundvertrauen in den Staat und seine Organe bringen nicht alle Bürger:innen mit. Weil sie sich nicht angemessen vertreten sehen. Oder weil sie den Eindruck haben, dass der Staat ihnen umgekehrt grundlos misstraut. Das hat schon unser vorheriges Kapitel gezeigt. Was man dagegen tun kann, zeigt ein Projekt der Polizei in *Hamburg*. In Deutschlands zweitgrößter Stadt haben wir uns außerdem nach Antworten auf die Frage der Entfremdung zwischen Wähler:innen und Politik umgesehen. Und schließlich auf Bundesebene nachgefragt, wie man mit mehr Repräsentanz die Politikverdrossenheit bekämpfen kann.

»›Wo hast du das dicke Auto her? Zeig mal deinen Ausweis!‹ Wenn du so aussiehst wie ich, musst du dich ständig vor der Polizei rechtfertigen. Anders, als wenn du blond bist und Müller mit Nachnamen heißt.«

»Die Polizei gibt sich Mühe, hat aber oft zu wenig Ahnung von anderen Kulturen. Das merkt man an Kleinigkeiten. Neulich fragte eine Beamtin bei unserer Initiative für migrantische Menschen an, ob wir jemanden haben, der Kurdisch spricht und übersetzen kann. Aber es gibt nicht *die* kurdische Sprache – das sind vier unterschiedliche Dialekte, deren Sprecher:innen sich gegenseitig oft nicht verstehen.«

»Im Ramadan ist es üblich, dass sich abends nach dem Fastenbrechen Familien und Freunde treffen, auch mit kleinen Kindern. Aber oft höre ich von muslimischen Müttern, dass sie Angst haben: Was, wenn die Polizei das sieht? Ist das in Deutschland erlaubt? Werden wir dann verhaftet? Nimmt uns das Jugendamt deshalb die Kinder weg?«

»Ich bin schwarz und komm aus Steilshoop. Da ist die Polizei der Feind.«

Harte Worte. Ehrliche Worte. Worte, die den Finger in die Wunde legen. Es ist ein Nachmittag im Frühsommer und wir befinden uns in einem nüchternen, großen Raum im obersten Stock des Ausbildungszentrums der Hamburger Polizei im Stadtteil Winterhude. In der Mitte sind Tische für Gruppengespräche zusammengerückt, an der Stirnseite ist ein Buffet mit Kaffee, Limo und Blechkuchen aufgebaut. Aber Erfrischungen gibt es später, jetzt wird erst mal Tacheles geredet. Also stehen an verschiedenen Stellen im Raum Stellwände, an die jeweils eine handschriftliche These geheftet ist, als Einladung zum Gespräch. »Der Polizei kann man vertrauen« – richtig oder falsch? »Die Polizei ist ein Spiegelbild der Gesellschaft« – und wenn ja, wäre das wünschenswert? Oder eher beängstigend?

Eine bunt gemischte Gesellschaft wie in der S-Bahn

Die Menschen im Raum haben ein paar Fragen. Einige sind ganz jung, einige älter. Unter ihnen zwei Schüler, eine ehrenamtliche Integrationshelferin, eine Sozialarbeiterin. Vor jeder Stellwand hat sich ein Grüppchen eingefunden, zum Diskutieren, Streiten, Vorschlägemachen, im Zehnminutentakt wird rotiert, ergänzt, infrage gestellt. Einander zuhören. Dazulernen. Darum geht es. Und auch ein bisschen um »Employer Branding« – schließlich nutzt die Polizei solche Treffen auch, um mögliche Bewerber:innen für die Laufbahn zu interessieren.

Die Gesellschaft hier ist auf eine Weise gemischt, die in den allermeisten Hamburger Vierteln nicht weiter auffallen würde, sähe man sie in einer S-Bahn oder auf einem Stadtfest. Mehr als ein Drittel der Stadtbevölkerung hat aktuell einen Migrationshintergrund, um sechs Prozentpunkte mehr als zehn Jahre zuvor, in manchen Stadtvierteln sind es deutlich mehr als die Hälfte.[89] Unter den rund fünfzig Gästen, die der Einladung der Hamburger Polizei gefolgt sind, befinden sich ein nigerianischstämmiger Pastor, eine deutsch-iranische Kinderbuchautorin, ein türkischstämmiger Bürgerschaftsabgeordneter und einige Schülerpraktikant:innen, darunter mehrere Afrodeutsche. Ein Vertreter der »Arbeitsgemeinschaft selbstständiger Migranten« ist dabei, ein Einbürgerungskoordinator, die Gründerin des »Interkulturellen Migranten Integrations Center«, Sylvaina Gerlich. Sie trägt ein traditionelles afrikanisches Kleid in leuchtendem Blau und passenden Kopfputz dazu, das hat sie bewusst ausgewählt: »Die Farbe passt doch zur Polizei.«

Alleinerziehende Mutter, stolze Hamburgerin, türkischer Name

Auf der Seite der Gastgeberin: der Akademieleiter, Angehörige der Einstellungsstelle der Polizei Hamburg und Mitarbeiter:innen der Beschwerdestelle. Dazu Beamt:innen verschiedenen Alters sowie unterschiedlicher Dienstgrade. Oberkommissarin Derya Yildirim stellt sich so vor: »43 Jahre, alleinerziehende Mutter, seit 22 Jahren bei der Polizei, stolze Hamburgerin.« Sie hat das Netzwerktreffen unter dem Motto »Blau ist bunt« organisiert, gemeinsam mit Sonja Clasing, Leiterin des Instituts für transkulturelle Kompetenz (ITK), das die Polizei in der Hansestadt unter anderem im Umgang mit migrantischen Communitys berät. Sie alle sind gekommen, um zuzuhören. Der Kritik und dem Misstrauen. Den Hinweisen und Missverständnissen. Aber da ist noch etwas anderes, das in den Gesprächen anklingt: Hoffnung.

»DIE POLIZEI SOLL EINE LERNENDE INSTITUTION SEIN«

»Dieses offene Gesprächsformat ist eine Premiere«, erklärt die Politologin Clasing. »Und es hat vor allem ein Ziel: das Vertrauen einer Bevölkerungsgruppe herzustellen, das in Teilen gestört ist. Nicht als Alibiveranstaltung, in der Vertreter:innen der Polizei von einem Podium herab einen Vortrag halten, sondern in einem echten Austausch mit Multiplikator:innen, die das weitertragen können.« Community Policing, so lautet das Schlagwort. Einfacher gesagt: »bürgernahe Polizeiarbeit«, also der angemessene Umgang mit verschiedenen Bevölkerungsgruppen, unter anderem migrantischen. Dabei lassen sich manche Missverständnisse recht einfach ausräumen. Etwa die Frage, ob es erlaubt ist, als Eltern mit Kindern spätabends in der Fastenzeit Ramadan auf die Straße zu gehen. Migrantischen Müttern ist geholfen, wenn sie wissen, dass sie damit nicht gegen die Aufsichtspflicht verstoßen – und Polizist:innen können besser einordnen, warum in dieser Zeit so viele Familien zu ungewöhnlichen Uhrzeiten draußen unterwegs sind.

»Unsere Arbeit wird von vielen so wahrgenommen, dass wir nach außen kommunizieren, was die Polizei macht. Aber das ist keine Einbahnstraße. Die Polizei soll eine lernende Institution sein und damit sie besser wird, müssen wir die Anliegen der Communitys besser verstehen. Kritik hilft uns dabei«, sagt Sonja Clasing.

Deshalb stehen an diesem Nachmittag nicht nur Kultur, Gepflogenheiten, Sprache im Mittelpunkt, sondern auch Ängste, Befürchtungen, Wut. Und die haben viele. Nicht nur, wenn es einen Anlass gibt, das Vorgehen der Behörden zu kritisieren, so wie wir es im vorherigen Kapitel über Hanau beleuchtet haben.

Deutschlandweit steht die Polizei immer wieder in der Kritik, wird Beamt:innen Übergriffigkeit, Diskriminierung, Unverhältnismäßigkeit und auch Gewalt vorgeworfen. Ist die Polizei in ihrer Gesamtheit tatsächlich rassistischer und autoritärer eingestellt als die Gesellschaft? Empirisch belegt ist das nicht, aber die Politik hat sich bisher auch nicht sehr um die Erforschung bemüht, eher im Gegenteil. Der damalige Innenminister Horst Seehofer (CSU) sprach sich 2020 gegen eine einschlägige Studie aus[90] und beauftragte stattdessen eine Studie über Arbeitsbedingungen bei der Polizei (die Ergebnisse standen bei Drucklegung dieses Buches noch nicht fest).

»POLIZEIKONTAKTE SIND HÄUFIGER UNFREIWILLIG«

Das Gefühl von Wut, Angst und Distanz, das auch die Aussagen einiger Hamburger Gesprächsteilnehmer:innen spiegelt, lässt sich allerdings gut beziffern. Die Gruppe derer, die Umfragen zufolge kein oder nur geringes Vertrauen in die Polizei haben, ist nämlich ähnlich groß wie die der hierzulande lebenden Menschen mit Migrationshintergrund, also etwa 20 Prozent. Und es gibt Grund zu der Annahme, dass es zwischen den beiden Gruppen, also den »Polizeikritischen« und den Migrant:innen, große Überschneidungen gibt. Denn neben links bis linksextrem eingestellten Menschen sind es nach Studienlage vor allem Menschen mit Migrationshintergrund, die der Polizei reserviert gegenüberstehen.[91]

»Selten steckt böse Absicht dahinter, aber das ist ein Abbild gesellschaftlicher Realität«, glaubt Sonja Clasing. »People of Color, Menschen, die nicht weiß gelesen werden, machen andere Erfahrungen mit der Polizei als Sie und ich. Die Kontakte sind häufiger unfreiwillig, etwa bei Ausweiskontrollen, die Begegnungen werden seltener als positiv empfunden und Migrant:innen berichten häufiger, nicht ernst genommen zu werden, wenn sie von sich aus zur Polizei gehen. Das gilt nicht speziell für Hamburg, ist aber für eine bunte Stadt mit einem Drittel migrantischer Bevölkerung ein besonderes Problem. Man kann ja nicht einfach stillschweigend zusehen, wenn jede:r Dritte den Kontakt mit der Polizei meidet.«

Diese aus der Reserve zu locken, dafür braucht es allerdings nicht nur Bewusstseinsarbeit in den eigenen Reihen der Beamt:innen, sondern auch viel Überzeugungsarbeit bei denen, die nichts Gutes von der Polizei erwarten.

Polizist:innen wie Derya Yildirim wissen das aus Erfahrung. Ihre eigenen, türkischen Wurzeln sind ein erster Türöffner – immerhin. Tief sitzt bei vielen das Misstrauen gegen diesen Teil der Exekutive, gegen die Träger:innen des staatlichen Gewaltmonopols. Das hat auch mit Erfahrungen außerhalb Deutschlands zu tun. Unter Geflüchteten sind viele, die in ihren Heimatländern staatliche Willkür und Korruption erlebt haben und deshalb mit Uniformierten alles andere verbinden als das Gefühl, in guten Händen zu sein.

Ein Plausch in der Moschee – damit ist viel erreicht

»Man muss diesen Prozessen viel Zeit geben«, sagt Derya Yildirim. »Immer wieder die Begegnung suchen, zum Beispiel in Moscheegemeinden, ganz ohne Ziel oder eine bestimmte Agenda. Wenn ich als Frau und Uniformträgerin in einer Moscheegemeinde zum Freitagsgebet eingeladen werde und bei einem entspannten Tee darüber plaudern darf, wie es der Familie geht, auch mit der älteren Generation, dann ist schon sehr viel erreicht.«

»Denn dann sinkt die Hemmschwelle«, sagt Sonja Clasing. »Der sprichwörtliche alte weiße Mann kommt auf die Wache und beschwert sich wegen der Parksituation. Der denkt gar nicht darüber nach, ob er diesen Schritt macht. Aber die Gruppe, die uns nicht vertraut, kommt auch aus schwerwiegenderen Gründen nicht zu uns.«

Und das lässt sich – im Gegensatz zur Rassismusfrage – sehr gut empirisch belegen. Generell gehört die Polizei in Deutschland zu den Institutionen, denen das meiste Vertrauen entgegengebracht wird, besonders im Vergleich zu anderen, wie etwa der Bundesregierung oder öffentlich-rechtlichen Medien. Mehr als jede:r Zweite hat großes bis sehr großes Vertrauen in die Uniformierten, ein weiteres Drittel immerhin mittelmäßig viel. Während der Pandemie sank dieser Zuspruch deutlich weniger als der zu Regierungsorganen, obwohl längst nicht alle Bürger:innen mit den unterschiedlichen Maßnahmen zum Gesundheitsschutz einverstanden waren.[92]

Unterm Strich lässt sich sagen: Je älter, je einkommensstärker, je gebildeter ein Mensch ist und je mehr positive Erfahrungen er im Kontakt mit der Polizei gemacht hat, desto höher ist sein Vertrauen. Vergleicht man nach Parteipräferenz, dann ist dieses Vertrauen am höchsten bei Personen mit konservativer Grundhaltung.[93] Wie bereits erwähnt: Ein Faktor, der umgekehrt das Vertrauen schwächt, ist die eigene Migrationsgeschichte.

Bildung und Geld stärken Vertrauen in Institutionen

Bei der Haltung zu anderen Institutionen gibt es ebenfalls diesen Zusammenhang zwischen der eigenen Herkunftsgeschichte, dem sozialen Status, Alter, Bildung und politischer Präferenz. So sind es – unter anderem – insbesondere Migrant:innen, deren ohnehin geringeres Vertrauen in Politik und Justiz während der Corona-Jahre noch weiter gelitten hat, während vor allem einkommensstarke und höher Gebildete relativ konstante Werte hatten. Das konnten wir in unserer bereits mehrfach zitierten Pandemiestudie zeigen. Dabei können sich Effekte auch gegenseitig aufheben: Selbstredend schließen sich Migrationsgeschichte, hohe Bildung und hohes Einkommen nicht aus.

»WIR SIND HAMBURG, BIST DU DABEI?«

Das Institut für transkulturelle Kompetenz ist eine bundesweit einzigartige Einrichtung, die über Hamburg hinaus als Best-Practice-Beispiel gilt. In diesem Raum, an diesem Tag, hat man den Eindruck: Hamburg ist auf einem guten Weg. Da gibt es viele herzliche Berührungen, Lächeln, Schulterklopfen. Speziell für die beiden Hauptgastgeberinnen. »Der Ansatz stimmt mich optimistisch«, sagt die Therapeutin Gülnur Can, die als ehemalige Integrationsbeauftragte der Grünen-Fraktion im Bezirk Eimsbüttel zum Treffen gekommen ist. Aber sie hat auch eine Mahnung im Gepäck: »Es reicht nicht, nur nach außen Diversity zu demonstrieren. Eine Kampagne wie ›Blau ist bunt‹ muss auch mit Leben gefüllt werden.«

Ein dickes Brett, das der Stadtstaat seit Langem bohrt. 2006 hat der Senat die Kampagne »Wir sind Hamburg, bist du dabei?« ins Leben gerufen, um mehr Bewerber:innen für den Polizeidienst zu gewinnen, die neben vielen anderen Kompetenzen auch als eine Art kulturelle Dolmetscher:innen fungieren können. Nicht nur, weil sie neben Deutsch auch noch Türkisch, Farsi oder Arabisch als Muttersprache mitbringen, sondern auch, weil sie die Gepflogenheiten und Werte anderer Herkunftskulturen kennen.

Das Konzept ging auf, Anfang der Zehnerjahre waren bereits über zehn Prozent der Hamburger Polizist:innen migrantischer Abstammung (neuere Zahlen gibt es nicht, weil das Kriterium nicht mehr gesondert erhoben wird). Dennoch kam es immer wieder zu Vorwürfen unverhältnismäßiger Gewalt bei Einsätzen, Videos machten im Netz die Runde und sorgten für Schlagzeilen in der Presse.

Oberkommissarin Derya Yildirim regte schließlich die Einrichtung einer Fachstelle an, die gezielt Ansprechpartner in bestimmte Bezirke vermittelte. Aber so richtig Fahrt nahm das Thema 2015 auf – mit der Gründung des ITK auf dem Höhepunkt des Zustroms von Menschen über die Balkanroute. Yildirim erinnert sich an die Anfangsphase: »Wir haben dafür gesorgt, dass die Polizei in den Erstaufnahmeeinrichtungen Kontakt zu den Menschen aufnimmt und ihnen das System erklärt: Welche Behörde ist wofür zuständig, wie ist das mit der Schulpflicht, womit kann man sich an die Polizei wenden? Uns war wichtig, dass wir auf Augenhöhe kommunizieren.«

Fünf Jahre später ging der ehemalige Institutsleiter in den Ruhestand. Es gab Überlegungen, das ITK aufzulösen, auch weil es deutlich weniger Geflüchtete gab. Doch dann gingen die Bilder vom tödlichen Einsatz gegen George Floyd in den USA um die Welt und die Polizeiführung verstand: Wenn rassistisch motivierte Polizeigewalt dort ein Thema ist, dann können wir das auch für Hamburg nicht ausschließen.

Auftritt Sonja Clasing. »Als ich 2020 die Institutsleitung übernahm, war mir sofort klar: Wir haben mit Frau Yildirim und einigen ihrer Kolleg:innen ein Expertenteam, das die Lebenslagen von migrantischen Communitys kennt und diese Kontakte langfristig und nachhaltig pflegen kann, nicht nur, wenn es akut irgendwo brennt. Und die Polizei braucht noch mehr eine Kultur des Sich-selbst-Hinterfragens. Denn die Rolle als Polizist:in mit der eigenen Person, den eigenen Werten übereinzubringen, das wird heute noch intensiver diskutiert als vor zwanzig Jahren.«

»WIR BRAUCHEN EINE BANDBREITE VON KULTUREN UND MENTALITÄTEN«

Anders als damals gehe der Diversity-Gedanke bei der Polizei heute tiefer. Nicht nur verschiedene Hautfarben und Kulturen sollten in den Reihen der Beamt:innen vertreten sein, sondern auch verschiedene Lebensweisen und Ansichten. »Wenn wir als weiße deutsche Polizei sagen, macht bei uns mit, dann führt das tendenziell dazu, dass die, die dazukommen, so werden wie die, die schon in dem System drin sind«, erklärt Clasing. »Wir brauchen aber eine Bandbreite von Mentalitäten, von Charakteren, um Vertrauen bei den Bürger:innen aufzubauen, die wir erreichen wollen.«

Denn das sei der beste soziale Klebstoff, trage bei zur Widerstandsfähigkeit der Demokratie. »Unser Verfassungsstaat ist gefährdet durch Extremismus in jeder Form. Und wir können unsere Demokratie am besten schützen, wenn wir unsere sozialen Beziehungen vertiefen. Bildlich gesprochen: Wenn wir drei Stühle haben und vier Menschen, wer merkt das als Erstes? Wer holt den fehlenden Stuhl? Wer sitzt als Erstes? Wie wir miteinander umgehen – solche Fragen beschäftigen mich.«

Sich um diese Stühle zu kümmern, darum geht es bei Treffen wie jenem Workshop im Ausbildungszentrum. Doch davon bekommt die Öffentlichkeit weniger mit als von Einsätzen, die Kritik provozieren. Denn wenn vertrauensbildende Maßnahmen am Ende zu etwas führen, dann meist im Stillen. Etwa wenn bei einem ungeklärten Todesfall die Leiche eines muslimischen Menschen ins Ausland überführt werden soll, aber die Polizei noch ermittelt. Für die Angehörigen oft besonders quälend, weil die Religion eine Beerdigung innerhalb von 24 Stunden vorschreibt. Da sucht das ITK das Gespräch mit dem Landeskriminalamt und muslimischen Bestatter:innen, um zu überlegen: Wie lassen sich diese Prozesse beschleunigen? Kleine Gesten mit großer Wirkung.

Oder in jenem Fall, der deutlich macht, dass die jahrelange Vertrauensarbeit Früchte trägt. Die genauen Eckdaten möchte Derya Yildirim nicht preisgeben, nur so viel: Sie bekam vor einiger Zeit einen Anruf von einem migrantischen Mann, der als Deutschlehrer Geflüchteten Sprachunterricht gibt. Eine seiner erwachsenen Schülerinnen habe Hakenkreuz-Tattoos und weitere verfassungsfeindliche Symbole auf persönlichen Gegenständen. Ein klarer Fall für eine Strafanzeige, aber der Mann hatte Angst, andere Menschen aus seiner Community könnten ihm Verrat vorwerfen.

Ein sicherer Raum für eine Strafanzeige

»Natürlich bringe ich das zur Anzeige«, sagt Yildirim. »Aber für den Mann macht es einen Unterschied, ob er damit am Empfang des Kommissariats landet, mit dreißig anderen Leuten um ihn herum, die vielleicht mithören, und bei einem Kollegen, mit dem er nicht in seiner Muttersprache kommunizieren kann. Oder bei mir, als Vertrauensperson.« Ganz die korrekte Hamburger Kommissarin. Aber mit einem Extra, das auch eine Sonja Clasing nicht mitbringt – der das bewusst ist: »Wenn wir gemeinsam eine Moscheegemeinde besuchen, dann bin ich die Begleitung von Frau Yildirim. Und nicht umgekehrt«, sagt die ITK-Chefin.

Am Ende wird die Anzeige wegen der Nazi-Tattoos in die Kriminalstatistik eingehen und das ist ihr nur recht. Auch wenn das paradox klingt. »Wir sind wirklich interessiert daran, dass mehr Anzeigen aus migrantischen Communitys kommen«, betont Clasing. Denn das sei gerade kein Anzeichen steigender Kriminalität, sondern dafür, dass alle ihren Platz am großen Tisch finden. Auch, um sich dort gemeinsam zu streiten. »Je mehr Menschen zu einer Gesellschaft wirklich dazugehören, desto konfliktreicher wird sie«, sagt Sonja Clasing.

Und sie findet: Das ist eine gute Entwicklung, vor allem wenn man am Ende gemeinsam nach Lösungen ringt, mit denen alle leben können. Für diese Prozesse hat der Soziologe Aladin El-Mafaalani den Begriff »Integrationsparadox«[94] geprägt, der besagt: Gerade wenn Integration voranschreitet, fordern Personen mit mehr Selbstverständlichkeit und

Selbstbewusstsein ihre Rechte ein und sie werden auch gehört. Das führt zu Konflikten, die unvermeidlich sind und ausgefochten werden müssen, nicht nur einmal, sondern immer wieder. Das ist vielleicht anstrengend, aber allemal besser, als sie unter den Tisch zu kehren.

Politikpraktikum am Girls' Day

Eine Woche später. Anderes Hamburger Stadtviertel, anderes Büro, anderes Thema. Aber im Kern dieselbe Frage: Wie schafft man, das angeknackste Vertrauen in staatliche Institutionen wiederherzustellen oder noch besser: von vornherein aufzubauen? Die SPD Wandsbek hat zum Mädchen-Zukunftstag, zum Girls' Day geladen. Einer jährlichen Schulaktion, bei der Schülerinnen von der siebten bis elften Klasse für einen Tag in verschiedene Berufe hineinschnuppern können. Auch in den Profi-Politikbetrieb. Wobei das in Hamburg so eine Sache ist mit dem Profi-Politikertum: Die Bürgerschaft, also die Abgeordneten, ist ein Teilzeitparlament, so konzipiert, dass alle zusätzlich noch ihrem Haupterwerb nachgehen können.

»BEIM MITTAGESSEN HOLEN MICH DIE KOLLEGEN WIEDER RUNTER«

»Manchmal ganz schön anstrengend«, sagt Uwe Lohmann, Politik-Urgestein im Lässiglook mit offenem Jackett, Jeans und weißen Sneakern. Seit 1975 ist er Mitglied der SPD, die in Hamburg seit dem Krieg mit nur zwei Unterbrechungen den Ersten Bürgermeister stellt, seit 2011 ist er Bürgerschaftsmitglied, so wie es schon sein Vater Walter war.

Aber das berufliche Doppelleben hat auch einen unschätzbaren Vorteil, findet Lohmann, der mittlerweile auf die Rente zugeht: Sein Job beim Arbeiter-Samariter-Bund, in leitender Position, bringt ihn immer wieder auf den Boden, verankert ihn im Leben derer, die er vertritt. »Wenn ich zu sehr in meiner Blase im Politikbetrieb bin, holen mich die Kollegen spätestens beim Mittagessen in der Kantine wieder runter.«

Gutes Rezept. Aber kein Allheilmittel gegen Politikverdrossenheit und Distanz. Auch deshalb hängt am Abgeordnetenbüro an diesem Tag das bunte Werbeplakat des Girls' Day, um heute schon die zu umwerben, die morgen Politik mitgestalten sollen. Um ihnen zu erklären, dass parlamentarische Entscheidungen einen direkten Einfluss auf ihr Leben haben, aber auch, wie sie aktiv mitgestalten können.

Das macht eine junge Parteikollegin schon im Begrüßungsgespräch mit der Runde klar, stehend vor einem großen Schwarz-Weiß-Bild von Willy Brandt. Amelie Herzfeld ist Oberstüflerin am Johannes-Brahms-Gymnasium und hat sehr handfeste Anliegen: einen besseren

Nachteilsausgleich für lerneingeschränkte Schüler:innen, Gratisspender für Tampons und Binden auf den Mädchen-Schultoiletten. »Bei den Jusos könnt ihr bei solchen Themen echt was bewegen!«

Später diskutieren Uwe Lohmann und zwei seiner Parteimitstreiter:innen mit den Schüler:innen in Kleingruppen über verbilligte Interrailtickets, Integrationsfragen, seriöse und weniger seriöse Inhalte im Netz, das richtige Wahlalter. Fraktionskollege Cem Berk nutzt das Treffen auch für eine kleine Umfrage: Wo würdet ihr nach politischen Inhalten suchen, auf gedruckten Flyern, auf Instagram, auf TikTok? Nee, finden die Schülerinnen, die meisten von ihnen langhaarig, mit dezentem Make-up und kunstvoll zerrissenen Jeans: TikTok, das ist so schnelllebig, zu unseriös für das Thema. Eher Vertrauensbremse als Vertrauensbooster.

Als Uwe Lohmann gefragt wird, ob Politiker:innen unterschiedlicher Fraktionen eigentlich befreundet sind, wird er deutlich: »Zu einigen von den Grünen habe ich auch privat einen guten Draht, mit den anderen demokratischen Fraktionen tauschen wir uns aus, also CDU, FDP, Die Linke. Die Abgeordneten der AfD? Die grüße ich nicht einmal.« Die Rechtsaußenfraktion sei in der aktuellen Legislaturperiode noch gefährlicher geworden als zuvor, findet er: »Nach ihrem ersten Einzug in die Bürgerschaft haben sie aggressiv Stimmung gemacht und die Zusammenarbeit im Parlament gestört. Jetzt mäßigen sie sich im Ton und geben sich einen bürgerlich-konservativen Anstrich, um anschlussfähiger zu werden. Doch darunter sind sie nicht weniger demokratiefeindlich.«

In Hamburg ist die Vertrauenskrise schleichend

Hamburg ist keine Hochburg der Rechten, die rutschten bei der letzten Wahl nur so gerade über die Fünfprozenthürde. Kein Zufall, sondern gute Tradition, glaubt Lohmann: »Wenn man heutige Wahlergebnisse mit denen der Nazizeit vergleicht, zeigt sich ein ähnliches Muster.«

Doch auch wenn hanseatische Mentalität und Rechtsaußen sich noch nie recht vertrugen (obwohl es in den Nullerjahren einmal ein Regierungsintermezzo mit rechtspopulistischer Beteiligung der »Rechtsstaatlichen Offensive« unter dem Juristen Ronald Schill gab): Die generelle Politikvertrauenskrise ist auch an der Elbe zu spüren. Die Zeiten von 80 Prozent Wahlbeteiligung sind lange vorbei, auch hier zeigt der Trend abwärts[95] und in bestimmten Stadtvierteln wie Steilshoop geben nur noch 23 Prozent überhaupt ihre Stimme ab, weiß Uwe Lohmann. »Lasst euch bloß von niemandem erzählen, dass Demokratie eine schlechte Sache ist. Wir müssen sie täglich verteidigen!«, bläut er den Schülerinnen zum Abschied ein.

Solche Appelle scheinen nötig. Weitet man den Blick über Hamburg hinaus, wird deutlich: Das Vertrauen in politische Institutionen ist in Deutschland spätestens seit der Wiedervereinigung erodiert, teils auf bedenkliche Werte.[96] Besonders alarmierend: Das Vertrauen in die Demokratie an sich ist unseren eigenen Erhebungen zufolge zwischen 2015 und 2022 um 15 Prozentpunkte gesunken, von 57 auf 42 Prozent. Und während die Bundesregierung ein kurzes Vertrauenshoch in der ersten Corona-Welle erlebte (45 Prozent empfanden sie als vertrauenswürdig), liegt der Vertrauenswert für die Regierung 2022 bei schmalen 18 Prozent. In anderen Bereichen sieht es nicht besser aus: Bundestag (18 Prozent), öffentlich-rechtliche Medien (29 Prozent), Parteien gesamt (7 Prozent).

Ost-West-Gefälle bei der Politikverdrossenheit

Dabei gibt es große Unterschiede zwischen Ost und West, so eine Studie der Friedrich-Ebert-Stiftung, die zu leicht anderen, aber kaum weniger deprimierenden Ergebnissen kommt. Während in den westdeutschen Bundesländern 52 Prozent zufrieden sind (mit sogar leicht steigender Tendenz), sind es in den ostdeutschen Ländern nur 34 Prozent (mit leichter Abwärtsbewegung in den Jahren 2019 bis 2022).[97] Ein anderer Einflussfaktor ist der Sozialstatus. Wie schon beim Thema Polizei und Justiz angerissen, kommt sowohl die Studie der Friedrich-Ebert-Stiftung als auch unsere eigene, oben zitierte zu einem klaren, proportionalen Zusammenhang zwischen Bildungsabschlüssen, Vermögensverhältnissen und dem Grundvertrauen in Demokratie und Regierung.

Das zeigt sich auch in unserer etwas älteren Studie zum Thema Politikvertrauen von 2019 (auf Basis von Daten aus dem Jahr 2017). Dort heißt es zusammenfassend: »Wer sich auf Grundlage gemeinsamer Werte und Ähnlichkeiten mit einer Partei identifiziert, neigt auch seltener dazu, Parteien zu misstrauen. Eine Ausnahme stellen Anhänger der AfD und kleinerer Parteien dar. Entscheidender (...) ist, ob Bürger das Gefühl haben, dass es in Deutschland politisch und gesellschaftlich funktioniert. Wer zufrieden ist mit den Leistungen des demokratischen Systems und dem sozialen Zusammenhalt im eigenen Umfeld, der hat eher Vertrauen in Parteien. Wer das Gefühl hat, dass es in Deutschland gerecht zugeht, tendiert seltener zu Misstrauen.«[98]

Frust entsteht aus Missverständnissen

In Kapitel 8 werden wir noch intensiver auf den Zusammenhang zwischen Gerechtigkeitsempfinden und genereller Zufriedenheit oder Unzufriedenheit mit dem politischen System in Deutschland eingehen. Eines ist

hier aber noch erwähnenswert: ein verbreitetes Missverständnis über die Prozesse in einer parlamentarischen Demokratie, wie es sich beispielsweise auf den sogenannten »Montagsdemonstrationen« in verschiedenen Städten Ostdeutschlands, aber auch auf großen Querdenker-Kundgebungen in ganz Deutschland zu Hochzeiten der Pandemie zeigte. Eine Studie, die sich mit der Motivation der »Montagsdemonstrierenden« in Gera und Chemnitz im Winter 2022/2023 beschäftigt, attestiert den dort Protestierenden ein »abweichendes Demokratieverständnis« mit der Vision einer »sehr unmittelbaren, direkten Demokratie«, in der »die Politik den (scheinbar eindeutigen) Willen des Volkes umzusetzen hat.«[99]

Ein Wunsch, der sich mit der Komplexität heutiger Gesellschaften, aber auch mehrstufiger Entscheidungsprozesse und einer demokratischen Willensbildung nur schwer vereinbaren lässt. Der – von der DDR-Bürgerrechtsbewegung übernommene – Kampfruf »Wir sind das Volk« ergibt immer weniger Sinn, je pluraler eine Gesellschaft aufgestellt ist. Denn wer soll das sein, »das Volk«? Oft scheint, dass zur Legitimierung eigener Positionen Bezug genommen wird auf eine vermeintlich »schweigende Mehrheit«, ohne den Nachweis wirklich erbringen zu können, dass alle so denken wie man selbst, jedenfalls insgeheim.

Es mag mit einer Neigung zu Autoritarismus zu tun haben – ein Begriff, den wir im vorigen Kapitel eingeführt haben –, aber sicher auch mit der zunehmenden Komplexität des Politikbetriebes, wenn Menschen sich abwenden, nicht mehr wählen gehen oder in Verschwörungstheorien »alternativer Medien« einfache Erklärungen für vielschichtige Phänomene suchen. In Kapitel 9 werden wir erklären, wie alternative Beteiligungsformen wie Bürgerräte das Verständnis politischer Prozesse voranbringen können.

»Was da passiert, zumindest auf Landes- und Bundesebene, hat mit uns und unserem Leben nichts mehr zu tun« – so denken viele, glaubt Uwe Lohmann, der Hamburger Lokalpolitiker. Und sieht das als Grund für die allgemeine Vertrauenskrise. »Viele Themen sind so unglaublich kompliziert geworden, dass sie kaum noch zu vermitteln sind. Etwa die Genderdebatte, aber auch die Frage, inwieweit EU-Entscheidungen die Stadt betreffen. Da steigen die Bürger:innen aus und auch für Abgeordnete ist das eine Herausforderung. Mein Vater hat noch ohne wissenschaftliche Mitarbeiter in der Bürgerschaft gesessen; das wäre heute gar nicht mehr möglich.«

Nachfrage zum Stichwort Genderdebatte: Ist es denn nicht legitim, wenn mehr Gruppen sich Gehör verschaffen, die früher übersehen wurden – passend zum Bild vom größeren Tisch, das auch Sonja Clasing bemüht hat? »Doch, das finde ich nachvollziehbar, aber wir müssen die Grätsche hinbekommen, alle mitnehmen, Entscheidungen richtig rüberbringen, Politik besser erklären, transparent sein, ehrlich, aber Debatten manchmal auch abkürzen. Früher gab es die größeren Bewegungen, für Frieden, für Umwelt, heute ist alles so kleinteilig geworden, dass Leute es vielfach nicht mehr verstehen.«

Und noch einen zweiten Ausweg sieht Lohmann aus der Misere: Bildung. »Da bin ich zutiefst sozialdemokratisch. Wir kommen nur über Bildung zu einer gerechteren Gesellschaft.« Weil Bildung Menschen ermächtigt, sich politisch einzubringen. Und das fängt für ihn früh an, weit vor der ersten Wahlbenachrichtigung: mit kostenlosen Kita-Plätzen, Sprachförderung und eben auch mit Nachwuchsprojekten wie dem Girls' Day.

Letzter Szenenwechsel in Hamburg, zu einer Frau, die mit Uwe Lohmann auf den ersten Blick wenig gemeinsam hat außer der politischen Leidenschaft an sich und der Altersgruppe. Die Juristin Anna-Elisabeth von Treuenfels-Frowien sitzt als eine von zwei fraktionslosen Abgeordneten für die FDP in der Hamburger Bürgerschaft, mit einem Direktmandat aus dem Elbvorort Blankenese. Wir besuchen sie in ihrer Kanzlei in einem Bürogebäude in der Innenstadt. In die Politik kam sie in den Nullerjahren als Quereinsteigerin, als Mitinitiatorin eines Volksbegehrens gegen eine geplante Bildungsreform des damaligen schwarz-grünen Senats. »Die Regierung wollte damals alles gleichzeitig umbauen, die Grundschulzeit um zwei Jahre verlängern und damit die Bildung an den Gymnasien verkürzen, Inklusion an Schulen einführen, das Elternwahlrecht für die weiterführenden Schulen abschaffen. Das war mir zu dirigistisch.«

»BILDUNG IST DER SCHLÜSSEL ZU GERECHTIGKEIT«

Kritik, hier wolle eine Juristin aus dem feinen Hamburger Westen das großbürgerliche Gymnasialsystem für die Kinder der eigenen sozialen Blase bewahren, wies sie schon damals zurück: »Auch in sozial schwächeren Stadtteilen waren Eltern auf unserer Seite, die sich den Bildungsaufstieg für ihre Kinder wünschten und sich das Wahlrecht für die Schulform nicht aus der Hand nehmen lassen wollten.« Die genauen Details der Debatte führen hier zu weit – am Ende war das Volksbegehren erfolgreich, man einigte sich auf einen Schulfrieden. Interessanter ist, dass von Treuenfels-Frowien als FDP-Politikerin zu ähnlichen Lösungsansätzen in puncto Vertrauenskrise zwischen Wahlvolk und Politik kommt wie Uwe Lohmann als Spross einer SPD-Familie.

»DIE SCHULE MUSS ZU SELBSTBESTIMMTEN MENSCHEN ERZIEHEN«

Erstens: Bildung. »Gerade bei jungen Leuten, die aus politikfernen Milieus kommen, muss die Schule ansetzen und sie zu kritischen, selbstbestimmten Menschen erziehen. Um sie damit leichter in die Lage zu versetzen, Wahlentscheidungen für ihr späteres Leben zu treffen oder sich selbst politisch einzubringen. Ob sie das dann letztlich auch machen, liegt immer noch in ihrer eigenen Verantwortung«, sagt von Treuenfels-Frowien. Zweitens: Kommunikation. »Ich habe den Anspruch an mich, mehr Fragen zu stellen, als fertige Antworten zu präsentieren, keine gestanzten Sprüche. In Gesprächen, und sei es auch mal zufällig am Nachbartisch im Restaurant, schätze ich den persönlichen, kritischen Austausch – als Politikquereinsteigerin liefere ich keine Worthülsen, sondern rede normal geradeaus. Alles andere erreicht Menschen eh nicht und hat mich schon immer bei Politikern genervt.«

Sie sieht aber nicht nur die Politik in der Bringschuld, sondern, ganz im liberalen Sinn, auch Bürger:innen in der Holschuld. »Das Misstrauen, das uns als Politikern entgegengebracht wird, ist groß. Der Anspruch, über alles Bescheid zu wissen, am besten unfehlbar zu sein, ist unerfüllbar und widerspricht meiner Auffassung von Fehlerkultur. Denn jeder irrt mal, macht Fehler und sollte das dann auch zugeben. Das ist eine Frage von Glaubwürdigkeit. Oft sage ich Leuten: Dann bringt euch doch ein in demokratische Strukturen und seht, wie das Aushandeln von Kompromissen funktioniert, statt wie mit einer Chipstüte auf dem Sofa zu sitzen und den Schiedsrichter zu geben.«

Immer wieder erlebt sie, dass Diskussionen auf Social Media aus dem Ruder laufen, auch auf ihren eigenen Plattformen. »Manche Menschen wollen bei bestimmten Themen nur ihren Frust loswerden, da braucht man ein dickes Fell. Einiges lasse ich an mir abperlen, ich antworte aber auch manchmal darauf und erstaunlicherweise entspinnen sich dann oft doch noch zivilisierte Diskussionen.«

Manchmal zieht sie für sich die Reißleine, wenn ihr der Ton zu heftig wird. Angezeigt hat sie noch niemanden, die ganz unterste Schublade hat sich für sie noch nie aufgetan, sagt sie. Andere Politiker:innen werden in schlimmerer Form zur Zielscheibe, vor allem auf kommunaler Ebene. Fast zwei Drittel haben bereits Beleidigungen, Bedrohungen oder sogar tätliche Angriffe erlebt.[100] Der Mord am ehemaligen Kasseler Regierungspräsidenten Walter Lübcke (CDU) ist nur das grausamste Extrem dieser aggressiven Entwicklung.

Vertrauen braucht neue Identifikationsfiguren

Auch so entsteht Politikverdrossenheit, nur von der anderen Seite: Wer fürchtet, sich derart zur Zielscheibe zu machen, überlegt möglicherweise zweimal mehr, ehe er sich in einem politischen Amt exponiert.

Aber: Mehr Bildung, bessere Kommunikation, Empowerment, frühe politische Aufklärung – alles richtig, aber reicht das wirklich schon aus, um gegen die Entfremdung anzusteuern? Und sind sich darin alle demokratischen Parteien im Hamburger Senat einig? Auch Baris Önes von der SPD, dem wir beim Polizeiworkshop in Winterhude begegnet sind, schreibt auf seiner Website unter dem Punkt »Meine Ziele für Hamburg« an erster Stelle »Höhere Wahlbeteiligung« und gleich darunter »Gerechteres Bildungssystem«. Doch gleich danach geht es um seine eigene Herkunft: »Meine Eltern sind Arbeiter. Ich habe Jura studiert. Ich bin der Meinung, dass jeder Mensch Potenzial hat und seine Ziele erreichen kann, um ein glückliches und selbstbestimmtes Leben zu führen.« Dazu alle Kommunikationskanäle, auf denen sich auch Schüler:innen schon für ein Praktikum in seinem Abgeordnetenbüro bewerben können.[101]

Vielleicht ist auch das eine Sache, die Hamburg ganz gut macht, nicht nur in der Polizei, sondern auch in der Politik: Identifikationsfiguren schaffen. Nimmt man ausschließlich die Migrationsgeschichte als Unterscheidungsmerkmal (man könnte sich natürlich auch Geschlecht, Bildungsabschlüsse oder anderes anschauen), ergibt sich folgendes Bild: Etwa ein Fünftel der Bürgerschaftsabgeordneten quer durch die Fraktionen haben (auch) nicht deutsche Wurzeln. Das sind zwar nicht so viele wie im städtischen Durchschnitt, aber immerhin mehr als im Bundestag (mit rund 11 Prozent) und in den bundesdeutschen Landtagen insgesamt (7 Prozent).[102] Repräsentanz ist ein Stichwort, Responsivität ein anderes: Menschen vertrauen Institutionen eher, wenn sie dort anderen begegnen, die ihnen auf die eine oder andere Weise ähnlich sind – oder zumindest ein offenes Ohr haben, zuhören, ihre Anliegen ernst nehmen.

Und damit verlassen wir Hamburg endgültig und schauen uns noch eine von mehreren bundesweiten Initiativen an, die eher aus dem jüngeren und aktivistischen Umfeld stammen als aus der Berufspolitik und Politik entsprechend anders denken. »Movement Politics«, so lautet der Begriff, der dafür steht, parlamentarische Arbeit als Fortführung zivilgesellschaftlichen Engagements zu denken. Weniger entlang klassischer Parteigrenzen, mehr im Sinne einer Suche nach Verbündeten im gesamten demokratischen Spektrum, die für progressive Ideen stehen und dabei für Themen, die im aktuellen politischen System zu kurz kommen mögen. Nach denen suchen die Mitglieder der spendenfinanzierten NGO

»Brand New Bundestag«[103] gezielt, um sie bei ihren Kandidaturen auf Landes- und Bundesebene zu unterstützen.

Auf dem Bildschirm im Videocall, direkt zugeschaltet aus dem ICE, inklusive wackliger W-LAN-Verbindung, ist Max Oehl, Jurist, Anfang dreißig und einer der Mitgründer.

Herr Oehl, wenn man Ihr Programm querliest, könnte man auf die Idee kommen, Sie würden politische Parteien am liebsten abschaffen. Ist das so?

Nein, das stimmt so nicht. Ohne Parteien funktioniert unser System nicht, sie organisieren Meinungsbildung und einigen sich auf gemeinsame Kandidat:innen, ihre Rolle ist verfassungsmäßig abgesichert. Aber eben weil das so ist, haben Parteien viel Einfluss darauf, wie Demokratie als Ganzes funktioniert. Und deshalb sollten sie ihre Kandidat:innen viel stärker danach aussuchen, dass sie die Bevölkerung als Ganzes repräsentieren und Vielfalt sowie Kompetenz abbilden, statt nach Senioritätsprinzip Listenplätze zu verteilen oder nach der Logik interner Machtnetzwerke. Das sind strukturelle Hürden für innovative Prozesse und neue Perspektiven. Aber Letztere brauchen wir, um neues Vertrauen in Politik zu schaffen.

Wo fehlt es denn besonders an Repräsentanz?

Zunächst einmal: Angemessene Repräsentanz ist wichtig, weil Studien zeigen, dass Abgeordnete sich konsequenter für Belange von Gruppen einsetzen, denen sie selbst angehören. Wir blicken dabei immer intersektional auf Politik, das heißt, verschiedene Formen von Diskriminierung können sich gegenseitig verstärken, etwa Migrationserfahrung, Bildungshintergrund, sexuelle Orientierung und geschlechtliche Identität. Aber selbst wenn man nur nach großen Kategorien wie Frauen- und Männeranteil geht oder nach Migrationserfahrungen, zeigt sich ein krasses Missverhältnis. Der Frauenanteil im letzten Bundestag betrug nur etwa ein Drittel, migrantische Abgeordnete waren nur mit rund acht Prozent vertreten.

Fordern Sie denn eine Quotenregelung für all diese Gruppen?

Das Argument höre ich häufig, oft von Menschen, die unsere Arbeit ins Lächerliche ziehen wollen: Haha, wollt ihr jetzt mathematisch vorrechnen, wie viele Abgeordnete mit welchen Merkmalen

Politik machen dürfen? So wird natürlich kein Schuh draus, das ist auch nicht unser Anliegen und es liefe dem demokratischen Gedanken der Auswahl zuwider. Aber dass es im Bundestag zum Beispiel viel zu wenige Abgeordnete ohne Studienabschluss gibt, obwohl das die Mehrheit der Bevölkerung ausmacht und das Parlament mit seinen Gesetzen ganz unmittelbar deren Lebensrealität beeinflusst, das halte ich für ein Defizit. Um Menschen wieder für Politik zu begeistern, auch aktiv, braucht es Identifikationsfiguren. Kassem Taher Saleh von den Dresdner Grünen ist einer der Kandidaten, die wir bei ihrer Kampagne für den Bundestag unterstützt haben; er ist einer von einer Handvoll Abgeordneten, die Fluchterfahrung haben. Wenn er an Schulen in Sachsen unterwegs ist, nehmen Schüler:innen sich an ihm schnell ein Vorbild: Wenn Kassem MdB werden kann, kann ich das auch! Genau solche Geschichten brauchen wir. Zugespitzt gesagt: Umgekehrt müsste ein weißer, heterosexueller Cis-Mann mit Juraabschluss wie ich schon ein sehr besonderes Programm haben und persönlich überzeugen, damit er für uns förderungswürdig ist.

Aber sind nicht Bildungsabschlüsse gerade in Zeiten, in denen Politik immer komplexer wird, auch eine vertrauensbildende Maßnahme? Nach dem Motto: Wir stehen vor gewaltigen Herausforderungen, wir brauchen die klügsten Köpfe?

Als würden Leute mit den höchsten akademischen Abschlüssen nicht die blödesten Fehler machen! Es geht doch viel mehr darum, ein Ohr zu haben für Sorgen, Ängste, Bedürfnisse, die Fähigkeit zu vermitteln und ein Gespür für Entscheidungen. Ich glaube, in unserer Akademiker:innenrepublik fehlt uns manchmal das Gespür für die Smartness anderer Berufe. Der erfolgreiche Handwerksmeister und Einzelunternehmer ist vielleicht der fähigere Politiker als der Kulturwissenschaftler, der über den antiken Wohnzimmerschrank promoviert hat (*lacht*). Je mehr Perspektiven in die Politik einfließen, desto informierter unsere Entscheidungen, desto resilienter die Demokratie.

Wie genau identifizieren und unterstützen Sie die Kandidat:innen und in welcher Form?

Auf unserer Website kann jede Person Menschen nominieren, die sie in unseren Parlamenten sehen will. Zudem scouten wir proaktiv nach Kandidierenden. Voraussetzung ist zunächst, dass diese sich mit unserem überparteilichen Zukunftsprogramm identifizieren, das im Wesentlichen Schnittmengen zivilgesellschaftlicher Forderungen beinhaltet. Sodann wählen wir die Leute in einem mehrstufigen Verfahren aus, nach Programm und Person, mit viel Blick auf den Einzelfall, und unterstützen sie dann beim innerparteilichen Rennen um einen Listenplatz, etwa durch Presse- und Öffentlichkeitsarbeit. Natürlich im fairen demokratischen Wettbewerb. Wir können nur für unsere Kandidat:innen werben, letztlich trifft dann die Partei selbst die Entscheidung, wen sie nominiert. Dabei waren wir immer wieder überrascht von der positiven Resonanz – auch innerhalb der Parteien gibt es offensichtlich ein großes Bedürfnis nach Innovation.

Geht man Ihre Listen durch, fällt auf: Die große Mehrheit kommt aus dem rot-grünen Lager, einige Linke sind dabei, einige Mitglieder kleiner Parteien wie der MUT-Partei, einer bayerischen Abspaltung der Grünen. Zufall, dass das bürgerliche Lager, FDP und Union, so wenig vertreten ist? Oder doch eine bestimmte, gewollte Richtung?
Zu unseren zentralen Kriterien gehört es, dass sich Leute mit unserer inhaltlichen Agenda identifizieren und in ihrem Kontext glaubwürdig sind. Daher unterstützen wir explizit auch progressive Kräfte bei Union und FDP, in Bremen etwa ist Hetav Tek die erste von uns unterstützte CDU-Landtagsabgeordnete geworden. Wir sind grundsätzlich offen für alle Gruppierungen, die den Dialog mit der Zivilgesellschaft suchen, haben aber eine Brandmauer nach rechts. Parteien wie die AfD mit Faschist:innen in ihren Reihen kommen für uns nicht infrage.

Trotzdem, noch mal: Warum gilt das offenbar so wenig für CDU-Kandidat:innen und Liberale?
Für uns ist die Zukunftsorientierung entscheidend, Ideen, die sich langfristig angesichts von Großkrisen wie der Klimakrise bewähren könnten – dieser Umbau der Gesellschaft ist traditionell etwas, das sich Kräfte links der Mitte besonders auf die Fahnen schreiben. Wer als Konservativer eher mit einer Rückwärtsorientierung bezüglich Maßnahmen und Werten Politik macht, der ist für uns nicht interessant. Oft verlaufen die Bruchlinien aber nicht zwischen den Parteien, sondern zwischen den progressiven und konservativen Kräften innerhalb derselben Partei. Es

blockiert uns gesellschaftlich, wenn wir zu sehr auf die Parteien schauen. Wenn gute Ideen aus dem bürgerlichen Lager kommen, unterstützen wir diese daher sofort, wie das Beispiel aus Bremen oder auch unsere FDP-Kandidatin Friederike Becker in Hessen zeigen. In Zukunft werden wir sehr wahrscheinlich noch einige BNB-Kandidierende mehr aus diesen Parteien erleben.

Welchen Wandel, welche Wirkung versprechen Sie sich auf Dauer?

Wir haben uns einem großen Ziel verschrieben: mit unserer Arbeit zu einer resilienten, zukunftsfähigen Politik beizutragen. Hierfür braucht es eine große, überparteiliche und zukunftsorientierte Community an Abgeordneten, Kandidierenden und Ehrenamtlichen. Erste Erfolge haben wir ja schon, mehr, als zu erwarten war: Wir haben geholfen, vier Kandidat:innen in den Bundestag zu bringen, und in allen Landtagswahlen, in denen wir bislang aktiv waren, jeweils erfolgreich eine:n Abgeordnete:n unterstützt. Am schönsten ist es, wenn die Wirkungslogik aufgeht und Menschen innerhalb ihrer Partei von sich aus auf die Idee kommen, die Kandidierendenauswahl zu überdenken und Vielfalt in den eigenen Reihen zu fördern. Es geht uns nicht darum, alle Bürger:innen des Landes für die aktive Politik zu begeistern, wie auch. Aber wenn die Wähler:innen spüren, dass es für sie eine niedrigschwellige Mitwirkungsmöglichkeit gibt, ihre unterrepräsentierte Perspektive besonders erwünscht ist und sie in Parteien auf Menschen treffen, die sich für ihre Lebenswirklichkeit interessieren, dann geht etwas Entscheidendes in unserer Demokratie voran, dann haben wir viel erreicht.

So weit Max Oehl und seine Idee von Repräsentation – die sich gut verallgemeinern lässt. Denn Diversität ist mehr als ein Dekoelement der Demokratie und sollte kein Thema für Sonntagsreden bleiben.

In dem vor einigen Jahren breit diskutierten Buch »How Democracies die« (auf Deutsch: »Wie Demokratien sterben. Und was wir dagegen tun können«)[104] argumentieren die Autoren: Es ist nicht einfach ein technisches Problem, wenn sich verschiedene soziale Gruppen nicht (mehr) repräsentiert fühlen, nicht nur Migrant:innen, sondern auch beispielsweise Menschen bestimmter Berufsgruppen, Armutsbetroffene, Arbeitslose, Landbewohner:innen. Und es lässt sich nicht lösen, indem man für die eigenen Wahlwerbespots diversere Typen castet. Sondern die Entfremdung höhlt die Demokratie von innen aus – und in dieses Vakuum stoßen

Antipolitiker und Antiparteien, die sich das Misstrauen dieser Menschen zunutze machen.

Donald Trump ist nur das bekannteste Beispiel für diese populistische Agenda, die oft in erster Linie dem eigenen Machtgewinn dient und international zusehends verfängt: Weil »die Eliten« korrupt, unfähig und abgehoben seien und deshalb nicht mehr im Sinne des »Volkes« agieren würden, stellt sich ein:e selbst ernannte Politikrebell:in als Alternative dar. Auch in Deutschland gibt es, sogar im demokratischen Parteienspektrum, Anklänge dieser Art – etwa wenn der Bundes- und Landesvorsitzende der Freien Wähler und stellvertretende bayerische Ministerpräsident, Hubert Aiwanger, in einer Bierzeltrede fordert, sich für die »schweigende Mehrheit« »die Demokratie zurückzuholen«. Zwar verurteilten 61 Prozent in einer Umfrage kurz danach den populistisch-umstürzlerischen Satz – aber fast ein Drittel tat das eben auch nicht.[105] Und es ist bedenklich, wenn unabhängig davon mittlerweile eine Mehrheit glaubt, die Politik habe nicht die Mittel, die Herausforderungen der Zukunft zu lösen.[106]

Daraus kann nur eines folgen: Sowohl politische Institutionen (also Parteien, Parlamente und Regierungen) als auch administrative Körperschaften (wie Polizei, Gerichte und Verwaltungen) sind dringend aufgerufen, durch mehr Inklusion, mehr Transparenz und bürgernahe Erklärungen von Entscheidungen und Prozessen das erodierte Vertrauen wiederherzustellen. Kommunikative Ausfälle wie die intransparente Diskussion der Ampelkoalition über das sogenannte Heizungsgesetz kann sich eine Gesellschaft in diesen krisenhaften Zeiten eigentlich nicht leisten.[107]

Kommen wir zurück auf das Schlagwort »Diversity« (oder Diversität), denn mit diesem geht es im nächsten Kapitel gleich weiter, auf ganz niedrigschwelliger, kommunaler Basis. Zu einem Thema, das eben schon anklang: sexuelle und geschlechtliche Vielfalt.

Denn auch wenn sexuelle und geschlechtliche Vielfalt in den letzten Jahren weit oben auf der gesellschaftspolitischen Agenda steht – hier geht es ebenfalls um eine (keineswegs einheitliche) Gruppe, die bisher unterrepräsentiert ist in Politik, Polizei, Verwaltung, Leitmedien. Nämlich queere Menschen, die es wagen, auch öffentlich zu ihrer Identität zu stehen, Interessen zu artikulieren und das eigene So-Sein nicht ausschließlich zur Privatsache zu erklären. Eine Schieflage, die sie unter anderem mit Menschen geringer Bildung und mit Menschen mit Behinderungen teilen – das Thema ließe sich an vielen Beispielen verdeutlichen.

Wie dieser Dialog in einer konservativen, süddeutschen Großstadt geführt wird und warum das ein mindestens so dickes Brett ist wie der Weg zu mehr Vielfalt in Polizei oder Parlament – darum geht es im Folgenden.

KURZ GESAGT

Unser Thema: Das Vertrauen in Institutionen wie Polizei, Politik und Justiz ist in den letzten Jahren insgesamt weiter gesunken, wobei sich die Werte je nach sozialer Gruppe deutlich unterscheiden. Wie kann man diesem Prozess Einhalt gebieten?

Unser Fall: Wir haben in Hamburg einen Polizeiworkshop mit migrantischen Menschen besucht sowie einen Girls' Day bei der SPD und mit einer FDP-Abgeordneten über Wähler:innenvertrauen gesprochen. Außerdem kommt der Begründer einer Initiative zu Wort, die sich auf Bundesebene für mehr Vielfalt in Parlamenten einsetzt.

Unsere wichtigste Erkenntnis: Zwei Dinge sind entscheidend, um Vertrauen zu fördern: einerseits Repräsentation, andererseits das Gefühl, dass staatliche Repräsentant:innen sich auch Fragen widmen, die über die eigene Lebenswelt hinausgehen. Doch das Umdenken in diesem Bereich kommt langsam voran.

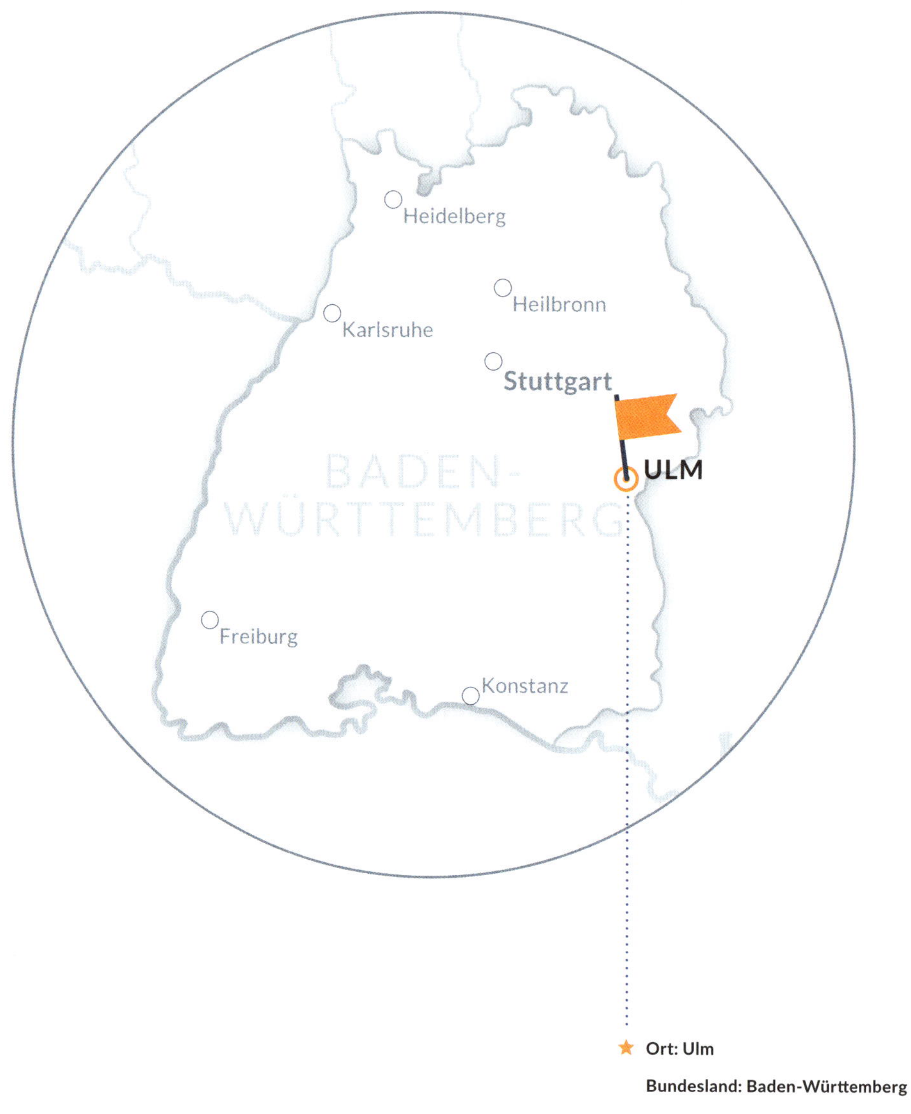

★ **Ort: Ulm**

Bundesland: Baden-Württemberg

Einwohner:innen: 129.000

KAPITEL 7

Vielfalt fördern, Diskriminierung bekämpfen

Das Stichwort »Diversity« hat in den letzten paar Jahren eine steile Karriere gemacht. Von der Stadtverwaltung bis zum multinationalen Konzern bemüht man sich um Vielfaltsförderung, jedenfalls verbal. Verschiedene Perspektiven bereichern das Zusammenleben, das scheint Konsens. Aber wie weit ist es wirklich her mit der viel beschworenen Buntheit und wie kann es sein, dass gleichzeitig Diskriminierung und Gewalt gegen marginalisierte Gruppen zunehmen? Am Beispiel der LSBTI+-Community in *Ulm, Baden-Württemberg,* zeigen wir die Chancen und Probleme, die entstehen, wenn echte Gleichberechtigung gefordert wird.

Am 4. November 1990, in den frühen Morgenstunden, geschah in Ulm ein Mord. Das Opfer war Rafael Blumenstock, 28, Musikstudent. Die Tat und ihre Umstände sind in vieler Hinsicht monströs: Er starb auf dem Münsterplatz an den Folgen von 21 Messerstichen, drei davon ins Herz. Sein Gesicht war so stark zertreten, dass es nicht mehr erkennbar war. Wer die Täter waren, ist bis heute nicht geklärt, vermutlich wird es das nie. Kamen sie aus der rechten Szene? Waren es in Neu-Ulm stationierte US-Soldaten?

Die Tat ist der einzig ungelöste Mordfall in Ulm seit dem Ende des Zweiten Weltkriegs. Doch über das Motiv sind sich die Ermittler:innen in ihrer Einschätzung weitgehend einig mit Freund:innen und der Familie des Ermordeten: Homo- und Transfeindlichkeit. Rafael Blumenstock trug häufig weibliche Kleidung, schminkte sich, trug das Haar zum Pferdeschwanz. In einem Beitrag für *Zeit Online* erinnert sich seine Mutter, Rafael habe schon früh geäußert, er – oder vielmehr sie?[108] – sei ein Mädchen in einem äußerlich männlichen Körper. Die mögliche

Transgeschlechtlichkeit und sein offensiver Umgang damit machten ihn stadtbekannt, zugleich aber auch vielfach zum Paria. Gut möglich, dass er deshalb sterben musste.[109] Seit 1993 erinnert eine Gedenkplatte aus rotem Granit an seinen Tod, auf dem Münsterplatz.

Läuft man heute an dieser Platte vorbei, wirkt sie wie ein Symbol dafür, welchen Platz unsere Gesellschaft dem Thema sexuelle und geschlechtliche Vielfalt einräumt, nicht nur in der Stadt Ulm.

Sie ist mittendrin im Zentrum und gleichzeitig auch am Rand. Kaum zu bemerken zwischen zwei Pflanzenkübeln zwischen dem Eingang zum Café »Ciao Bella« und dem zum »Motel One«. Sie fällt auf inmitten gleichförmiger Pflasterung und sie wird gleichzeitig mit Füßen getreten.

Mittendrin und gleichzeitig an den Rand gedrängt

Wie es in Deutschland um die Akzeptanz von Vielfalt steht, lässt sich anhand vieler Dimensionen diskutieren, etwa Geschlecht, Religion, Bildungshintergrund, Migrationsgeschichte. Häufig überlappen sich diese Themen, deshalb spricht man von »Intersektionalität«: Faktoren, die zu Diskriminierung führen (können), multiplizieren sich oft gegenseitig. Das ist auch im Laufe dieses Buches schon an vielen Stellen deutlich geworden.

Es gibt durchaus auch Gutes zu vermelden. Was insbesondere die Akzeptanz sexueller und geschlechtlicher Vielfalt angeht, hat sich seit Rafael Blumenstocks Tod vor drei Jahrzehnten viel getan. Die endgültige Streichung des Paragrafen 175, der sexuelle Handlungen unter Männern unter bestimmten Umständen strafbar machte, die Einführung der Ehe für alle, mehr Gleichstellung für Regenbogenfamilien, der Entwurf für ein Selbstbestimmungsgesetz, das das alte, als entwürdigend empfundene Transsexuellengesetz ablösen soll (auch wenn es in Teilen noch umstritten ist).

Alles bunt und gut?

In Ulm wehen noch eine Woche nach dem »Internationalen Tag gegen Homo-, Bi- und Transfeindlichkeit« große Regenbogenfahnen neben dem Münster. Die protestantische Kirchengemeinde hat sie aufgehängt, sie veranstaltet zum CSD regelmäßig einen queeren Gottesdienst.

Alles bunt und gut also, jedenfalls in dieser Hinsicht? Leider nein. Denn gleichzeitig nehmen Hass und Gewalt gegen Menschen aus der LSBTI+-Community bundesweit wieder zu. Das Bundesinnenministerium registrierte 2021 zum ersten Mal mehr als tausend queerfeindliche Straftaten,[110] was zum einen daran liegen mag, dass mehr angezeigt werden, aber zum anderen auch an einer realen Zunahme der Gewalt. Und die Dunkelziffer beträgt vermutlich das Vielfache.

Gerade in den letzten Jahren machten extreme Fälle Schlagzeilen, etwa der Tod des jungen Transmannes Malte C., der 2022 in Münster während einer Veranstaltung zum Christopher Street Day angegriffen wurde und später seinen Verletzungen erlag. Und während auf der einen Seite große Konzerne zum »Pride Month« im Juni ihre Webseiten in Regenbogen einfärben und damit zumindest nach außen Diversity-Freundlichkeit demonstrieren, ruft die AfD 2023 zeitgleich einen »Stolzmonat« aus, Hashtag: »Schwarz-rot-gold ist bunt genug!« Eine eindeutige Kampfansage.

Gesellschaftliche Beharrungskräfte wirken Diversität entgegen, auf vielen Ebenen, vielleicht besonders in Bezug auf LSBTI+. Eine mögliche Erklärung für die starken Emotionen, die gerade beim Thema Queerness entstehen, liefert die Soziologieprofessorin Paula-Irene Villa Braslavsky, Vorsitzende der Deutschen Gesellschaft für Soziologie: »[Das Thema] Gender und trans Personen steht für ein Verständnis von Geschlecht, das als (bedingt) gestaltbar, ›machbar‹, veränderlich und gesellschaftlich konstruiert gilt. Geschlecht wird dabei auch als Dimension individueller Freiheit und Selbstentfaltung verstanden. Etwas, das wir an uns gestalten können, vielleicht sogar müssen. Das fordert all jene Ideologien heraus, die um ›natürliche Ordnungen‹ kreisen (…), um unumstößliche Wahrheiten zu Geschlecht und Ordnung der Welt.«[111] Das erklärt, warum besonders aus autoritären, streng religiösen und »Querdenker«-Kreisen so viel Widerstand gegen vermeintliche »Gender-Ideologie« kommt.

Spaltungslinien jenseits von »rechts« und »links«

Und es deckt sich mit soziologischen Forschungen, die vier neue, gesellschaftliche Spaltungslinien extrapoliert haben: »Oben-unten-Ungleichheiten« (die sozioökonomische Dimension), »Innen-außen-Ungleichheiten (bezieht sich vor allem auf Migrationsfragen), »Heute-morgen-Ungleichheiten« (Ökologie, Nachhaltigkeitsfragen, Zukunftsfähigkeit) sowie »Wir-sie-Ungleichheiten« – Letzteres besonders in Bezug auf Anerkennung nicht heterosexueller Lebensformen.[112]

Laut einer YouGov-Umfrage von 2021 geben zwar immerhin 75 Prozent aller Befragten an, sie würden Familienmitglieder bei einem Outing als homo- oder bisexuell unterstützen. Doch schon bei der Unterstützung einer anderen Geschlechtsidentität, also trans oder nicht binär, sinkt diese Bereitschaft auf 66 Prozent. Insgesamt ist die Unterstützungsbereitschaft in Ostdeutschland leicht niedriger als in den westdeutschen Bundesländern – entscheidender für die Unterschiede sind allerdings andere Faktoren. Das zeigen Befragungsdaten aus Deutschland und der Schweiz.

Die höchsten Ablehnungswerte gegenüber Homosexualität finden sich generell bei Männern sowie bei Jugendlichen mit Migrationshintergrund und von hoher Religiosität, unabhängig von der Art des Bekenntnisses.[113] Das zeigt: Verschiedene marginalisierte Gruppen sind keineswegs per se miteinander solidarisch, sondern unterschiedliche Diskriminierungsaspekte können sich gegenseitig verstärken – so haben es migrantische, vor allem muslimische, aber auch christliche Jugendliche oft innerhalb der eigenen Community besonders schwer, sich als schwul oder lesbisch zu outen.[114] Die Ablehnung von trans Personen ist ebenfalls am meisten verbreitet unter Cis-Männern,[115] außerdem unter Älteren, bei AfD-Wählenden und Ostdeutschen.

Zurück nach Ulm, Baden-Württemberg. Denn dass wir dieses Kapitel mit dem Mordfall Rafael Blumenstock begonnen haben, ist kein Zufall. Unsere eigenen Forschungen, etwa in der Pandemiestudie, zeigen:[116] Die Akzeptanz queerer Lebensformen ist in den vergangenen Jahren gesunken. Und zwar erheblich. Das ist bestürzend, denn die Aussagen unserer Studie stammen genau aus dem Bundesland, in dem diese Reportage angesiedelt ist – und lassen keine Illusion darüber zu, dass es im Südwesten vielleicht toleranter zugehen könnte als etwa im Nordosten. Selbst wenn die Antworten sich auf ganz Deutschland anwenden lassen. Die Frage »Hätten Sie gern einen Homosexuellen als Nachbarn?« bejahten 2019 knapp 93 (92,7) Prozent, 2022 nur noch 80,5 Prozent; »ungern als Nachbarn« gaben 2022 fast doppelt so viele an wie 2019, nämlich 9,3 gegenüber 5,3 Prozent. Auch die generelle Einschätzung von Vielfalt, über alle Dimensionen hinweg, ist negativer geworden. Der Mittelwert der Zustimmung zu der Frage, ob Vielfalt die Gesellschaft bereichert, sank von 6,5 auf 5,1.

Unser Gastgeber: Ein engagierter Transmann

Also kein Grund zur Hoffnung? Doch: Wir sind in Ulm auf ein Good-Practice-Beispiel gestoßen, das zeigt, wie es anders geht. In der Domstadt gibt es seit Kurzem ein informelles Netzwerk mit Vertreter:innen von Jugendorganisationen aus der queeren Szene, aus Politik und NGOs einerseits sowie Vertreter:innen der Verwaltung andererseits, das sich regelmäßig zum Austausch trifft. Eingeladen hat uns Paulino Kirschner, ein junger Transmann. Sein Kampf um Akzeptanz und für eine selbstbestimmte Geschlechtsidentität war hart und von Depressionen und schweren mentalen Problemen geprägt.[117] Heute berät er gemeinsam mit anderen Weggefährt:innen Politik und Verwaltung und setzt sich für die Rechte anderer queerer Menschen ein.

Das Team »Chancengerechtigkeit und Vielfalt« auf der Seite der Verwaltung ist angetreten, die bundesweite »Charta der Vielfalt«[118] umzusetzen, die sich für mehr Diversity im Arbeitskontext einsetzt. Schließlich ist die Stadt Ulm selbst eine wichtige Arbeitgeberin. Aber darüber hinaus versteht sich das Team als Ansprechpartner für queere Jugendarbeit, für Beratungs- und Hilfsangebote, für Vernetzung mit Uni und Wissenschaft.

Wie gut funktioniert das und wie zufriedenstellend sind die Ergebnisse? Wir haben den Beteiligten bei einem fast dreistündigen Treffen zugehört. Es wird emotional und bleibt trotzdem sachlich, zugewandt, zielorientiert. Es zeigt aber auch exemplarisch: Vielfalt zu ermöglichen und Diskriminierung abzubauen, ist ein dickes Brett.

Clemens Kamm, Vorsitzender der Jusos in Ulm

»Ich bin selbst schwul und kann sagen: Vor ein paar Jahren war das queere Leben in Ulm so gut wie tot. Es gab keinen aktiven Verein mehr, der sich um die Organisation des Christopher Street Day (CSD) kümmerte, kein Queerreferat an der Uni, wenige Vereine und Beratungsstellen und kaum Feierkultur. Als dann die Stadt die Charta der Vielfalt unterschrieb, empfanden wir das als positiv, aber zu kurz gesprungen. Denn dabei geht es vor allem um Wirtschaftsförderung, um die Stadt als Arbeitgeber.

Klar begrüßen wir, wenn die Stadt eine vielfältige Verwaltung haben möchte, aber der Anspruch sollte doch sein, auch Impulsgeber für die Gesellschaft zu sein. Doch in der Politik fehlt jemand, der das wirklich zu seinem Thema macht. Wir haben im Gemeinderat keine einzige Person, die offen queer lebt, das ist ein Problem. Es fehlt an Repräsentanz, auch wenn es bei uns und bei der Grünen Jugend Einzelne gibt, die das Thema aktiv in ihre Parteien und in den Gemeinderat tragen.

Also haben wir uns mit einer Reihe von Gruppierungen und engagierten Einzelpersonen zusammengetan und das ›Queere Manifest‹[119] geschrieben, in dem wir auflisten, was Ulm alles fehlt: Beratungsangebote, Treffpunkte, an denen queere Menschen sich begegnen können, ohne Angst haben zu müssen vor Anfeindungen und Gewalt, zum Beispiel ein queeres Jugendzentrum. Aber auch eine:n Antidiskriminierungsbeauftragte:n, an die oder den Betroffene sich wenden können.

Die Resonanz darauf hat mich positiv überrascht. Die Stadt mit ihrem ›Team für Chancengerechtigkeit und Vielfalt‹ ist von sich aus auf uns zugekommen und hat das Gespräch gesucht. Daraus ist unser informelles Netzwerk entstanden, das neuen Schwung in die Stadt bringt, weil

Einzelne mehr Rückendeckung bekommen, wenn sie ihre Themen vorantreiben. Doch auch wenn der erste Schritt gemacht ist: Der Weg zu echter Gleichberechtigung ist noch weit.«

Diana Bayer ist kommunale Gleichstellungsbeauftragte und leitet gemeinsam mit einer Kollegin das städtische Ulmer »Frauenbüro«, das sich um Frauenförderung, Gewaltprävention und Gender Mainstreaming kümmert. Sie ist Teil des Teams »Chancengerechtigkeit und Vielfalt«.

»Als Stadt haben wir verschiedene Möglichkeiten, Diversity voranzubringen. So haben wir es in unserem Handlungskonzept ›Wir alle‹[120] definiert, das die Jugendvertretung der Stadt Ulm gemeinsam mit Vertreter:innen verschiedener Gruppen entwickelt hat. Zum einen als Arbeitgeberin, die sich bewusst um neue Mitarbeitende aller sexueller Orientierungen, Herkünfte, Religionen und mehr bemüht. Zum anderen als Dienstleister für die Stadt, indem wir etwa Workshops zu geschlechtergerechter Sprache anbieten, der Verwaltung unsere Unterstützung anbieten. Und außerdem als Brücke zu Universität und Wissenschaft.

Es ist uns wichtig, nicht über die Köpfe anderer hinweg zu sagen: So, wir zeigen euch jetzt mal, wie Chancengleichheit und Vielfalt funktionieren; sondern wir holen euch mit ins Boot. Deshalb begrüße ich dieses neue, informelle Netzwerk sehr, weil es offen ist für immer neue Mitglieder, Synergieeffekte zwischen verschiedenen Gruppen fördern, Kommunikationswege in die Politik ebnen kann.

Wir müssen aber auch ehrlich sein und sagen: Das kann nur ein erster Aufschlag sein, wir müssen Ideen sammeln, Maßnahmen definieren, aber die sind nicht alle sofort politisch umsetzbar.

An manchen Stellen ist es einfach. Wir arbeiten zum Beispiel gerade daran, queeres Leben auf der Homepage der Stadt sichtbarer zu machen, dort auf Anlaufstellen und Beratungsmöglichkeiten hinzuweisen. Als Service für die Bürger:innen, aber auch als Statement: Das ist uns als Stadtgesellschaft wichtig.

Aber, ja, es ist immer ein Ringen um Manpower, um Stellen, um Gelder. Etwa wenn es um die Bereitstellung von Räumen geht, um den Wunsch nach einem queeren Jugendzentrum oder einer Antidiskriminierungsstelle. Eine Website ist leicht umgestaltet, aber alles, was kostet, ist schwerer durchzusetzen, etwa weil Träger sagen: Wozu braucht ihr ein extra Zentrum, es gibt doch genügend kommunale Angebote für Jugendliche, die ihr mitnutzen könnt. Aber diese Prozesse brauchen ihre Zeit. Auch der Frauentreff, eine Anlaufstelle vor allem für lesbische Frauen, hat vor Jahrzehnten nicht von heute auf morgen Räume bekommen, sondern das war ein Prozess langer Überzeugungsarbeit. Vielleicht wäre die nächste OB-Wahl auch eine gute Gelegenheit, den Kandidat:innen queere Anliegen noch mal deutlich zu machen.«

Isabelle Melcher, Therapeutin mit Schwerpunkt »Vielfalt von Geschlecht«, beschäftigt in queerpolitischen Landesprojekten zu Fortbildung, Beratung und Unterstützung von LSBTI+-Personen bei geschlechtsbezogener Gewalt und ehrenamtlich tätig in der queeren Jugendarbeit.
»Ich verstehe, dass die politischen Mühlen langsam mahlen, aber diese Unverbindlichkeit ist ein echtes Problem. Denn in Ulm sind Trans- und Homophobie noch immer weit verbreitet. In manchen Diskussionen habe ich das Gefühl, wir bewegen uns gesellschaftlich wieder rückwärts. Die Kriminalstatistik spricht eine deutliche Sprache, das weiß ich auch von der Ulmer Polizei.

Ich erlebe in meiner Praxis Jugendliche, die massiv leiden, und auch ich selbst bin als Transfrau ständigen Beleidigungen ausgesetzt, auch auf offener Straße, weil ich in der Stadt etwas bekannter bin. Man sagt mir ins Gesicht, ich gehöre ins Gefängnis und man müsse mir die Kinder wegnehmen. Ich zeige das jedes Mal an, habe auch eine queere Ansprechperson bei der Polizei, mit der ich in gutem Kontakt bin. Aber die Anzeigen laufen fast immer ins Leere, weil ich die Täter nicht so zweifelsfrei beschreiben kann, dass man ihrer habhaft wird. Wenigstens taucht der Fall dann in der Statistik auf.

Wenn ich höre, wie an Geduld appelliert wird, möchte ich immer sagen: Wie viele Menschen müssen denn noch sterben, durch Gewalt oder Suizid, bis sich die Situation wirklich verändert?

Denn nein: Kommunen können queere Jugendarbeit eben nicht irgendwie nebenbei miterledigen. Etwa, indem sie in einem städtischen Jugendzentrum einen Raum für eine Gruppe zur Verfügung stellen. Weil sie nicht das Personal dafür haben, oft keine einzige Person mit einem solchen Hintergrund, und weil Jugendliche begründete Angst haben, dass sie schon auf dem Weg zum Treffen auf dem Gelände beleidigt werden. Das ist kein Safe Space!«

Paulino Kirschner, Leiter einer »Teengender«-Jugendgruppe, hat uns nach Ulm eingeladen.
»Viele Jahre habe ich darunter gelitten, dass mein Umfeld meine Transgeschlechtlichkeit nicht akzeptiert hat. Ich hatte mit vielfachen Anfein-

dungen zu tun, habe zum Beispiel meine erste Ausbildungsstelle deshalb verloren. Das war ein schwerer Weg. Dass ich heute die Stadt Ulm zu Queerthemen berate, auch zum »Wir alle«-Konzept, macht mich in erster Linie stolz und glücklich. Auch dass ich mit einigen in dieser Runde letztes Jahr endlich wieder eine große Demo zum CSD organisieren konnte, auf dem Münsterplatz, hat mir viel Energie gegeben, und Workshops, die ich an Schulen halte.

Mich motiviert es, wenn ich meine Stimme erheben und mitgestalten kann, Leute informieren, sie mitnehmen. Ich habe durchaus den Eindruck, dass wir gehört werden. Auch der CDU-Bürgermeister Gunter Czisch lässt sich auf unseren Veranstaltungen blicken, er drückt sich nicht weg.

Aber Isabelle hat auch recht mit ihrer Kritik: Vieles geht zu langsam. Vor einigen Jahren hat mein bester Freund sich das Leben genommen, nachdem er sich als schwul geoutet hatte, weil er keine Unterstützung bekam und nicht wusste, an wen er sich wenden konnte. Wenn ich höre, dass es mit einer Antidiskriminierungsstelle noch dauert, frage ich mich oft: Könnte er noch leben, wenn es so etwas früher gegeben hätte? Auch ein Jugendzentrum wäre wirklich dringlich. Im Moment treffen wir uns mit den Jugendlichen meistens draußen in der Friedrichsaue an der Donau, aber da wissen sie nie, wer mithört, wenn wir über sensible Themen reden. Oder was wir für Blicke und Bemerkungen bekommen.

Viele Träger, die in Ulm aktiv sind, stehen unter Beschuss. Etwa die mobile Jugendarbeit: Streetworker:innen sind auf der Pride-Demo mitgelaufen, posten zu Queerthemen auf Instagram, solidarisieren sich. Aber die bekommen zum Teil auch von ihrer eigenen Klientel Gegenwind – bei manchen Jugendlichen gibt es zum Beispiel die Religion nicht her, sich mit uns zu solidarisieren. Da kommt die Idee der Intersektionalität an ihre Grenzen.«

Jan Heidtmann, Team Chancengerechtigkeit und Vielfalt.
»Eine Funktion des Teams Chancengerechtigkeit und Vielfalt sehe ich darin, die Infrastruktur zu unterstützen. Zum Beispiel als Gastgeber:in des Netzwerktreffens, durch Mitverantwortlichkeit bei Veranstaltungen und als Verbindungsperson in die Stadtverwaltung. Etwa wenn es um die Regenbogen-Beflaggung auf öffentlichen Plätzen geht – das kostet uns nur einen Anruf.

Ich glaube, eine große Hürde beim Thema Diversity ist schlicht Unwissen, manchmal auch Unwille, sich mit bestimmten Themen zu beschäftigen. Das gilt auch für städtische Angestellte. Dem kann man aber entgegenwirken, etwa durch Workshops zum Thema ›unconscious bias‹, also der Beschäftigung mit unbewussten, eigenen Vorurteilen und der eigenen Wahrnehmung. Allerdings erfordert das viel Vorsicht, nicht zu stark zu polarisieren, sondern gesellschaftliche Herausforderungen in verdauliche Häppchen zu unterteilen. Dazu ist auch der Erfahrungsaustausch mit anderen Kommunen sinnvoll. Ja, es gibt den Eindruck, in Ulm passiere nicht genug. Ich bekomme aber auch gespiegelt, dass wir in der Hinsicht gar nicht so schlecht aufgestellt sind im Vergleich mit anderen kleineren bis mittelgroßen Großstädten. Ein Netzwerk, wie wir es gemeinsam aufbauen, ist da echt viel wert.«

Nalan Schmidt, Sozialpädagogin, koordiniert die offizielle Jugendvertretung der Stadt, »Jugend aktiv in Ulm«, und ist eine der Autorinnen des »Wir alle«-Konzepts.
»Ulm ist keine Metropole, aber wir hätten die Stadt gern als Leuchtturm. Ich würde mir wünschen, dass von unserer Arbeit ein Signal ausgeht: Hier ist jede:r willkommen, die und der sich ans Grundgesetz hält und sich frei entfalten möchte, ohne andere zu stören. Dass die Stadt Jugendliche mit beteiligt hat bei unserem Diversity-Konzept, ist schon mal ein Schritt in die richtige Richtung.

An anderen Stellen müssen wir noch viel Aufklärungsarbeit leisten. Die Stadt bietet zum Beispiel regelmäßige, offene Bürgerdialoge in den Stadtteilen an. Ein gutes Angebot, allerdings kommen eher ältere Leute, die Klientel ist sehr bürgerlich. Wenn ich dann mit Queerthemen an Stadträte herantrete, höre ich oft: Das kann ja kein so großes Thema sein, in unseren Bürgerdialogen kam das noch nicht zur Sprache! Aber das ist ja auch kein Wunder – jüngere, queere Menschen fühlen sich dort nicht unbedingt willkommen und gehen dort nicht hin.

Doch vieles macht mir auch Hoffnung. Was der Frauentreff Ulm vor fünfunddreißig Jahren geschafft hat, nämlich eigene Räume und einen Verein für vornehmlich lesbische Frauen zu gründen, müsste doch heute auch bei anderen queeren Themen möglich sein. Oder, Fritzi?«

Fritzi Schöfer gehört zu den Gründungsmitgliedern des Frauentreff e. V.
»Wenn ich zurückblicke, kann ich sagen: Wir haben der Gesellschaft vor vierzig Jahren zugemutet, dass es Lesben und Schwule gibt – und heute muss sich die Gesellschaft eben zumuten lassen, dass die Bandbreite noch

größer ist, dass es noch mehr gibt. Und dieser Umdenkprozess schließt auch uns alte Kämpfer:innen ein.

Wir sind groß geworden in einer Zeit, in der man sich verstecken musste, ein Wort wie lesbisch am besten gar nicht aussprach. Dann hat sich die Gesellschaft weiterentwickelt, wir konnten Partnerschaften gründen, heiraten, Diskriminierung nahm ab. Deshalb haben viele meiner Altersgenossinnen den Eindruck, wir hätten eigentlich alles erreicht. Und plötzlich kommt eine neue, jüngere Generation, benutzt andere Begriffe, spricht von neuen Identitäten. Auch ich habe gebraucht, um zu verstehen, dass das eine weitere Öffnung der Gesellschaft bedeutet, die aber auch erkämpft werden muss. Dazu müssen wir aber alle miteinander reden und können nicht erwarten, dass unser Gegenüber schon mit jedem Begriff und jedem Gedanken vertraut ist.

Ich erlebe einen gewissen Generationenbruch. Die Älteren sind oft nicht mehr so kämpferisch, die meisten wollen auch im Frauentreff lieber Tanz- und Kneipenabende als politische Veranstaltungen. Deshalb habe ich mich gefreut, dass man uns eingeladen hat, am Queeren Manifest mitzuarbeiten. So kommt man wieder mehr in Kontakt mit den Jüngeren.«

Was ist nun das Fazit dieser konstruktiven Runde? Ist das Glas halb voll, halb leer? Darüber sind sich auch die Diskutant:innen nicht einig, denn die Einschätzung hängt stark davon ab, welchen Weg jede:r persönlich zurückgelegt hat. Dazu auch zwei Stimmen, die wir noch nicht gehört haben. »Für mich ist Ulm ein echtes Upgrade!«, sagt am Ende Aiden, transmännlich, nicht binär und Vertreter:in des Queerreferats an der Uni. »Endlich habe ich eine Community, in der ich ich selbst sein kann. Ich bin in einem Dorf aufgewachsen, da hatte ich niemanden.« Dem widerspricht die junge Transfrau Charlotte energisch: »Mich lähmt dieses Gefühl, dass wir uns hier aufreiben und doch so wenig erreichen. Wir ehrenamtlichen Helfer:innen sind alle im Burnout, ich auch. Ich bin nur deshalb noch hier, weil ich für die nächsten zwei Jahre einen Job habe. Dann würde ich gern in Berlin leben oder noch besser in Amsterdam.«

Nimmt man dann noch die Einschätzung einer älteren Frau wie Fritzi Schöfer dazu, wird noch klarer: Auch innerhalb der eigenen Community gibt es nicht nur unterschiedliche Identitäten, sondern auch unterschiedliche Ziele, Wünsche, Einschätzungen, Haltungen, die sich oft widersprechen.

Und was für LSBTI+-Personen gilt, trifft analog für andere Gruppierungen zu – ob Migrant:innen dritter Generation, Geflüchtete, Menschen mit Behinderungen oder Angehörige verschiedener Religionsgruppen.

Also Vielfalt innerhalb der gesellschaftlichen Vielfalt, die es zu moderieren gilt.
Daher am Ende dieses Kapitels einige Anregungen, die wir von unserem Besuch aus Ulm und aus anderen Zusammenhängen mitnehmen. So kann der Übergang in eine vielfältigere Gesellschaft mit einem anderen Selbstverständnis gelingen.

- **Vielfalt braucht Austausch.** Und zwar auf vielen Ebenen. Das zeigen Gesprächsformate wie die informelle Runde in Ulm, das haben wir in Hamburg beim Polizeiworkshop mit migrantischen Gruppen gesehen (Kapitel 6) und beim Dorfcafé in Sohland (Kapitel 1), wo sich Menschen unterschiedlicher Haltungen und Lebenserfahrungen begegnen. Denn ein Teil der Konflikte zwischen verschiedenen Gruppen beruht auf Unwissen, falschen Annahmen und Fehleinschätzungen. Es geht am Ende nicht um Übereinstimmung und Harmonie, aber um Akzeptanz und das Ausloten von Gemeinsamkeiten, auch wenn sie klein sind.

  Dazu noch ein aktueller Befund zum Umgang mit queeren Lebensformen aus Großbritannien. In einer aktuellen Studie des Cibyl-Instituts für die LSBTI+-Organisation »Just Like Us« über junge Erwachsene ließ sich nachweisen, dass persönliche Kontakte zu mehr Verständnis und weniger Ablehnung führen. Drei Viertel (74 Prozent) derjenigen, die sich gegen die Unterstützung von trans Personen aussprachen, hatten bisher nie jemanden aus dieser Gruppe getroffen; umgekehrt sprachen sich nur drei Prozent derjenigen gegen Unterstützung aus, die bereits Kontakt mit trans Personen hatten.[121]

  Es geht also darum, miteinander zu reden, nicht übereinander. Das gilt in Bezug auf alle marginalisierten Gruppen. Wie man es nicht macht – aber auch, wie man daraus lernen kann –, zeigte die Aufregung um eine WDR-Talkshow im Jahr 2021.[122] Danach kritisierte unter anderem der Zentralrat der Sinti und Roma die Art und Weise, in der fünf weiße, nicht von Rassismus betroffene Menschen Urteile darüber fällten, wie es in Deutschland um Rassismus steht. Und, wenig überraschend, der Meinung waren, alle Probleme seien mehr oder weniger gelöst und Betroffene sollten sich mal etwas lockerer machen. Immerhin: Der WDR setzte daraufhin einen eigenen Themenabend Rassismus an, zu dem er Vertreter:innen verschiedener Gruppen einlud.[123]

  Dass ein solches Thema Wellen schlägt, ist also eher ein emanzipatorischer Fortschritt (wir erwähnten bereits Aladin El-Mafaalani, der den Begriff »Integrationsparadox« prägte). Und es ist ein demokratischer Akt, wenn die Meinungsbildung – medial, politisch, privat – nicht mehr ausschließlich von einer bestimmten Gruppe dominiert wird. Das lässt sich auf alle marginalisierten Gruppen anwenden – ob migrantisch, LSBTI+ oder etwa wenn von Armut betroffene Menschen per Twitter ihre Erfahrungen mitteilen (#ichbinarmutsbetroffen)[124].

Kommunikation bereichert auch die mediale Öffentlichkeit. Initiativen wie die Neuen Deutschen Medienmacher:innen oder das Projekt »Andererseits« aus Österreich setzen sich für mehr Vielfalt im Journalismus ein, um den öffentlichen Diskurs um neue Perspektiven zu erweitern.[125] Jene stehen für Perspektiven von Migrant:innen, andere unterstützen Menschen mit Behinderungen. Für letztere Gruppe ist auch die Plattform »Speakabled«[126] gedacht, die die gezielte Suche nach Speaker:innen erleichtert, die nicht notwendigerweise über ihre Behinderung sprechen, sondern über ihr jeweiliges Fachthema. Auf diese Weise soll es selbstverständlicher werden, dass sichtbar eingeschränkte Personen am öffentlichen Diskurs teilnehmen und als Expert:innen für jedes Thema wahrgenommen werden, nicht nur für Inklusion, sondern auch beispielsweise für Website-Gestaltung oder Klimapolitik.

- **Vielfalt braucht Aufklärung.** Bildungsarbeit kann helfen, das Wissen und Verständnis anderer Lebenswelten schon Kita-Kindern oder jungen Schüler:innen nahezubringen. Beispiele sind die Schulprojekte von SCHLAU NRW e. V.[127] zum Thema sexuelle und geschlechtliche Vielfalt oder das bundesweit einzigartige Modell »Hamburger Religionsunterricht«, bei dem von der ersten Schulklasse an alle Kinder gemeinsam bekenntnis- und wertneutral über verschiedene Glaubensgemeinschaften unterrichtet werden, unabhängig davon, ob sie selbst einer Glaubensgemeinschaft angehören.[128]

- **Vielfalt braucht sprachlichen Ausdruck.** Ein Punkt, an dem sich vielfach Konflikte entzünden. Sprache ist stets im Wandel, in ihrem Privatgebrauch wie in der Verwendung seitens staatlicher Organe wie Schule, Universität oder Verwaltung. Wie sich sprachlich Gleichberechtigung und Würdigung aller erzielen lässt, darüber gehen die Meinungen jedoch weit auseinander. Eine Mehrheit der Bevölkerung spricht sich gegen die Verwendung von typografischen Zeichen wie dem Gendersternchen * oder Alternativen wie dem Doppelpunkt aus, den wir für unser Buch nutzen. Laut Umfragen von Infratest dimap ist die Akzeptanz am höchsten bei jüngeren Menschen, Frauen, Personen mit höherer Bildung und Grünen-Wähler:innen.[129] Ebenfalls strittig sind Begriffe, die aus dem antikolonialistischen Kontext stammen (etwa PoC/BIPoc), oder Bezeichnungen für Menschen mit Behinderungen.[130] Auch die Debatte um Begriffe in der Literatur, insbesondere im Kinderbuch, die beispielsweise als rassistisch kränkend empfunden werden, weist in eine ähnliche Richtung. Verhandelt wird die Kunstfreiheit auf der einen Seite gegen die Forderung nach einer diskriminierungsfreien Sprache auf der anderen Seite.[131] Und auch in diesen Fragen sind sich längst nicht alle einig, die einer bestimmten Gruppe zugeordnet werden können. Die Diskussion um eine inklusive Sprache wird weitergehen und sollte ergebnisoffen geführt werden.

- **Vielfalt braucht Budget.** Aufklärungsarbeit, Community-Projekte, Fortbildungen für die Belegschaft privater Unternehmen oder der öffentlichen Verwaltung – das alles kostet Ressourcen, Geld, Arbeitsstunden. Wo diese Ressourcen knapp sind, kommt es leicht zu Konkurrenz zwischen verschiedenen marginalisierten Gruppen. So berichten die Betreiberinnen des queeren Jugendzentrums Q*ube in Neukölln, dass sie bei nicht queeren Jugendlichen im Viertel oft auch deshalb auf Unverständnis stoßen, weil diese andere Probleme für drängender halten, etwa antimuslimischen Rassismus.[132] Geflüchtete aus Syrien und Afghanistan fühlen sich häufig benachteiligt gegenüber Geflüchteten aus der Ukraine, weil für diese einige Restriktionen nicht gelten. Die Förderung von Vielfalt ist also auch eine Gerechtigkeitsfrage. Dazu mehr im nächsten Kapitel.

- **Vielfalt braucht Aushandlung.** Der Philosoph Karl Popper beschrieb zuerst 1945 in seinem Buch »Die offene Gesellschaft und ihre Feinde« das sogenannte »Toleranzparadoxon«. Uneingeschränkte Toleranz gegenüber intoleranten Menschen könne letztlich zur Vernichtung der toleranten Menschen führen, weil die Intoleranten dann Diskurshoheit und Macht an sich reißen. Wie schwer die Grenzen im Einzelfall zu ziehen sind, zeigt sich im Diskurs um die demokratische Abgrenzung gegenüber der AfD, aber auch beispielsweise in der Diskussion darüber, welche Strömungen innerhalb der muslimischen Community als islamistisch zu verorten sind. So stand der Moscheeverband Ditib immer wieder in der Kritik und 2018 attestierte das Bundesamt für Verfassungsschutz einzelnen Mitgliedern verfassungsfeindliche, nationalistisch-religiöse Haltungen. Auch Antisemitismusvorwürfe gegen den Verband stehen immer wieder im Raum.[133] Ähnliches zeigt die Debatte um die Abgrenzung zwischen »Israelkritik« und Antisemitismus, etwa anhand der documenta-Kunstausstellung 2022.

- **Vielfalt braucht Augenhöhe.** Wie schon beim Punkt Kommunikation beschrieben, gelingen Akzeptanz und gegenseitiges Verständnis am besten, wenn Mitglieder verschiedener gesellschaftlicher Gruppen sich im Alltag begegnen und andere Gemeinsamkeiten entwickeln, etwa im Sinne eines gemeinsamen Ziels. Das können ein Lernziel für eine Schulklasse sein, gemeinsame berufliche Interessen innerhalb eines Unternehmens oder bei einem Berufsverband oder ein selbst gewähltes Projekt. Einige Beispiele für gelingende Projekte hat die »Stiftung Bürgermut« zusammengestellt:[134] »Discover Football« bringt begeisterte Fußballerinnen aller Herkünfte mit Frauenrechtlerinnen und engagierten Sportlerinnnen zusammen, der LSVD Berlin-Brandenburg (Lesben- und Schwulenverband) hat ein Mentoringprogramm für queere Geflüchtete initiiert, im Verein »Tausche Bildung für Wohnen« setzen sich Studierende als Bildungspaten für benachteiligte Kinder in Duisburg ein (und erhalten im Gegenzug ein Gratis-WG-Zimmer).

Das letzte Beispiel führt uns zu unserem nächsten Thema: Wie lässt sich mehr Augenhöhe herstellen, wenn diese nicht mehr von selbst entsteht, in der Schulklasse, dem Sportverein, dem Wohnviertel? Denn gerade in Großstädten wächst die soziale Segregation – das schreibt unter anderem die Bundeszentrale für politische Bildung.[135] Hintergrund ist eine Spreizung der Einkommen und Vermögen. Die Förderung von Vielfalt ist nicht zuletzt eine Frage der sozialen Gerechtigkeit. Darum soll es auf den kommenden Seiten weiter unten gehen.

KURZ GESAGT

Unser Thema: In einer zunehmend vielfältigen und pluralistischen Gesellschaft, die Wert auf individuelle Entfaltung und Gleichberechtigung verschiedener von Diskriminierung betroffener Gruppen legt, sind immer mehr Konflikte zu moderieren. Häufig verstärken sich Diskriminierungsmerkmale gegenseitig, zum Teil verhalten sich von Diskriminierung Betroffene auch ausgrenzend gegenüber anderen, ebenfalls betroffenen Gruppen.

Unser Fall: In Ulm treffen sich regelmäßig Vertreter:innen von Stadt, Politik und NGOs sowie engagierte Einzelpersonen, um Queerthemen sowie die Sichtbarkeit und Gleichberechtigung aller Menschen gleich welcher sexuellen Orientierung und Geschlechtsidentität voranzubringen. Die Einschätzungen über den Erfolg gehen auseinander.

Unsere wichtigste Erkenntnis: Die verbale Beschwörung von Vielfalt als Chance reicht nicht, um gesellschaftliche Konflikte zu moderieren. Es braucht sowohl mehr Aufklärung über die Bedürfnisse einzelner Gruppen als auch ein entsprechendes Budget – sprich: Arbeitsplätze und finanzielle Ausstattung –, um Diversität ernsthaft umzusetzen.

★ **Ort: Berlin**

Bundesland: Berlin

Einwohner:innen: 3,68 Millionen

KAPITEL 8

Wohlstand und Chancen gerechter verteilen

In diesem Kapitel fragen wir nach den vielen Dimensionen von Gerechtigkeit – nach Einkommen und Vermögen, Steuern, Bildung und dem Lastenausgleich zwischen den Generationen. Wir wollen wissen: Woher kommt das ausgeprägte Ungerechtigkeitsgefühl in der Bevölkerung – und hat es tatsächlich mit dem Kontostand zu tun oder auch mit weichen Faktoren wie Wertschätzung und Vertrauen? Um auf diese abstrakten Fragen konkrete Antworten zu erhalten, fahren wir nach *Berlin*, wo die Bruchlinien der Gesellschaft besonders deutlich werden. Wir treffen eine Mutter, die ihre ungewöhnliche Familienkonstellation entspannter leben kann, weil sie das große Los gezogen hat. Und einen Erben, der gern mehr Steuern zahlen würde.

Was gerecht ist und was nicht, weiß jedes Kind. Buchstäblich. Das wies 2015 ein Team von Forschenden des Leipziger Max-Planck-Instituts und der Uni Manchester nach. In einer spielerischen Versuchsanordnung nahmen sie Handpuppen willkürlich Gegenstände weg und beobachteten, dass schon die Drei- bis Fünfjährigen engagiert dazwischengingen: Macht man nicht![136]

Doch auch wenn es offenkundig ein universelles menschliches Bedürfnis nach einer fairen Verteilung knapper Güter gibt: Wie genau diese zu regeln ist, welches Maß an Ungleichheit für tragbar, vielleicht sogar wünschenswert gehalten wird – schließlich kann Mangel auch Ansporn und Motivation sein – und wo Verteilungskämpfe durch zu große Unterschiede drohen, ist etwas komplizierter zu beantworten.

In den letzten Jahren ist das Thema Gerechtigkeit wieder ganz oben auf der Agenda gelandet – etwa in den Wahlprogrammen politischer Parteien –, nachdem es in den Achtzigern und Neunzigern die Gemüter eher weniger erhitzte. Der Soziologe Stefan Liebig, der an der Uni Bielefeld dazu forscht, bestätigt: »Sieht man sich die Programme der letzten zehn bis zwanzig Jahre an, fällt auf, dass ›Gerechtigkeit‹ deutlich häufiger genannt wird, und zwar im gesamten politischen Spektrum.« Was die einzelnen Akteur:innen darunter verstehen, ist allerdings unterschiedlich. Der faire Ausgleich zwischen Leistungsstärkeren und Leistungsschwächeren? Fördern und fordern? Lastenverteilung zwischen den Generationen? Oder die Vorstellung, durch Chancengerechtigkeit jedem und jeder den sozialen Aufstieg zu ermöglichen?

Ist Ungleichheit dasselbe wie Ungerechtigkeit?

Ein Befund lässt sich nicht wegdiskutieren: Finanzielle Ungleichheit nimmt zu. Am einfachsten lässt sich das an Parametern zeigen, die sich relativ einfach beziffern lassen: Einkommen und Vermögen. So verfügen aktuell die reichsten zehn Prozent der Bevölkerung über 60 Prozent des Gesamtvermögens, während die unteren 50 Prozent zusammen auf weniger als zwei Prozent kommen. Der Gini-Koeffizient, der die relative Einkommensgleichheit bzw. -ungleichheit innerhalb einer Bevölkerung bemisst, ist mit gewissen Schwankungen von 2009 bis 2021 um knapp zwei Punkte gestiegen.[137] Und aus dem Gesamtvergleich zwischen 1995 und 2018 ergibt sich ein Schrumpfen der Mittelschicht um insgesamt sechs Prozentpunkte, während die untere Einkommensschicht um fünf Prozentpunkte und die obere um einen Prozentpunkt gewachsen sind.[138]

Aber ist Ungleichheit automatisch auch Ungerechtigkeit? Ist Gerechtigkeit nicht eine Gleichung mit sehr vielen Variablen, ein komplizierter Mechanismus mit vielen Stellschrauben, von denen die Umverteilung von Geld, etwa über Steuern und Sozialabgaben, nur ein Faktor ist? Gleichen sich hier und da einzelne Faktoren aus – etwa wenn durch den demografischen Wandel der eigene Wert auf dem Arbeitsmarkt steigt –, während andere sich gegenseitig verschärfen? Etwa wenn die jüngere Generation den Eindruck hat, sowohl bei der Vermögensbildung abgehängt zu sein als auch die Folgen des Klimawandels ausbaden zu müssen, den Eltern und Großeltern mitverschuldet haben?

Und dann steht noch die Frage im Raum: Ist es dem oder der Einzelnen überhaupt möglich, sich ein objektives Bild der Gesamtlage zu machen? Eine OECD-Studie von 2021 kommt zu dem Ergebnis, dass die wahrgenommenen Ungleichheiten in Deutschland deckungsgleich sind mit der Realität. Sowohl die zunehmende Spreizung bei Einkommen und Vermögen als auch die stärkere Konzentration in den Händen weniger werde von den Befragten korrekt eingeschätzt.[139] Andere Forschende widersprechen dieser These und gehen davon aus, dass Einzelne keinen realistischen Überblick über das ökonomische Gesamtbild und die eigene Situation gewinnen könnten.[140]

Das Gefühl für Fairness hat mit dem eigenen Background zu tun

Wir können also festhalten: Gerechtigkeit ist ein Gefühl, eine subjektive Wahrheit, auch wenn sie von objektiven Fakten gestützt wird. In unserer eigenen Gerechtigkeitsstudie[141] mit 4.000 Personen zwischen 18 und 69 Jahren konnten wir zeigen: Das Empfinden unterscheidet sich erheblich, selbst wenn die faktischen Grundlagen dieselben sind.

Zum einen werden Menschen von ihren eigenen Erfahrungen geprägt. Menschen mit höherem Einkommen, höherer formaler Bildung sowie Bildungsaufsteiger:innen empfinden nicht nur das eigene Einkommen und Vermögen, sondern auch die Gesellschaft insgesamt und die Generationenunterschiede als gerechter.

Zum anderen spielen auch die eigenen Werte und die politische Präferenz eine Rolle. Menschen aus dem konservativen und liberalen Spektrum finden es tendenziell am gerechtesten, wenn eine Gesellschaft nach dem Leistungsprinzip organisiert ist. Übersetzt heißt das: Wer am härtesten arbeitet (Leistung), hat auch das größte Stück vom Kuchen verdient. Für eher links eingestellte Befragte wiegen dagegen andere Prinzipien schwerer. In erster Linie das des Bedarfs (wer am meisten Hunger hat, darf sich zuerst ein zweites Stück nehmen) und im ganz linken Spektrum auch das der Gleichheit (jeder hat per se das Recht auf die gleiche Menge Kuchen).

Das heißt: In Bezug auf eine objektiv vergleichbare Verteilung von Einkommen, Vermögen und anderen begehrten Gütern, etwa den Zugang zu guten Bildungsabschlüssen oder Wohnraum, kommen unterschiedliche Gruppen zu einem sehr unterschiedlichen Fazit.

Viele finden: Ungleichheit ist ein Problem

Dass Ungleichheit ein grundsätzliches Problem ist, darauf können sich allerdings viele einigen. Ergebnisse unserer Pandemiestudie zeigen: Nur eine Minderheit der Befragten, nämlich 13 Prozent, empfinden die Gesellschaft im Großen und Ganzen als gerecht, 31 Prozent sagen teils, teils. Drei Jahre zuvor hatten die Werte bei 17 und 25 Prozent gelegen – ein Indiz dafür, dass sich zumindest bei einigen die positive Überzeugung noch weiter abgeschwächt hat. Riesig sind die Schwankungen nicht. Das erklären Forschende mit dem sogenannten »Floor-Effekt« – vulgo: Das Gerechtigkeitsgefühl ist ohnehin auf einem Tiefpunkt, sehr viel niedriger geht es nicht.

Dennoch war die Pandemie eine kollektive Erfahrung, die wie unter dem Brennglas soziale Unterschiede sichtbar gemacht hat – etwa die vergleichsweise schlechte Bezahlung in »systemrelevanten« Berufen wie Gesundheit und Pflege oder die Bildungsnachteile, die Kinder aus sozioökonomisch schlechter gestellten Familien durch die Schulschließungen davongetragen haben.[142] Das kann erklären, warum das pessimistische Lager noch größer geworden ist, selbst auf hohem Niveau. Auch unsere Gerechtigkeitsstudie von 2022 zeichnet das Bild einer Gesellschaft, die nicht mehr uneingeschränkt an das Versprechen glaubt, durch entsprechende Leistung auch fair belohnt zu werden. 73 Prozent der Befragten stimmten der Aussage zu: »Die sozialen Unterschiede in unserem Land sind ungerecht«, 77 Prozent fanden, die wirtschaftlichen Gewinne würden in Deutschland nicht gerecht verteilt, und 62 Prozent empfanden die Vergütung hierzulande als nicht leistungsgerecht.

Geht es uns besser, als wir denken?

Aber ist diese umfassende Unzufriedenheit tatsächlich gefährlich für den gesellschaftlichen Zusammenhalt? Oder nur eine Momentaufnahme? Manche Forschende sehen das so, unter ihnen der Soziologe Holger Lengfeld. »Zieht man eine Bilanz über die lange, Jahrhunderte währende Geschichte der sozialen Ungleichheit, so würde diese, bei aller Vorsicht, positiv ausfallen«, schreibt er in einem optimistischen Essay mit der Überschrift: »Es geht uns weit besser, als wir denken«.[143] Das mag aus der historischen Vogelperspektive stimmen. Und es ist richtig, dass soziale Sicherungssysteme in Deutschland noch immer gut ausgestattet sind. Auch im Gegensatz zu anderen westlichen, wohlhabenden Demokratien, in denen es beispielsweise nicht einmal das verbriefte Recht auf Elternzeit oder bezahlten Mutterschutz gibt, wie in den USA, sondern nur freiwillige Leistungen von Arbeitgeber:innen.

Aber das eigene, halb volle Glas tröstet dennoch wenig, wenn Menschen in ihrem Alltag mit dem Gefühl lähmender Ungerechtigkeit konfrontiert sind. Denn wie wir unsere eigene Situation einschätzen, ist immer eine Frage der Referenzgröße. Ungerecht ist, wenn Bildungschancen von Kindern in kaum einem Land so sehr vom Geldbeutel der Eltern abhängen wie in Deutschland.[144] Oder wenn in einem Freundeskreis einige Paare oder Einzelpersonen mithilfe großzügiger Schenkungen ihrer Eltern Immobilienvermögen aufbauen, während nicht vermögende Durchschnittsverdienerpaare in Großstädten überdurchschnittlich viel für Miete ausgeben und nach einer Trennung oft zwangsweise weiter zusammenleben, weil man sich eine zweite Wohnung einfach nicht leisten kann. Dazu passt: Zu den Menschen, die Ungerechtigkeit stärker wahrnehmen und kritisieren, gehören auch nach unseren Befunden unter anderem Nichterwerbstätige, Alleinerziehende, chronisch Kranke und Rentner:innen.

Ein populäres neues Genre: »Eat the rich«

Nicht von ungefähr sind solche Dilemmata in den letzten Jahren Stoff für Filme, Serien und Romane geworden, etwa die preisgekrönten Bücher von Anke Stelling[145] oder Streaming-Serien wie »White Lotus«. Sogar ein eigenes Label gibt es mittlerweile, man spricht von »Eat the rich«-Stoffen. Journalistisch ist Gerechtigkeit ebenfalls ein großes Thema und Gegenstand zahlreicher, auch umfangreicher Beiträge in Film- und Buchform. Dazu gehören unter anderem die Dokumentation »Ungleichland« der Autorin, Filmemacherin und Journalistin Julia Friedrichs[146] und Sachbücher, etwa von Mareice Kaiser[147] und Anna Mayr[148]. Das Thema wird auch auf anderen Ebenen sichtbarer, etwa durch die Initiative »Arbeiterkind«, die Schulabgänger:innen unterstützt, die als Erste in ihrer Familie ein Studium aufnehmen,[149] und den Hashtag #ichbinarmutsbetroffen, unter dem Menschen mit wenig Geld auf diversen Social-Media-Kanälen auf die Auswirkungen ihrer finanziellen Situation aufmerksam machen.

Aber wenn das Empfinden für Ungerechtigkeit gesamtgesellschaftlich so groß ist – was ist mit den Konsequenzen? Provokant gefragt: Hat in der Gruppe der Kritischen vielleicht jede:r Einzelne das Gefühl, im Vergleich mit anderen zu schlecht wegzukommen – aber frei nach dem Sankt-Florian-Prinzip wenig Motivation, selbst Privilegien abzugeben?

Die Befunde unserer Gerechtigkeitsstudie sind gemischt. Zwar sind innerhalb der Gruppe der Kritiker:innen 77 Prozent für die (Wieder-) Einführung einer Vermögenssteuer, 75 Prozent für die Verringerung des Unterschieds zwischen Arm und Reich sowie 70 Prozent für höhere Einkommenssteuern für Besserverdienende. Aber fragt man nach der Bereitschaft zu mehr praktischer Solidarität, kippt das Bild: Gerade einmal 37 Prozent wären bereit, mehr Steuern zu zahlen, wenn dadurch mehr Unterstützung für Arme möglich wäre.

Die grundsätzliche Frage lautet also: Ist unser Sozialsystem generell in der Lage, für mehr Gerechtigkeit zu sorgen (und wenn ja, wo sollte man ansetzen?). Oder bräuchte es einen radikalen Systemwechsel – so wie es die Anhänger:innen der Idee eines bedingungslosen Grundeinkommens fordern?

Für diesen Ansatz steht Micha Bohmeyer, Unternehmer, Aktivist und Gründer des Vereins »Mein Grundeinkommen«. Sein persönliches

Schlüsselerlebnis, das ihn auf das Thema gebracht hat, hängt mit einer Aufstiegsgeschichte zusammen. In jungen Jahren hatte er mit anderen eine Firma gegründet, aus deren Gewinnausschüttung ihm monatlich rund 1.000 Euro zustanden, als er etwa dreißig war. Das war 2014 – und diese Sicherheit machte etwas mit ihm: »Zum ersten Mal im Leben konnte ich mir aussuchen, wie viel ich arbeiten will.«

Klar, dass von dieser Summe kein Luxusleben zu bestreiten ist – aber es war dennoch eine bescheidene Existenzgrundlage. Die Folge: »Ich war weniger getrieben, weniger gestresst. Innerhalb weniger Monate hatte ich plötzlich mehr Weitblick, die Möglichkeit, mich fortzubilden, mehr Zeit mit meinem Kind zu verbringen, selbstbestimmter zu entscheiden, was ich will.«

Daraus entstand seine Vision. Micha Bohmeyer fragte sich: Würde es anderen Menschen auch so gehen wie ihm, wenn sie diese Sicherheit hätten? Und zwar ohne dass sie Bedürftigkeit nachweisen und dem Arbeitsmarkt zur Verfügung stehen müssten – die Säulen des »Förderns und Forderns«, auf denen die Sozialgesetzgebung seit den Hartz-IV-Reformen der Schröder-Regierung in den frühen Nullerjahren beruht? Wäre die Bereitschaft höher, ein solches System mitzutragen, wenn sie auf Freiwilligkeit beruhte statt auf Zwang und Sanktionen?

Bohmeyer begann, per Crowdfunding Spenden zu sammeln, aus denen sich per Losverfahren Zahlungen an einzelne Menschen finanzieren ließen. Das Prinzip: Jede:r kann sich bewerben, ohne Bedürftigkeitsprüfung. Und theoretisch könnte jede:r, die oder der spendet, auch gleichzeitig Empfänger:in sein. Auf diese Weise hat sein Verein seit 2014 über 1.400 Grundeinkommen finanziert, Spenden in einem Gesamtvolumen von etwa zwölf Millionen Euro eingenommen und 3,8 Millionen Menschen haben sich registriert. Eine Erfolgsgeschichte, an die zunächst kaum jemand glaubte. Außer Bohmeyer selbst: »Auf Social Media bekam ich Kommentare wie: Eher friert die Hölle zu, als dass Leute freiwillig Geld für andere geben, die nicht einmal bedürftig sind.«

»INNERHALB WENIGER MONATE HATTE ICH WEITBLICK«

Wenn Menschen das große Los ziehen

Doch das reicht dem Aktivisten und seinen Mitstreiter:innen noch nicht. Er will wissen, ob sich die positiven Effekte auch verallgemeinern lassen. Bisherige Forschungen deuten darauf hin, doch sie sind allesamt älteren Datums. Deshalb begleitet das Deutsche Institut für Wirtschaftsforschung (DIW) bis 2024 eine dreijährige Studie, in der systematisch erhoben werden soll, welche Auswirkungen das große Los auf Menschen hat.

Dafür wurden 122 Menschen ausgewählt, die drei Jahre lang monatlich 1.200 Euro bekommen – Geld, das nicht auf ihre Steuerlast angerechnet wird – und mit einer soziodemografisch ähnlichen Kontrollgruppe von 1.300 Leuten verglichen werden, die keine Zusatzleistungen erhalten. Bewusst hat man dafür nicht Menschen ausgewählt, die unter der Armutsgrenze leben, sondern Angehörige der Mittelschicht. Jene also, die durch stagnierende Löhne und Gehälter einerseits, höhere Wohnkosten und Inflation andererseits heute deutlich mehr in die Zange genommen werden. In tiefenpsychologischen Interviews geben die Teilnehmenden mehrmals Auskunft über ihre Befindlichkeit und ihre Entscheidungen, Haarproben lassen Rückschlüsse auf das persönliche Stresslevel zu.

»DIE IDEE MIT DER HÄNGEMATTE IST EIN MYTHOS«

Für Micha Bohmeyer geht es beim bedingungslosen Grundeinkommen nicht nur um den Kampf gegen Existenznot, sondern er glaubt, dass Menschen mit dieser Art von Sicherheitsnetz auch klügere, nachhaltige Entscheidungen treffen, im Großen wie im Kleinen. Dass sie sich eher zu Hause einen Kaffee kochen, statt mit einem Coffee to go Müll zu produzieren, die Bahn nehmen statt des Autos. Schließlich, erklärt er, hängt das alles zusammen, etwa die Klimakrise mit der Verteilungsgerechtigkeit, wenn man annimmt, dass Menschen vor lauter Arbeits- und Zeitdruck ökologisch schädlich handeln.

Aber es geht auch um die Muße, die eigene Existenz zu hinterfragen. »Wir erleben häufig, dass Menschen ein anderes Verhältnis zu ihrem Job bekommen. Es geht gar nicht darum, hinzuschmeißen, etwas ganz anderes zu machen, noch mal eine Ausbildung oder eine Gründung. Aber es gibt ein anderes Rückgrat zu wissen: Wenn ich mich nicht mehr wohl, sondern ausgebeutet fühle, kann ich auch gehen. Oder für bessere Arbeitsbedingungen kämpfen, ohne Angst, bei einer Kündigung vor dem Nichts zu stehen.«

Nur jenes Szenario, das die Gegner seiner Idee befürchten, das hat er, wie er sagt, nie erlebt: dass Empfänger:innen sich auf die faule Haut legen, in die vielbeschworene soziale Hängematte. Und das hat nichts damit zu tun, in welchem Bereich jemand tätig ist – ob hoch bezahlte Uniprofessorin oder Kassierer beim Discounter: »Ich habe hier Menschen sitzen, die prekär leben, vier Jobs gleichzeitig machen. Für die ist das Grundeinkommen eher eine Entscheidungshilfe: Was davon empfinde ich als sinnhaft, was als ausbeuterisch und sinnentleert? Davon trennen sie sich – aber sie strecken nicht alle viere von sich.«

Bohmeyers Idee, sagt er selbst, ist eine Synthese aus seiner ostdeutschen Herkunft, seiner Achtzigerjahre-Kindheit in den letzten Jahren des

Sozialismus, der biografischen Erfahrung eines massiven Bruchs und dem eigenen Heranwachsen in einer demokratischen, gleichzeitig zunehmend ökonomiegetriebenen und globalisierten westlichen Gesellschaft. Das Konzept ist freiheitsliebend, auf Eigenverantwortung setzend und gleichzeitig egalitär, auf jeden Fall: idealistisch.

Dennoch gibt es eine Reihe Gegenargumente.
ERSTENS: Wo bleibt die Leistungsgerechtigkeit? »Es stimmt, die Idee des Grundeinkommens stellt unseren Gerechtigkeitssinn vor Herausforderungen. Als Menschheit kommen wir aus der Erfahrung des Mangels, der Verteilungskämpfe um knappe Ressourcen, und haben das verinnerlicht. Gerechtigkeit ist, wenn alle ackern. So werden Schreckensbilder befeuert, etwa das des faulen Arbeitslosen, der der Gemeinschaft auf der Tasche liegt. Wenn wir sagen: Es ist genug für alle da, kommen wir heraus aus dem Spalterischen«, glaubt Micha Bohmeyer. Einen Widerspruch zur Idee der Leistungsgerechtigkeit sieht er nicht: »Es wäre zum ersten Mal ein System, bei dem sichergestellt ist, dass Menschen, die arbeiten, mehr verdienen als die, die nicht arbeiten.« Weil nur der Teil besteuert wird, der über das Grundeinkommen hinausgeht, während heute der Niedriglohn das verfügbare Einkommen nach unten, die Sozialleistung nach oben drückt.
ZWEITENS: Wer soll das finanzieren? Da verweist Bohmeyer auf eine Finanzierungsstudie des DIW, die besagt: Ein Grundeinkommen wäre finanzierbar, allerdings nur durch einen massiven Umbau des Steuersystems. Der hätte es in sich: 86 Prozent der Menschen hätten mehr im Portemonnaie als vorher, 14 Prozent hätten weniger; massiv zusätzlich besteuert würden die wenigen, die heute zur Gruppe der Hochvermögenden zählen. Darin könnte allerdings, vorsichtig gesagt, ein Schönheitsfehler liegen. Denn das würde nur nach Schließung aller Steuerschlupflöcher gelingen.
DRITTENS: Was macht das Grundeinkommen mit dem Arbeitsmarkt? Bohmeyers positiver Vision – ein Grundeinkommen stärkt die Verhandlungsmacht des oder der Einzelnen – ließe sich ebenso ein pessimistischeres Szenario an die Seite stellen. Arbeitgeber könnten sich auch leichter vor Verantwortung drücken, von Gehaltsverhandlungen bis zu Kündigungsrunden, wenn der Staat den Zugang zur finanziellen Grundversorgung erleichtert.

Verlassen wir an dieser Stelle den theoretischen Überbau und begeben uns ins wirkliche Leben. Nach Berlin-Friedrichshain, zu einer von denen, die im Zuge der DIW-Studie das große Los gezogen haben: Sarah Bäcker,

Mutter einer kleinen Tochter. Was hat das Experiment nach zwei Jahren mit ihr gemacht?

Wie moderne Familienmodelle den Staat herausfordern

Spricht man mit ihr, wird klar, dass es in puncto Gerechtigkeit noch eine weitere Herausforderung gibt: Wie wird man Familien gerecht, die eben nicht aus zwei miteinander verheirateten Erwachsenen und gemeinsamen Kindern bestehen? Der Wandel ist unverkennbar: Machte das klassische Modell 1996 noch 81 Prozent aller Familien mit Kindern unter 18 Jahren aus, waren es 2019 nur noch 70 Prozent; der Anteil der unverheiratet zusammenlebenden Eltern hat sich verdoppelt und in jeder fünften Familie gibt es nur einen Elternteil.[150]

»MIT DEM GRUNDEINKOMMEN KÖNNEN WIR SPALTUNG ÜBERWINDEN«

Sarahs Familie passt in das neue, bunte Bild. Sie und der Vater ihres Babys sind ein Paar, aber leben in getrennten Wohnungen. Er hat eine zwölfjährige Tochter aus seiner früheren Beziehung. Ein gemeinsames Kind war nicht geplant – aber dass die erste Auszahlung des Grundeinkommens mit dem positiven Schwangerschaftstest zusammenfiel, nahm viel Druck aus der Situation.

An einem Donnerstagmorgen sind wir mit ihr und der kleinen Alva in einem Eltern-Kind-Café verabredet. Im Eingang stehen Kisten mit Büchern zum Verschenken, das oberste trägt den sprechenden Titel »Was Mütter tun (auch wenn es wie nichts aussieht)«. Auch darum wird es in unserem Gespräch gehen, das wir schuhlos auf einer gelben Turnmatte führen, während Kleinkinder um uns herumwuseln: den Wert von Carearbeit und die Schwierigkeit, eine Familie abzusichern. Vor allem, wenn man ein unkonventionelles Modell lebt. Es riecht nach Waffeln und Windeln, Baby Alva zieht los, um ein Kunststoff-Hüpfpferd zu erobern.

Frau Bäcker, Sie haben uns erzählt, dass das Grundeinkommen Ihnen hilft, eine längere Elternzeit zu finanzieren. So war das aber eigentlich gar nicht geplant ...

Stimmt. Ich bin Architektin und Gestalterin, habe immer viel gearbeitet, aber nie viel Geld gehabt, weil ich meine Arbeit immer eher danach ausgewählt habe, was ich als sinnvoll empfinde. Deshalb hatte ich eine Teilzeit-Festanstellung und habe daneben für wenig Geld und mit viel Begeisterung gemeinsam mit einer Freundin Ausstellungen für kleine Museen gestaltet, die dafür keine großen Etats haben. Für das Grundeinkommen hatte ich mich eigentlich nur aus Neugier beworben. Ich wollte sehen, was das mit meiner Arbeit macht, wenn ich finanziell etwas abgesicherter bin. Ich lebe generell sehr sparsam, möchte unnötigen Konsum vermeiden. Ich komme klar und fand es richtig, dass mein Partner und ich getrennte Kassen hatten und getrennte Wohnungen. Unabhängigkeit war mir immer wichtig, ich wollte nie in so eine klassische Rollenverteilung rutschen. Außerdem arbeitet mein Partner ebenfalls in einem schlecht bezahlten, dafür verantwortungsvollen Job – er ist Erzieher.

Wie ging es Ihnen, als Sie erfuhren, dass Sie für das Projekt ausgewählt wurden?

Ungläubigkeit, Freude – paradoxerweise habe ich aber auch einen gewissen Druck gespürt. Oh, jemand schenkt mir was, ohne Gegenleistung, ich muss etwas Besonderes daraus machen, um es mir zu verdienen. Daran habe ich gemerkt, wie sehr wir auf Leistung konditioniert sind. Faulsein, Muße haben wirklich einen geringen Stellenwert in unserem Wertesystem. Als ich dann schwanger wurde, nahm das tatsächlich Druck raus, denn das gab mir ein Polster, das Familienleben langsam angehen zu lassen. Aber auch mental: Ein Kind großzuziehen ist ja auch ein Beitrag für die Gesellschaft.

Wie sähe Ihre finanzielle Lage ohne Grundeinkommen aus?

Da ich im Jahr vor Alvas Geburt in Teilzeit gearbeitet habe, würde mir das Elterngeld nicht zum Leben reichen. Ich hätte dann wohl zusätzlich Wohngeld beantragen müssen. Und Alva spätestens mit einem Jahr in der Kita eingewöhnen müssen, einfach aus wirtschaftlichen Gründen. Mit meinem Grundeinkommen können mein Freund und ich es uns leisten, insgesamt siebzehn Monate Elternzeit zu nehmen. Und wenn Alva in die Kita kommt, kann sie wenigstens laufen und sich schon ein bisschen verständigen. Ich finde es schon krass, dass sich diesen Luxus sonst fast nur Menschen leisten können mit einer Normalbiografie: verheiratete Eltern, Vater Gutverdiener in Vollzeit, Mutter in Teilzeit. Über das Ehegattensplitting und entsprechende Steuerkonstrukte sind die sehr viel besser gestellt als Menschen, die nicht in dieses Modell passen. Dabei übernehmen wir ja genauso die Verantwortung für ein Kind. Und gleichzeitig ist das traditionelle Modell ja auch nur bedingt gerecht für denjenigen Partner, meistens die Mutter, der die meiste Carearbeit leistet. Trennt sich das Paar, ist das oft der Weg in die Altersarmut der Frau.

Sie haben mir von Ihren Eltern erzählt, Ihr Vater Arbeiter, Ihre Mutter lange Zeit ihres Lebens Hausfrau. Was würden die sagen: Ist die Gesellschaft als Ganzes eher gerecht oder eher ungerecht?
Durchwachsen. Einerseits haben sie ganz stark diesen Gedanken verinnerlicht, dass Fleiß sich auszahlt und dass man sich schämen müsste, würde man Grundsicherung beantragen. Auch wenn meine Mutter heute eine Rente unterhalb des Bürgergeld-Niveaus bekommt, denn sie war nach der Geburt ihrer Kinder erst lange gar nicht, dann nur in Teilzeit beschäftigt – Carearbeit bringt aber weniger Rentenpunkte. Andererseits sehen sie auch Entwicklungen kritisch, etwa hohe Managergehälter oder wenn Menschen rein durch Aktienspekulation reich werden. Mit dem bedingungslosen Grundeinkommen fangen sie aber nicht so viel an. Dabei spüren die Ungerechtigkeiten vor allem Menschen wie ich, die mit ihrem Lebensmodell nicht so ganz ins klassische Raster passen. An die hat der Gesetzgeber nicht gedacht.

Es gibt durchaus Bestrebungen, das zu ändern, auch im Koalitionsvertrag der »Ampel«. Die FDP hat das Projekt »Verantwortungsgemeinschaft« angestoßen, das kurz gefasst bedeutet:[151] Unabhängig von der Art der Beziehung sollen alle Menschen dieselben finanziellen Vorteile erhalten, die füreinander einstehen, ob als Liebespaar, als platonische Freunde oder zum Beispiel in einer polyamoren Konstellation. Aber wie andere Projekte auch steht das Vorhaben derzeit nicht ganz oben auf der Prioritätenliste der Politik.

Während wir uns unterhalten, hat Baby Alva Konkurrenz an ihrem Hüpfpferd bekommen. Ein anderes Mädchen, lange blonde Haare und Spange, greift nach dem zweiten Ohr des Spielzeugtiers. Alva und sie sehen sich lange stumm in die Augen, dann beginnt das andere Kind zu zerren, bis Alva loslässt. Kurz scheint sie unentschlossen, wie sie das finden soll, dann bricht sie in Tränen aus. Ihre Mutter nimmt sie in den Arm: »Ach je, wenn du erst in der Kita bist, wird dir das ständig passieren.« Dann überlegt sie kurz. »Obwohl – du hast ja auch schon mal anderen etwas weggenommen.«

Wenn es das Grundeinkommen für alle gäbe – was glauben Sie, wie die Gesellschaft sich ändern würde?
Ich denke, es würden all die profitieren, die nicht die Normalbio-

grafie haben, ob in privaten Beziehungen oder Karrieren. Gerade für Freiberufler:innen wie mich, im Kreativbereich, würde das Sicherheit bieten. Ein Polster für sich selbst, aber auch zum Beispiel gegenüber Vermieter:innen bei der Wohnungssuche. Wir wissen ja auch nicht, wie sich der Arbeitsmarkt entwickelt, durch Automatisierung, durch KI. Wäre es dann nicht sinnvoller, in vielen Jobs sechs statt acht Stunden am Tag zu arbeiten und mehr Zeit übrig zu haben, zum Beispiel für Kinder? Ich kann mir übrigens auch vorstellen, dass wir unserem Gesundheitssystem viel Geld sparen könnten, wenn weniger Menschen so belastet wären, dass sie drohen, in einen Burnout zu schlittern.

Und noch etwas: Wer heute Sozialleistungen beantragt, wird stark gemaßregelt und kontrolliert. Was, wenn das zu Misstrauen oder gar Hass auf den Staat führt und Menschen diese Einstellung an ihre Kinder weitergeben? Gäbe der Staat stattdessen mehr Geld dafür aus, seine Bürger:innen in Würde leben zu lassen, wäre vielleicht auch das Vertrauen in die Demokratie und staatliche Institutionen größer.

Wir sehen Alva noch ein bisschen beim Rutschen zu, dann verabschiedet sich Sarah Bäcker, um Umzugskisten zu packen. Denn nach einem Jahr werden sie und ihr Freund nun doch noch zusammenziehen, eine Vernunftentscheidung, die das gemeinsame Elternsein leichter macht.

Ein neuer Tag, ein anderer Gesprächspartner. Neben dem radikalen Vorschlag für einen Umbau des Sozialsystems – mit allen Pro- und Contra-Argumenten – gibt es weitere Ansätze, wie man dem latenten Ungerechtigkeitsgefühl beikommen könnte. Deshalb haben wir uns noch mit einem Mann verabredet, in einem Café mit dem schönen Namen »Populus« in Kreuzberg. Es ist Yannick Haan, Aktivist, Politiker und Autor.

Haan ist in einer komfortablen Situation, denn er hat geerbt und kann in Berlin deshalb mietfrei wohnen, in einer Eigentumswohnung. Auch wenn er nicht zu den oberen zwei Prozent der Hochvermögenden gehört, macht ihn sein Immobilienbesitz schon deutlich reicher als den bundesdeutschen Durchschnitt, das kann er selbst vorrechnen. Das ererbte Vermögen beträgt in Westdeutschland 92.000, in Ostdeutschland 53.000 Euro. Und während das reichste Fünftel der Bevölkerung im Schnitt 145.000 Euro erbt, erwarten im ärmsten Fünftel nur zwei Prozent ein Erbe von durchschnittlich 10.000 Euro.[152] Aber der finanzielle Vorteil bereitet Yannick Haan auch ziemliches Unbehagen. So groß, dass er ein Buch geschrieben hat: »Enterbt uns doch endlich!«[153]

Das klingt provokanter, als es gemeint ist. Denn es geht ihm nicht um eine flächendeckende Enteignung im sozialistischen Sinn. Sein Ziel wäre ein Grunderbe für junge Menschen, finanziert aus höheren Steuern für höhere Erbschaften. Das könnte nach seiner Ansicht dafür sorgen, dass alle gerechtere Startchancen hätten. »Schon mit 20.000 Euro wäre vielen sehr geholfen, mutigere Entscheidungen zu treffen, sich eine bessere Ausbildung zu finanzieren, ins Ausland zu gehen, im Berufsleben mal was zu wagen, etwa eine Unternehmensgründung. Dazu müssten lediglich einige Hochvermögende ein paar Prozent mehr Erbschaftssteuer zahlen. Verschiedene Institute haben durchgerechnet: Schon bei einem moderaten Anstieg der Erbschaftssteuer auf etwa fünf Prozent ließe sich das durchfinanzieren«, rechnet er vor. Das wären etwa doppelt so viel wie die durchschnittlich 2,7 Prozent, die laut dem Institut für Steuergerechtigkeit derzeit real gezahlt werden.

Aber ist es wirklich gerecht, wenn Erb:innen Geld noch einmal versteuern müssen, von dem bereits die früheren Besitzer einen Teil ans Finanzamt haben abzweigen müssen? Bei diesem Argument kann Haan sich aufregen: »Steuern werden ja nicht auf einzelne Geldscheine fällig, sondern auf Transaktionen, sonst dürften wir hier auch auf unseren Kaffee keine Mehrwertsteuer zahlen, nur weil das Geld in unserem Portemonnaie nach Abzug unserer Einkommenssteuern übrig bleibt. Wie kann man es als gerecht empfinden, dass eine Krankenschwester von ihrem hart verdienten Einkommen zwanzig bis dreißig Prozent an den Staat abgeben muss, jemand wie ich aber fast nichts von dem, was ihm ohne jede Anstrengung in den Schoß fällt – auch dank der hohen Freibeträge, die aber nur für enge Familienmitglieder gelten? Das widerspricht doch auch dem eigentlich klassisch liberalen Leistungsgedanken.«

Diese Überzeugung scheint aber bei der Mehrheit nicht anzukommen – das Thema steht nicht oben auf der politischen Agenda, obwohl doch das Ungerechtigkeitsgefühl insgesamt verbreitet ist. Gehen Haans Ideen am allgemeinen Konsens vorbei? Er selbst glaubt: »Dass so wenig über Erbschaftssteuern gesprochen wird, liegt vor allem an ökonomischem Unwissen. Die wenigsten verstehen, dass beim Erbe Vermögen massiv von der Mitte nach oben umverteilt wird. Das wird medial ungenügend transportiert, weil man bei dem Thema eher an Omas kleines Häuschen denkt – das sich aber bei den hohen Freibeträgen ja oft fast steuerfrei weitergeben lässt. Das ist nicht das Problem. Und es hat mit vielen Themen zu tun, die gesellschaftlich tabuisiert werden – Geld, Sterben, Familienbeziehungen.«

Dazu kommt seinem Eindruck nach: »Die Gesellschaft erfüllt ihr Aufstiegsversprechen nicht mehr, aber viele haben das noch nicht richtig mitbekommen. Je älter die Leute sind, desto weniger sind sie bereit, etwas abzugeben. Sicher auch, weil sie selbst in einer Zeit aufgewachsen sind, in der das Versprechen der Leistungsgerechtigkeit noch eher erfüllt wurde. Daraus folgern sie: Jeder Mensch kann alles schaffen, wenn er sich nur genügend anstrengt, das ist uns ja auch gelungen. Aber in den Sechziger-, Siebzigerjahren konnte man sich auch noch allein durch Fleiß ein eigenes Haus finanzieren.«

Letzte Frage: Wenn es das Grunderbe tatsächlich gäbe, staatlich finanziert, für jede:n Bundesbürger:in zum 18. oder 20. Geburtstag – wer garantiert, dass die Empfänger ihr Erbe nicht für ein Auto und eine Weltreise auf den Kopf hauen würden, statt in die eigene Bildung zu investieren? »Niemand. Aber das verlangen wir ja auch nicht von den Menschen, die heute leistungslos große Vermögen übertragen bekommen. Wenn die Startchancen etwas ähnlicher wären, läge es eben mehr in der Eigenverantwortung von Menschen, etwas daraus zu machen.«

Man muss nicht jedes Argument teilen, das Vertreter:innen von Umverteilungskonzepten wie Micha Bohmeyer oder Yannick Haan in den Raum stellen. So gibt es eine Reihe von Kritikpunkten speziell am bedingungslosen Grundeinkommen: dass es nicht finanzierbar ist, dem Wirtschaftsstandort schadet, neue Ungleichheiten schafft, unterschiedliche Auswirkungen auf Menschen verschiedener Bildungsgrade haben könnte.

Allein diese Debatte, könnte ein ganzes Buch füllen – die wir hier nicht in ganzer Breite darstellen können. Aber eines ist bei diesen Ansätzen wirklich bedenkenswert: der Zusammenhang zwischen finanzieller Sicherheit, Selbstwirksamkeit, Vertrauen in demokratische Prozesse und damit auch der Bereitschaft, sich einzubringen, wählen zu gehen oder sogar mitzugestalten. Haan betont: »Es sollte kein Luxus sein, politisch aktiv zu sein! Aber die Weichen werden früh gestellt: Wenn man im Studium drei Jobs machen muss, um über die Runden zu kommen, oder wenn man früh ins Arbeitsleben startet, hat man meist keine Zeit, sich in einer der Jugendorganisationen der Parteien einzubringen. Aber dort werden die Wurzeln für Karrieren gelegt. Wäre ich Krankenpfleger oder Facharbeiter am Band oder alleinerziehender Elternteil, könnte ich nicht abends an Sitzungen teilnehmen.«

Allgemeiner gefasst: Wenn dem Sprichwort zufolge Zeit Geld ist, dann kann Geld auch Zeit bedeuten – Zeit, die, zumindest im besten Fall, auch der Allgemeinheit zugutekommen könnte. Diesen Zusammenhang haben wir bereits in unserem Kapitel über Solidarität und Hilfsbereitschaft gesehen: Dass der typische Ehrenamtler weiß, männlich und gut verdienend ist, zeigt es exemplarisch.

Dagegen mündet ökonomischer Frust eben auch oft in Politikverdrossenheit – das klang an, als es um das Institutionenvertrauen ging. Yannick Haan sagt es so: »Man sieht ja jetzt schon, wie viele sich von der Demokratie abwenden und nicht mehr wählen gehen. Dann werden Parteiprogramme nur noch für zwei Drittel gemacht, weil man einfach akzeptiert, dass man ein Drittel komplett verloren hat. Immer mehr Leute verabschieden sich aus Entscheidungsprozessen, weil sie den Eindruck haben, dass ihre Lebenswirklichkeit nicht mehr wahrgenommen wird.« Ungerechtigkeit ist also nicht zuletzt auch eine Bedrohung für die Demokratie – jedenfalls wenn sie ein bestimmtes Maß übersteigt.

Was wir aus den Begegnungen in Berlin, den Gesprächen und Auswertungen mitgenommen haben? Vor allem diese Gedanken:

- Bildungschancen allein sind, mathematisch gesprochen, eine notwendige, aber nicht hinreichende Bedingung für soziale Teilhabe sowie beruflichen und finanziellen Erfolg. Mindestens so wichtig könnte sein, mit welchem Mindset gerade Kinder und Jugendliche aufwachsen.

- Der Generationenvertrag – die Elterngeneration kümmert sich um Wohlergehen, Existenzsicherung und Bildung der Jüngeren, diese kümmern sich später um die Alten – ist in vieler Hinsicht brüchig. Das liegt zum einen an der veränderten Altersstruktur der Bevölkerung, die eine Unwucht in das umlagenfinanzierte System der gesetzlichen Rente bringt. Zum anderen an Veränderungen am Arbeitsmarkt (Automatisierung/Digitalisierung einerseits, Fachkräftemangel andererseits), deren Folgen noch nicht absehbar sind, sowie in der Gestaltung privater Lebensverhältnisse (höhere Scheidungsraten, mehr alternative Familienmodelle). Um diesen Umwälzungen gerecht zu werden, braucht es unkonventionelle Denkansätze. Deshalb sind Ideen wie etwa das bedingungslose Grundeinkommen oder neue, rechtlich abgesicherte Verantwortungsgemeinschaften willkommene Diskussionsbeiträge.

- Finanzielle Gerechtigkeit bedeutet vor allem Gerechtigkeit bei jenen Ressourcen, die man nicht kaufen kann: Zeit, Gesundheit, Optimismus, Engagement. Ein Vertrauensvorschuss des Staates könnte helfen, neue Aufstiegschancen, soziale Durchlässigkeit und aktivere Teilhabe an der Politik zu fördern – etwa durch Maßnahmen wie ein Grunderbe. Allerdings ist nicht erwiesen, dass diese Annahme wirklich Bestand hat.

Mit dieser Frage wollen wir uns im nächsten und letzten Kapitel beschäftigen: Wie gelingt es, neue Formen politischer Beteiligung zu schaffen – so niedrigschwellig wie attraktiv –, die ein Gefühl der Selbstwirksamkeit schaffen und den Gemeinsinn stärken? Und was können sie ausrichten gegen grassierende Politikverdrossenheit?

KURZ GESAGT

Unser Thema: Wie gerecht Menschen die Gesellschaft wahrnehmen, ist nicht rein objektiv, sondern hat viel mit dem eigenen Background und den eigenen Erfahrungen zu tun sowie der politischen Einstellung. Die Spreizung von Vermögen und Gehältern ist dennoch ein objektives Problem, vor allem weil es politischen Frust und Apathie befördert.

Unser Fall: Wir sprechen mit der Teilnehmerin eines Modellversuchs zum bedingungslosen Grundeinkommen in Berlin und dem Initiator des Projekts sowie mit einem Erben, der sich politisch für eine höhere Erbschaftssteuer und ein gemeinschaftlich finanziertes Grunderbe für alle einsetzt.

Unsere wichtigste Erkenntnis: Das jeweils verfügbare Einkommen beeinflusst nicht nur das Lebensniveau, sondern bestimmt auch politische Einstellungen, ein optimistisches oder pessimistisches Welt- und Menschenbild sowie die Möglichkeit und den Willen, sich politisch und gesellschaftlich einzubringen.

★ **Ort: Ludwigsfelde**

Landkreis: Teltow-Fläming

Bundesland: Brandenburg

Einwohner:innen: 27.000

KAPITEL 9

Teilhabe gestalten, Politik erklären

Unsere Reise endet geografisch nicht weit entfernt von dort, wo wir aufgebrochen sind: in *Ludwigsfelde, Brandenburg,* und *Leupoldsgrün, Oberfranken/ Bayern.* Die zwei Orte haben sich vor Kurzem an einem innovativen Demokratieprojekt beteiligt und Bürgerräte gebildet, als Ergänzung zur örtlichen Verwaltung. Das geht nicht ohne Konflikte ab, aber es erhöht Transparenz und Verständnis für politische Prozesse. Dass so etwas auch noch niedrigschwelliger funktioniert, zeigt ein Ansatz aus Baden-Württemberg.

Es ist eine kleine Welt. »Piccolo Mondo« heißt die Pizzeria, drinnen sind die Holztische mit rot-weiß kariertem Stoff gedeckt. Draußen blühen Oleandersträuche in großen Töpfen, durch die regennasse Fensterfront geht der Blick auf das moderne, halb runde Rathausgebäude mit der Stadtbibliothek. Mit drei Männern haben wir uns verabredet, zwei sind gekommen.

»Eigentlich bin ich ja politikverdrossen«, sagt Rocco Parlow, Barfußschuhe an den Füßen, Shirt mit dem Logo seines Arbeitgebers, auf dem Ärmel steht der Slogan »Wir sind 1«. Wirtschaftsingenieur ist er, alleinerziehender Vater von zwei halbwüchsigen Kindern, außerdem ehrenamtlich aktiv im Katastrophenschutz und als Rettungsschwimmer. Wenn er Jugendliche auf den Straßen von Ludwigsfelde trifft, grüßen ihn die meisten: »Ich habe hier fast allen Kindern irgendwann das Schwimmen beigebracht.«

Über Eck sitzt Martin Schreiber. Ampelmännchen-Shirt, gelernter Industriemechaniker, verheiratet, ein kleiner Sohn. In den vergangenen Monaten hat er viel Zeit auf der Baustelle seines neuen Einfamilienhauses verbracht, überall selbst mit angepackt. »Ich habe mich in den letzten Jahren viel mit Politik beschäftigt«, sagt er. »Und ich mache mir Sorgen,

dass alles immer schlimmer wird.« Alles? »Na, nennen Sie mir mal irgendeinen Bereich, in dem es in den letzten zwanzig Jahren eine gute Entwicklung gegeben hat!« Direkt korrupt seien Politiker nicht, aber doch zu sehr von Interessen geleitet: »Lobbyismus, das ist das größte Problem.«

Zwei Männer von hier, die in einem breiten Berliner Tonfall reden, den man innerhalb der Hauptstadtgrenzen kaum noch hört. Ick, wa, nüscht. Rund eine halbe Stunde Fahrzeit vom Berliner Hauptbahnhof entfernt, in Brandenburg, ist er noch zu Hause. In Ludwigsfelde, einer knapp 30.000 Einwohner zählenden Industriestadt im südlichen Speckgürtel.

Die Stadtgeschichte ist kurz und nicht durchgehend rühmlich. Viele der gepflegten Einfamilienhaussiedlungen im Zentrum stammen noch aus den Dreißigerjahren, als der Daimler-Konzern hier Flugzeugmotoren für die Kriegsindustrie baute. Auch zu DDR-Zeiten blieb Ludwigsfelde Industriestandort, nun für Nutzfahrzeuge und Roller, von denen einige Exemplare im Technik- und Heimatmuseum neben dem Bahnhof ausgestellt sind. Die Abwicklung der DDR-Industrie nach 1989 traf die Stadt hart, aber nicht ganz so hart wie andere Regionen Ostdeutschlands; manche Arbeitsplätze blieben erhalten, andere wurden neu geschaffen.

»DIESELBEN JOBS WERDEN SCHLECHTER BEZAHLT ALS IN STUTTGART«

Heute steht Ludwigsfelde recht gut da, mit wachsender Bevölkerung und geringer Arbeitslosigkeit, aber dennoch ziehen viele junge Talente weg, zu Porsche nach Stuttgart, zu Airbus nach Hamburg: »Dieselben Jobs werden hier immer noch schlechter bezahlt als in Westdeutschland, die Preise für Lebensmittel oder Miete sind hier aber fast genauso hoch«, erklärt Rocco Parlow. Ein Thema, das auch Martin Schreiber umtreibt: »Ich musste jahrelang um einen festen Anstellungsvertrag kämpfen, so hat man doch keine Planungssicherheit für sein Leben! Ich wünsche mir wirklich, dass mein Sohn es eines Tages besser hat.«

Mehrere Jahre hat er in der Schweiz gearbeitet. Seit seiner Rückkehr, sagt Schreiber, hat sich sein Blick auf Deutschland und die eigene Heimatstadt verändert: »Ich sehe jetzt vieles klarer, was hier falsch läuft. So wie wenn man einen Schritt zurücktritt, um ein großes Bild im Ganzen zu sehen. Vor jeder Wahl predigen die immer gleichen vier, fünf Parteien, dass sie das Beste für ihr Volk wollen. Aber dann passiert nichts!«

Harte Worte. Man könnte auf die Idee kommen: Hier sitzen zwei Männer, die am politischen System zweifeln, vielleicht nicht mehr wählen gehen, aus Prinzip dagegen sind. Doch dieser Eindruck täuscht. Kennengelernt haben sich die beiden bei einem urdemokratischen Projekt, das 2022 ursprünglich an zehn, später nur noch an neun Orten in ganz Deutschland über die Bühne ging: die Bildung eines »Zukunftsrates«, zusammengesetzt jeweils aus einem Querschnitt der jeweiligen Bevölkerung.

Zukunftsräte – oder Bürgerräte – sind in den letzten Jahren in Mode gekommen, als zusätzliches Instrument für Bürgerbeteiligung und Partizipation, etwa beim Thema Klima.[154] Die lokalen Zukunftsräte waren angetreten, um sich Gedanken zu machen: Wie kann unsere Gemeinde zukunftsfähig werden? Was sind drängende Probleme vor Ort? Was sollte die Lokalpolitik als Nächstes anpacken, für den Klima- und Naturschutz, fürs bessere Zusammenleben vor Ort, für die Jugend, für ein schöneres Ortsbild? Kein Gremium, das auf Dauer tagen oder gar die Stadtverordneten ersetzen soll. Eher ein Impuls aus der Zivilgesellschaft in die Politik für neue Anstöße und konkrete Themen.

Los, Land! – darin steckt eine Aufforderung

Dahinter steht ein Projekt namens »Losland«, ins Leben gerufen vom Verein »Mehr Demokratie« und dem Research Institute for Sustainability (RIFS) Potsdam, gefördert von der Bundeszentrale für Politische Bildung. Ein doppeldeutiger Name: Das »Los« darin steht einerseits für das Losverfahren, mit dem unter allen Bewerber:innen je nach Ortsgröße die Teilnehmenden ausgewählt wurden. Andererseits lässt es sich als Imperativ lesen: Los, Land! Ein Aufruf, dem in Ludwigsfelde zahlreiche Bewerbungen folgten. Aus unterschiedlichen Motiven.

Denn eigentlich, das sagen beide Männer im »Piccolo Mondo«, haben sie es nicht so mit der aktiven Politik. »Ich bin Ehrenamtler, man kennt mich am Ort, ich möchte mich politisch neutral verhalten«, erklärt Rocco Parlow. Außerdem gäbe es keine Partei, mit der er sich genügend identifizieren könne. Einmal, Ende der Nullerjahre, hat er sich auf die Liste der Linken setzen lassen, weil er wusste: Sein Name zieht Stimmen. Wichtig bei einer Wahl, als eine rechte Strömung aus einem Nachbarlandkreis in Ludwigsfelde um Wählerstimmen warb. Die Rechnung ging auf, fast zu gut: »Ich wäre beinahe gewählt worden, obwohl ich das gar nicht wollte!« Martin Schreiber kann sich gar nicht vorstellen, in die aktive Politik zu gehen: »Macht korrumpiert, dem möchte ich mich nicht aussetzen.«

Aber für den Zukunftsrat, da haben sie sich beworben. Bei Parlow war's eine Portion Lokalpatriotismus, die den Ausschlag gab. »Ich habe mir die Landkarte angeschaut mit den beteiligten Gemeinden und im Osten war mal wieder alles leer. Ein Ort in der Lausitz hat frühzeitig abgebrochen. Ich dachte, das kann ja wohl nicht sein. Das müssen wir doch hinkriegen.« Schreiber wiederum hatte in der Schweiz Gefallen gefunden an direkter Demokratie in Form von Volksabstimmungen.

Die Themen: Mülleimer, Parkbänke, Freibad

Und so fanden sie sich einige Zeit später bei einem Wochenendworkshop wieder, gemeinsam mit zehn weiteren Frauen und Männern von Anfang dreißig bis über achtzig, um über das Thema »Zukunftsfähigkeit« zu reden, jede:r aus der eigenen Perspektive. Und über all das, was ihnen an ihrem Ort missfiel. Die Schlaglöcher der Durchgangsstraße, fehlende Mülleimer und teils kaputte Parkbänke. Verkehrsanbindung, Rufbussystem, Funknetze. Den Wunsch nach einem neuen Freibad und weniger Lärm von Flugzeugen im Landeanflug auf den BER-Airport weiter im Osten.

Die Liste war lang. Über die Frage »Wie wird Ludwigsfelde enkeltauglich?« setzte sich die Runde immer wieder hinweg. »Mit dieser Aufgabenstellung konnten wir nicht viel anfangen«, sagt Rocco Parlow. Und es gab so viele dringende Themen.

Als sie einige Monate später im Clubhaus der Stadt zum öffentlichen »Zukunftsforum« einluden, mit Vertreter:innen der Stadt und offen für alle Einwohner:innen Ludwigsfeldes, kamen genau sechs Zuschauer:innen. Dafür war draußen auf der Straße um so mehr los, erinnert sich der Ortsbürgermeister Andreas Igel bei einem Telefongespräch: »Das war die Zeit der Montagsdemonstrationen, die sich in Protestläufe gegen die Corona-Maßnahmen der Bundesregierung verwandelt hatten. Da saßen wir also im Clubhaus mit einem Grüppchen von Leuten, die ernsthaft über die Zukunft diskutieren wollten, und draußen liefen Leute mit Kerzen vorbei und signalisierten: Zukunft findet hier nicht statt. Eine abstruse Situation, aber auch ein Signal an die, die drinnen waren: Wir stehen gemeinsam auf der richtigen Seite.«

Aber ganz so harmonisch blieb es nicht.

Mehr politisches Interesse führt nicht immer zu mehr Demokratie

Insgesamt ist Politik in den letzten Jahren wieder mehr zum Thema geworden, auch bei Jüngeren.[155] Das ist allerdings nur teilweise eine gute Nachricht. Bei schwankender Wahlbeteiligung – minimal mehr Stimmen bei der letzten Bundestagswahl, dafür tendenziell weniger auf Landesebene – ist zugleich die Bereitschaft zur Fundamentalopposition gewachsen, vor allem im rechten und verschwörungsideologischen Milieu. Eine Studie der Uni Leipzig kommt insbesondere für die neuen Bundesländer zu erschreckenden Befunden. In Ostdeutschland wünschten sich viele Menschen eben nicht mehr demokratische Teilhabe und Sicherung der Grundrechte, sondern sehnten sich nach der scheinbaren Sicherheit einer autoritären Staatlichkeit. Zwei Drittel halten es für sinnlos, sich politisch zu engagieren, kaum jemand glaubt, einen Einfluss auf die Regierung zu haben.[156]

Das heißt nicht, dass all diese Menschen sich nicht informieren – allerdings nutzen sie oft wenig seriöse Quellen. Wissenschaftler:innen verweisen darauf, dass gerade Debatten in Online-Foren häufig von populistischen Akteur:innen bestimmt werden, deren Agenda der Demokratie eher nicht zuträglich ist.[157] Bedenklich in diesem Zusammenhang: Der Konsum seriös recherchierter Nachrichten spielt nur noch für etwas mehr als die Hälfte aller Bürger:innen (57 Prozent) eine Rolle,[158] was an einer gewissen Krisenmüdigkeit liegen kann, aber auch ein Indikator für mangelndes Medienvertrauen sein könnte.

Und die Bereitschaft, für ein Thema »auf die Straße zu gehen«, ist ebenfalls nicht zwingend ein Indikator für demokratische Gesinnung. Das zeigen nicht nur anekdotische Beispiele wie das aus Ludwigsfelde. Ein Forscher:innenteam teilt Teilnehmende an Demonstrationen auf Basis etwas älterer Daten in zwei Cluster jenseits von politischen Lagern wie rechts und links: Die »zuversichtlichen Kritiker« (etwa beim Protest gegen G20 und TTIP/CETA) und die »enttäuschten Kritiker (Pegida, Friedensmahnwachen etc.).[159] Neuere Protestformen wie die der »Klimakleber« sind darin noch nicht enthalten, aber auch diese lassen sich zuordnen. Wer sich auf die Straße klebt, um gegen den Klimawandel unter anderem 9-Euro-Tickets durchzusetzen, kann den Glauben an eine bessere Zukunft noch nicht verloren haben. Dabei ist die Protestform zu recht umstritten, weil sie auf Nötigung beruht und weil sie unter Umständen Dritte gefährdet.

Der Gendergap betrifft auch die Politik

Bei klassischen Formen politischer und gesellschaftlicher Partizipation lassen sich bestimmte Tendenzen feststellen. Generell interessieren sich mehr Männer als Frauen für Politik (72 gegenüber 65 Prozent),[160] wohl aufgrund unterschiedlicher Sozialisation. Entsprechend gibt es einen »Gendergap« in politischen Diskussionen.[161] Deutlich geringer ist der Anteil derer, die sich aktiv einbringen, wobei auch hier die Männer in der Überzahl sind. Etwa fünf bis sieben Prozent aller Bundesbürger:innen – je nach Erhebung – engagieren sich in Parteien und/oder Bürgerinitiativen. Je niedrigschwelliger und weniger arbeitsintensiv die Beteiligung, desto höher ist die Bereitschaft; bei reinen Unterschriftensammlungen liegt sie beispielsweise bei 40 Prozent.[162] Die Bereitschaft, sich politisch zu engagieren, steigt mit Alter und Bildung, ähnlich wie wir es an verschiedenen Stellen (etwa in Kapitel drei) zum Thema Ehrenamt gesehen haben.[163] Folgerichtig gilt: In Kreisen, Städten oder Stadtvierteln mit ausgeprägter Arbeitslosigkeit und geringerem Bildungsniveau ist die Bereitschaft zum Engagement geringer.[164]

Das geht unter Umständen Hand in Hand mit dem Gefühl mangelnder Repräsentanz, wie wir gerade erst in Kapitel 8 zum Thema Gerechtigkeitsempfinden gesehen haben. In einer E-Mail aus Ludwigsfelde äußert sich ein weiteres ehemaliges Bügerratsmitglied, Sebastian Hellwig: »Wir waren gut 20 Personen, was einerseits eine gute Größe war, auch gut gemischt vom Alter und Geschlecht her, aber nicht vom sozialen Background. Ich würde die Teilnehmerinnen und Teilnehmer so einschätzen, dass sie alle aus der bürgerlichen Mitte stammen, wodurch der Blickwinkel sozial benachteiligter Personen etwas gefehlt hat. Es mag aber sein, dass es schwieriger ist, Personen dieser Gruppe für eine solche Aufgabe zu gewinnen.«

»ICH VERSTEHE ENTSCHEIDUNGEN JETZT BESSER«

Insofern sind die beiden Diskutanten im »Piccolo Mondo«, Rocco Parlow und Martin Schreiber, typische Bürgerratsmitglieder, aber auch typische Vertreter des modernen Homo politicus: mittelalt, männlich, hoch qualifiziert, in guten Jobs. Und ein Projekt wie der »Zukunftsrat« ideal, um sich kurzfristig einzubringen, ohne die Mühen klassischer Parteiarbeit und ohne die Bindung an eine Organisation.

Ihre Bilanz ein halbes Jahr später? Durchwachsen.

Auf der Habenseite steht: die Kommunikation.

»Ich habe besser verstanden, wie Politik funktioniert, warum manche Anliegen komplizierter sind als andere, wie Entscheidungsprozesse funktionieren«, sagt Rocco Parlow. Wenn alle sich über die Gemeinde ärgern, weil die Durchgangsstraße Schlaglöcher hat – dabei ist es eine Landstraße und die Instandhaltung damit Ländersache. Wenn die Bitte nach mehr Straßenmülleimern abgelehnt wird mit dem Argument, dass dann Leute ihren Hausmüll dort entsorgen und es das Problem erst recht nicht löst.

Man muss nicht bei jeder Antwort mitgehen, aber es hilft zu sehen: Es ist keine Nachlässigkeit, kein Desinteresse, wenn Dinge nicht so laufen wie erhofft. Politik ist kein Wunschkonzert, aber wenn klarer ist, wo Hindernisse sind, wie die Agenda aussieht, stärkt es das Vertrauen in die eigenen Vertreter:innen.

Auf der Sollseite: auch die Kommunikation. »Bei unserem Workshop haben wir in anderthalb Tagen Vorschläge ausgearbeitet, von denen wir erst im Nachhinein erfahren haben, dass sie seit anderthalb Jahren auf der Liste der Stadtverordneten stehen«, sagt Martin Schreiber und klingt frustriert. Weil ihnen vorher niemand von der Stadt gesagt hat, wie sie ihre Energie besser hätten dosieren können.

Nicht optimal, das gibt auch Bürgermeister Igel zu. »Wir haben uns Bürgerbeteiligung gewünscht, die dabei hilft abzugleichen: Stimmen die Kriterien für Nachhaltigkeit, die der entsprechende Ausschuss in der Stadtverordnetenversammlung bestimmt hat? Ist es das, was die Bürger wollen? Doch den Mitgliedern des Zukunftsrates waren eigene, dringliche Themen wichtiger, die Fragestellung war ihnen zu theoretisch. So kam aber vor allem eine Bestandsaufnahme der aktuellen Probleme dabei raus.«

Das führte am Ende zu einer Portion Frust und Unverständnis auf beiden Seiten und zu Kompetenzgerangel. Hier die Stadtverordneten, die sich als gewählte Volksvertreter:innen nicht von einer zufällig ausgelosten Gruppe Bürger:innen ins Tagesgeschäft hineinreden lassen wollten. Dort das Zukunftsratsteam, das den Eindruck hatte: Unsere Arbeit wird sofort wieder zerpflückt, Ideen verschwinden in Aktenordnern.

Von allen Eingeladenen kommen nur zwei

»Der Spirit ist ein bisschen verpufft«, sagt Rocco Parlow bedauernd. Das hat sich auch gezeigt, als wir zum Gespräch geladen haben. Als inoffizieller Kopf der Gruppe hat Parlow alle ehemaligen Mitglieder angeschrieben und zum Treffen mit uns gebeten. Am Ende haben sich aber nur zwei Männer angemeldet, von denen einer nicht zum Treffen erschien.

Auf jeden Fall ist noch Luft nach oben, das sagen alle, die wir fragen. Der Bürgermeister findet: »Einige Mitglieder haben uns auch gespiegelt: Wir merken, dass ihr unsere Bedürfnisse auf dem Radar habt und daran arbeitet. Und dass ihr auch Themen auf dem Schirm habt, die sich nicht kurzfristig ändern lassen.« Transparenter werden, die Kommunikation auf allen Kanälen verbessern, vor allem digital, über die Webseite und Social Media, auf diesen Wunsch können sich alle Seiten einigen. Andreas Igel kann sich gut vorstellen, das Projekt Zukunftsrat noch mal zu starten. Aber mit mehr Input vonseiten der Verwaltung und einem klarer festgelegten Thema.

Die Bürgermeisterin sitzt im Homeoffice

290 Kilometer weiter südlich, im Grenzgebiet zwischen Tschechien, Thüringen und Sachsen. So gerade noch auf bayerischem, Pardon: fränkischem Boden liegt Leupoldsgrün. Noch so eine kleine Welt, sogar kleiner als Ludwigsfelde. 1.250 Einwohner:innen hat das Dorf, aber dabei einen eigenen Gemeinderat und eine Bürgermeisterin. Eine bayerische Besonderheit, denn im Freistaat sind auch kleine Kommunen selbstverwaltet. Anders als in ostdeutschen Bundesländern, in denen Kommunalpolitik in größeren Einheiten organisiert ist.

Die Bürgermeisterin Annika Popp ist jung und selbstbewusst, sie sprudelt vor Begeisterung für ihre Gemeinde. Unser Videointerview führt die Mutter zweier Kleinkinder in ihrem heimischen Arbeitszimmer unter der Dachschräge, während Söhnchen Maximilian eine Spielzeugeisenbahn kreisen lässt. Kleine Welt? Das stimmt, aber so abgelegen, wie andere meinen, ist das Dorf nicht. Sondern eigentlich mittendrin, betont Popp: »Wir sind in zweieinhalb, drei Stunden in Berlin, in München, in Frankfurt oder in Prag. Ideale Lage!«

Auch sie hat beim »Losland«-Projekt mitgemacht und findet: In ihrer Gemeinde war die Idee ein durchschlagender Erfolg, der auf Dauer den politischen Spirit in ihrer Gemeinde verändert hat. Sie hat das Projekt zur Chefinnensache gemacht, am Ende sind daraus zwölf Tandems entstanden, jeweils besetzt mit einem Mitglied des ehemaligen Zukunftsrates und einem aus dem Gemeinderat. Die treffen sich jetzt regelmäßig, stimmen sich über Themen ab, die das Dorf bewegen, packen mit an: bei der Renovierung des früheren Dorfladens, der unter neuer Führung wieder eröffnet, bei der insektenfreundlichen Bepflanzung der öffentlichen Grünflächen, bei der Digitalisierung. Da ist man gerade auf der Suche nach der besten Software für eine Marktplatzplattform, zum Beispiel für Mitfahrgelegenheiten in die Kreisstadt Hof.

»WIR SIND EIN STÜCK HEILE WELT«

»Ich kann mir gut vorstellen, so ein Projekt in ein paar Jahren noch einmal zu starten«, erzählt Annika Popp, »denn so engagieren sich auch einmal die Leute, von denen man sonst weniger hört.« Davor, erinnert sie sich, waren es bei Gemeinschaftsaktionen immer wieder dieselben, die die Hand hoben. Jetzt gab es fast dreimal so viele Bewerbungen wie Plätze im Zukunftsrat, gelost wurde nach Quote: Jüngere und Ältere, Männer und Frauen. Die haben jetzt ihren eigenen E-Mail-Verteiler, planen Aktionen, vernetzen die Vereine am Ort. Und jeden Monat berichten die Gemeinderäte, was es Neues gibt aus ihrem Tandem. Projektende? Welches Projektende?

In Leupoldsgrün läuft der Beteiligungsprozess also wie am Schnürchen – das liegt aber auch an den besonderen Umständen, das gibt CSU-Frau Popp unumwunden zu: »Wir sind hier schon ein Stück weit heile Welt.« Ein Ort, in dem fast ausschließlich Eigenheimbesitzer:innen leben, Arbeitslosigkeit und Armut fern sind. Hier fällt niemand so schnell durchs Raster, darum kümmert sich die Ortschefin persönlich: »Wenn jemand neu dazuzieht und ich den Eindruck habe, da braucht jemand Hilfe, dann überlege ich selbst, wer wohnt in der Nachbarschaft, was kann man da organisieren?« Ob es die ukrainische Familie ist, die hier Zuflucht findet, oder die alte Dame, die ihren Hund nicht mehr täglich Gassi führen kann.

»Ich glaube, dass Bürgerräte sehr demokratiefördernd sein können für kleine Kommunen«, erklärt Annika Popp. Der direkte Draht zwischen Bürger:innen und Lokalpolitik ist ein Segen, bedeutet aber für die Volksvertreter:innen auch mehr Arbeit. »Wenn ich gehört habe, dass in anderen Gemeinden fünf Verwaltungsmitarbeiter:innen sich allein mit den Anregungen aus dem Zukunftsrat beschäftigt haben, war ich manchmal fast ein wenig neidisch«, erinnert sie sich. »Andererseits: So passiert eben auch manchmal zu wenig. Dann fasst man einen Grundsatzbeschluss, damit liegt das Thema auf Eis.« Einer der größten Stolpersteine für alternative Formen der Bürgerbeteiligung. Denn wenn ein Grüppchen Engagierter nachträglich den Eindruck hat, seine Arbeit sei folgenlos, kann das Politikverdrossenheit eher verstärken als einhegen.

Entscheidend ist also vor allem das Erwartungsmanagement. Statt unrealistische Hoffnungen zu wecken, sollten Initiativen für Bürgerbeteiligung im Vorfeld klar kommunizieren, welchen Einfluss die Engagierten nehmen können und welchen nicht, wie der eigene Handlungsspielraum ist und der Zeitrahmen.

Neben Bürgerräten gibt es viele Wege, niedrigschwellig die Demokratie zu stärken. Ein anderes Beispiel haben wir in Baden-Württemberg gefunden. Denn auch im vermeintlich problemarmen Musterland im Südwesten haben unsere Pandemiestudien ergeben: Wiesen die Werte für gesellschaftlichen Zusammenhalt bis 2019 fast unverändert hohe Werte auf, sank der Gesamtindex bei der Befragung 2021 rapide um zehn Punkte; zwei Drittel der Befragten gaben an, während der Pandemie seien Konflikte zwischen verschiedenen Bevölkerungsgruppen größer geworden. Der Anteil derer, die sich in keiner Form politisch engagieren, ist zwischen 2019 und 2022 um rund zwölf Prozentpunkte gewachsen (von 35,6 auf 47,8 Prozent), das generelle Desinteresse an Politik ebenfalls (überhaupt nicht oder wenig interessiert an politischen Themen waren jetzt 24,2 im Gegensatz zu 16,1 Prozent).

»WIR UNTERSTÜTZEN ANDERE DABEI, SICH ZU ENGAGIEREN«

Manche Beteiligungsprojekte im selbst ernannten »The Länd« reichen schon in die Zeit vor der Pandemie zurück. Allen voran die »Nachbarschaftsgespräche«, angesiedelt zwischen Ehrenamt und Bürgerbeteiligung. Eines davon zeigt, wie sich über private Initiative Zusammenhalt organisieren lässt und wie diese zu einem Kanal in die Politik werden kann.

Deshalb sind wir am Ende noch verabredet zu einem Videocall mit einem engagierten Rentner im schwäbischen Reutlingen,

Entstanden ist die Idee zu »Hallo Nachbarn«[165] – so der lokale Name der »Nachbarschaftsgespräche« – in einem Reutlinger Wohngebiet mit etwa 15.000 Menschen. Faktisch besteht es aus zwei kleinen Welten, einer gutbürgerlichen und einer, die Initiator Otto Haug als »kleinen sozialen Brennpunkt« bezeichnet. Ein Viertel, in dem es mehr Bewohner:innen mit migrantischem Hintergrund, mehr Armut, mehr Bildungsferne gibt, in dem die meisten Familien in ehemaligen Kasernen-Häuserblocks leben statt im Eigenheim mit Garten.

Schon 2015 machte sich eine Gruppe der evangelischen Kirchengemeinde Gedanken, wie der Zusammenhalt im Viertel sich verbessern und die Bürgerbeteiligung steigen könnte.

Otto Haug, langjähriger Vorsitzender des baden-württembergischen Arbeitskreises »Christen in der SPD«, erinnert sich: »Wir wollten nicht selbst ehrenamtlich tätig werden, sondern andere ermutigen, aktiv zu werden mit etwas, das sie schon immer machen wollten. Und sie dabei unterstützen, das mit anderen auf die Beine zu stellen.«

So entstanden unter dem Label »lebenswert« auf einen Schlag mehrere Zusammenschlüsse, etwa ein Männer- und ein Frauenstammtisch sowie eine Fotogruppe. Über die Jahre wuchs die Bewegung auf fünfzig Gruppen und Kooperativen an. »Doch die hatten einen kleinen Schönheitsfehler«, sagt Haug. »An die Bewohner der alten Kasernen kamen wir nicht richtig ran.« Eine Mischung aus Sprachbarrieren, Berührungsängsten und kulturellen Differenzen – von Angeboten wie »Liederkreis Fahrtenlieder« und Wandergruppe fühlte sich dort kaum jemand angesprochen. Und so blieben die Gruppen sehr homogen, die Alteingesessenen unter sich, in ihrem gewohnten Milieu.

»WENN WIR ANFANGEN ZU GÄRTNERN, KOMMEN DIE LEUTE VON SELBST«

Daher startete das Orgateam gemeinsam mit Vertreter:innen der Stadt Reutlingen einen neuen, inklusiveren Versuch. »Wir haben 1.100 Familien mit Kindern in dem Gebiet angeschrieben und zu einem großen Treffen eingeladen, weil wir wissen wollten: Was braucht ihr, wie könntet ihr euch einbringen?« Der Start war coronabedingt mühsam, weil analoge Treffen ausfielen, Feste wieder abgesagt werden mussten. Aber der Kontakt war hergestellt, wenn auch zunächst nur auf kleiner Flamme und digital. »Es kamen ganz andere Leute als zu den ›lebenswert‹-Treffen«, erzählt Otto Haug sichtlich erfreut, »mehr Migranten, Menschen aus anderen Lebenswelten.«

Mit etwas Verzögerung kam das Projekt schließlich doch noch in die Gänge, nach dem gleichen Muster: Andere darin zu unterstützen, selbst aktiv zu werden. Eine halbe Projektstelle wurde geschaffen und die ersten Projekte sind angelaufen. Etwa das »Offene Ohr«, eine Gesprächsinitiative, die vor den Supermärkten zum Erzählen einlädt. Eine Frau aus einer Geflüchtetenfamilie wird demnächst Nähkurse anbieten und auf den Grünflächen zwischen den Wohnblocks wollen Otto Haug und seine Mitstreiter:innen öffentliche Gärten anlegen. Denn beim gemeinsamen Säen, Jäten und Ernten haben alle Herkunftskulturen Schnittmengen, hofft Haug: »Viele sind aus ihrer Heimat gewohnt, einen Garten zu haben. Wenn wir einfach anfangen, dann kommen die Menschen von selbst und machen mit.« Und ziehen bestenfalls andere mit, die sich dann auch eher willkommen fühlen. Gerade hat ein neues Nachbarschaftsbüro für alle eröffnet und das Hallo-Nachbarn-Team verteilt bei jeder Gelegenheit Gutscheine: Kommt vorbei, trinkt einen Kaffee, erzählt uns, was euch gerade umtreibt.

Orte für Begegnung zu schaffen, ist aber auch ein politisches Thema, das geht nicht nur im Selfmade-Modus. Und so hat sich die Gruppe im Gemeinderat Verbündete gesucht, in allen demokratischen Fraktionen. Wenn demnächst im Kasernenviertel Neubauten entstehen, steht auch ein Quartierszentrum mit in der Ausschreibung, mit Räumen für ein Begegnungscafé. »Wir haben hier keinerlei Gastronomie, keine Treffpunkte außer Aldi und Lidl«, sagt Otto Haug. »Das muss sich ändern. Unser Motto ist: Wir schaffen Beziehungswohlstand.«

Last, but not least eröffnet die Initiative auch einen Kanal hinein in die aktive Politik, ähnlich wie ein Bürgerrat. Geplant ist, regelmäßig Vertreter:innen der Gemeinde zum Gespräch mit Einwohner:innen des Quartiers einzuladen. Die Richtung umzukehren, die Schwelle niedriger anzusetzen. Denn es ist leichter, wenn jemand zum Zuhören kommt, als wenn Menschen sich selbst auf den Weg machen müssen in die Abgeordnetensprechstunde. Bei all dem nutzt Otto Haug auch seine Kontakte aus politisch aktiven Zeiten. Dass demnächst eine Staatssekretärin aus dem Ministerium für Arbeit und Soziales zu Besuch ins Quartier kommt, gemeinsam mit dem Reutlinger Oberbürgermeister, hat auch mit dem kurzen Dienstweg zu tun. Einen Plan hat Haug schon und lacht freundlich: »Wir werden ihr einen Denkzettel mitgeben!« Und das ist ganz wörtlich gemeint: eine Liste mit Punkten, die allen Menschen im Quartier am Herzen liegen.

So sind wir am Ende unserer Deutschlandreise wieder bei den Themen angelangt, mit denen wir begonnen haben: bessere Kommunikation, soziale Netze – und der Wunsch nach einem Ort, an dem alle gemeinsam Kaffee trinken können.

Klar, eine Espressomaschine und ein Raum mit ein paar Sitzgelegenheiten allein reichen nicht, damit Deutschlands postmigrantische, plurale Gesellschaft neu zusammenwächst, eine andere Diskussionskultur entwickelt, mehr Empathie und Bereitschaft zum Zuhören, Vertrauen in die eigene Gestaltungsmöglichkeit.

Aber es ist ein Anfang. 

KURZ GESAGT

Unser Thema: Neue Formen von Bürger:innenbeteiligung tun not in einer Zeit, in der einerseits Engagement projektorientierter wird und andererseits Politikverdrossenheit zunimmt. Bürgerräte und ähnliche Formate können einen zusätzlichen Kanal zwischen Politik und Zivilgesellschaft schaffen.

Unser Fall: Wir sprechen mit Mitgliedern zweier ehemaliger Bürgerräte über ihre verschiedenen Erfahrungen: im brandenburgischen Ludwigsfelde und im fränkischen Leupoldsgrün, und mit dem Initiator eines Nachbarschaftsgespräche-Projekts in Baden-Württemberg.

Unsere wichtigste Erkenntnis: Niedrigschwellige Formate eignen sich dann, wenn transparent über den Gesamtprozess kommuniziert wird und die Möglichkeiten und Grenzen der eigenen Handlungsmöglichkeiten klar benannt werden. In kleineren, überschaubaren und homogenen Einheiten ist das einfacher.

UND NUN? EIN REISEFÜHRER FÜR DIE ZUKUNFT

Wir sind am Ziel unserer Reise. Oder geht es erst los?

Oft hatten wir während unserer Recherchen das Bild des halb vollen oder halb leeren Glases vor Augen.

Denn ja: Es gibt berechtigte Gründe, sorgenvoll in die Zukunft zu sehen. Errungenschaften wie Demokratie, respektvoller Diskurs, die Ächtung von Gewalt in der Zivilgesellschaft, grundlegende soziale Gerechtigkeit – nichts davon ist so selbstverständlich, dass wir es nicht stets neu verteidigen müssten.

Als Autorin, als Autor haben wir oft innerlich den Vergleich mit der Welt unserer Kindheit gezogen. Das Leben in den Siebziger-, Achtzigerjahren war mit Sicherheit nicht durchgehend besser – aber übersichtlicher war es schon: in Orten, in denen dieselben paar Nachnamen ganze Spalten im Telefonbuch füllten, in städtischen Grundschulklassen selbstverständlich die Kinder des Hausmeisters neben denen der Ärztin saßen. Und Bildungsaufstieg noch ein erfüllbares Versprechen war, sodass am Ende die Mehrheit in ganz ähnlichen Reihenhäusern lebte.

Viele dieser Gewissheiten sind längst verschwunden. Manches, das einst in Stein gemeißelt schien, ist heute zu einem bestimmten Grad Verhandlungssache, von der Familienform bis hin zu Religion und Geschlechtsidentität. Und die gewonnene Freiheit kann auch zur Last werden, denn wo es mehr Optionen gibt, wachsen der Entscheidungsdruck und die Eigenverantwortung. Das Tempo der Transformation lässt eine:n schon manchmal schwindlig werden – und so ging es ja auch einigen Gesprächspartner:innen, vor allem den mittelalten (wie uns) und älteren.

Allerdings haben wir viele Aufbruchsgeschichten gesammelt, die Mut und Hoffnung machen. Am Ende sind es oft Einzelne, die von Dorf zu Dorf oder Stadt zu Stadt für den entscheidenden Unterschied sorgen, für Optimismus statt Resignation, für Lösungsorientierung statt Verdrossenheit.

Aber es braucht auch andere, innovative Strukturen, die solches fördern. Das Thema ist zu wichtig, um es dem Zufall zu überlassen. Immerhin gibt es heute ein Problembewusstsein an vielen Stellen der Gesellschaft, wo man früher nicht so genau hinschaute. Etwa dafür, dass beispielsweise in Parlamenten und Institutionen zu viele Menschen sitzen wie wir, also Verena Carl und Kai Unzicker. Mittelalt, weiß, akademisch gebildet, hetero. Weil wir damit überrepräsentiert sind und andere Gruppen unterrepräsentiert.

Das zu erkennen, ist ein Fortschritt: In unserer Kindheit in der Bonner Republik war das politische Personal zwar vom Bildungsgrad her weniger homogen, doch dafür mussten sich die wenigen weiblichen Abgeordneten noch misstrauisch beäugen, teils sogar von ihren männlichen Kollegen verhöhnen lassen.[166] Zur Wahrheit gehört aber auch: Wer ernsthaft an positiver Veränderung interessiert ist, kommt nicht umhin, eigene Privilegien kritisch unter die Lupe zu nehmen. Vertrauen wächst nur, indem man sich auch für die stark macht, die sich von einem selbst unterscheiden, in Herkunft, Geschlecht, Bildungshintergrund.

In diesem letzten Kapitel wollen wir weg von den Nahbetrachtungen – hin zu einem Bild des großen Ganzen. Denn neben den konkreten Handlungsempfehlungen, die wir bereits als Fazit einiger Kapitel erstellt haben, nehmen wir noch einmal die Vogelperspektive ein und fragen: Worauf kommt es in den nächsten Jahren an? Was sind die entscheidenden Parameter dafür, dass Transformation zum Guten glückt, dass es gelingt, möglichst viele Menschen mitzunehmen, neu für Beteiligungsprozesse zu engagieren, Vielfalt als Chance statt als Bedrohung zu betrachten und große Herausforderungen zu meistern – vom demografischen Wandel bis zum Ausstieg aus dem fossilen Zeitalter?

Dafür haben wir mit drei Menschen gesprochen, die von Berufs wegen in langen Zeiträumen denken und sich mit Gesamtbildern auskennen: Hedwig Richter, Historikerin und Professorin für Neuere und Neueste Geschichte an der Universität der Bundeswehr in München; Steffen Mau, Professor für Makrosoziologie an der Berliner Humboldt-Universität;

schließlich Karim Fereidooni, Professor für Didaktik der Sozialwissenschaftlichen Bildung an der Ruhr-Universität Bochum. Jede:r dieser drei hat einen eigenen Blick auf Wandel und Transformationsprozesse.

Wenn die Veränderungserschöpfung um sich greift

Als Beispiel, wie man es besser nicht macht, nennt Steffen Mau die ersten Jahre nach der deutschen Wiedervereinigung. »Die Ostdeutschen haben die Erfahrung gemacht: Wir haben die friedliche Revolution ausgelöst, wurden aber danach auf den Beifahrersitz gedrängt. Bis heute sind Führungspositionen in Wirtschaft, Medien und dem akademischen Betrieb in Ostdeutschland größtenteils mit Westdeutschen besetzt. Dass man plötzlich Dinge hinzunehmen und zu akzeptieren hatte, statt sie zu gestalten, gepaart mit existenzieller Unsicherheit, hat zu tiefer Enttäuschung und einer Festhaltementalität geführt, zu einer großen Aversion gegenüber Veränderungen, die heute gefordert sind: hin zu mehr Diversität, einer postmigrantischen Gesellschaft, Dekarbonisierung. Man hat den Eindruck: Wir haben so viel geleistet, das Maß ist voll.«

Widerstand gegen ökologische Umrüstung im Heizungskeller oder Gendersternchen sei dann auch ein symbolischer Akt – Steffen Mau nennt es eine »psychische Überlastungsanzeige«: Bis hierhin und nicht weiter! Ein ähnliches Muster hat er bei Migrant:innen der zweiten Generation beobachtet, die sich ebenfalls oft stärker retraditionalisieren, als Rückversicherung gegen die ständigen Zumutungen an die eigene Flexibilität. Bereits in der Einleitung dieses Buches haben wir Maus Begriff »Veränderungserschöpfung« zitiert.

Einen optimistischeren Blick durch die historische Brille wirft dagegen Hedwig Richter. Dabei hat sie nicht das Ende der deutschen Teilung im Sinn, sondern frühere Beispiele für eine gelungene gesellschaftliche Transformation. »Der grundsätzliche menschliche Erfindungsreichtum erstaunt mich immer wieder. Etwa nach Beginn der Industrialisierung, wie nach allen Härten und Protesten doch der Umbruch von einer ständischen zu einer Massengesellschaft gelang, wie demokratische Prozesse und Wahlen für viel mehr Menschen als zuvor geöffnet wurden, wie die Anfänge der Sozialversicherungen und eine progressive Steuer installiert wurden, um in der neuen Arbeitswelt sozialen Ausgleich zu schaffen. Oder die Phase nach dem Zweiten Weltkrieg, als Wirtschaft stärker mit sozialen Ansätzen gepaart wurde und dieses Konzept internationale Strahlkraft entwickelt hat, sogar von anderen Staaten kopiert wurde. Immer wieder hat die Gesellschaft gezeigt, dass sie in der Lage ist, Wandel so zu gestalten, dass er allen zugutekommt.«

Die Mehrheit der deutschen Bevölkerung sei auch nicht politisch fehlgeleitet oder radikal, sondern traue der Wissenschaft, lasse sich nicht von Verschwörungserzählungen blenden – gute Voraussetzungen, um sich gemeinsam auch der wohl größten Herausforderung entgegenstemmen zu können, der Klimakrise. Mit einer Einschränkung: »Wir haben nicht viel Zeit.«

Ehe wir uns ganz am Ende dieses Kapitels der Frage widmen, ob und wie der klimaneutrale Umbau des Landes zu einer Art gemeinsamem Projekt werden könnte, zu sozialem Kitt angesichts bedrohlicher Zukunftsszenarien, wollen wir hier noch einmal die wichtigsten Erkenntnisse unserer Deutschlandreise zusammenfassen: Was braucht es in Zivilgesellschaft, Politik, Institutionen, damit unsere Welt nicht nur einfach anders wird, sondern anders besser?

ERSTENS: Raum für Begegnung

Eine oft wiederholte Behauptung lautet, populistische Sprüche und Parolen habe es immer gegeben, nur eben nicht auf Social Media, sondern am Stammtisch. Nach vielen Begegnungen gerade in kleineren Orten haben wir den Eindruck: Das Problem sind weniger die Parolen selbst, sondern dass es vielerorts gar keinen Stammtisch mehr gibt. Sprich, einen analogen Ort der Begegnung, an dem man sich fetzen kann und es auch mal Widerspruch gibt – an dem Menschen verschiedener Schichten und Denkweisen zusammenkommen.

Nicht nur kommerzielle Cafés und Lokale sind außerhalb von Städten und touristischen Hotspots oft Mangelware, sondern vor allem auch solche Plätze, an denen Menschen sich treffen können, ohne zu konsumieren oder zumindest zu sozialverträglichen Preisen: Jugend- und Mehrgenerationentreffs, von der Gemeinde bezahlte Krabbelgruppen für junge Eltern, Stadtteilcafés etc. Dabei sollte immer Barrierefreiheit mitgedacht werden, nicht nur im allernaheliegendsten Sinn (etwa eine Rampe für Rollstuhlfahrer:innen), sondern beispielsweise auch durch mehr Teilhabemöglichkeiten für Menschen mit kognitiven Beeinträchtigungen oder Hör- und Sehbehinderungen. Solche Orte vorrangig zu schaffen, sollte Aufgabe künftiger Stadt- und Projektplanung sein – der Discounter-Parkplatz ist keine Alternative. Wie ein gemeinsamer Ort Kommunikation verändert und neue Diskussionsräume eröffnet, dafür ist das Dorfcafé von Sohland (Kapitel 1) ein gutes Beispiel, aber auch die Sanierung eines Wohngebiets in Reutlingen, bei der das Thema schon im Zuge der Ausschreibung mitgedacht wird (Kapitel 9). Wer Einsamkeit bekämpft, bekämpft auch politische Resignation.

Steffen Mau hält auch den Wegfall dieser Infrastruktur in Ostdeutschland für einen der Gründe des zunehmenden Rechtsdralls: »Die Zivilgesellschaft ist schwach, weil in der DDR der öffentliche Raum von Parteien und Institutionen geprägt war und nach der Wiedervereinigung nichts anderes an die Stelle getreten ist. Wenn dann mehrere Millionen Menschen abwandern, gerade die Jüngeren, die Qualifizierten, die Frauen, dann bricht alles zusammen, was soziales Kapital aufbauen kann, vom Chor bis zum Kegelverein. In dieser klein parzellierten Welt haben es AfD und Konsorten leicht, Aversion und Frust politisch zu mobilisieren.«

Orte für Diskurse zu schaffen, um das Bewusstsein auf drängende Probleme zu lenken und argumentativ zu überzeugen, das ist essenziell. Etwa wenn es um das Hinterfragen und Korrigieren problematischer Grundeinstellungen geht. Rassismusexperte Karim Fereidooni zitiert die »Theorie der Mitte«: 20 Prozent seien mit ihren gefestigten rassistischen Einstellungen für Diskussionen verloren, 20 Prozent bereits sensibel genug für das Thema, aber 60 Prozent generell offen und bereit, eigene Überzeugungen zu hinterfragen. Es braucht Gelegenheiten, mit diesen Menschen ins Gespräch zu kommen – ob öffentliche Orte wie die bereits genannten oder private Zusammenkünfte und Familienfeiern.

ZWEITENS: Ein neuer Stil politischer Kommunikation: transparent, auf Augenhöhe

Ein Grund für politische Frustration lässt sich unter dem Begriff »Erwartungsmanagement« zusammenfassen. Vage Versprechen bei gleichzeitiger Unklarheit über Wege, Chancen und Risiken führen tendenziell zu Verdrossenheit. Das kann im Kleinen passieren, wenn die Möglichkeiten und Grenzen politischer Beteiligung nicht klar benannt werden, aber auch im Großen.

»Wir werden [die neuen Bundesländer] schon bald wieder in blühende Landschaften verwandeln, in denen sich zu leben und zu arbeiten lohnt«, versprach Helmut Kohl 1990, wohl ohne selbst von seiner Aussage überzeugt zu sein,[167] und Angela Merkel ließ ihrem optimistischen »Wir schaffen das« auf dem Höhepunkt der Migration über die Balkanroute 2015 keine ehrliche Erklärung folgen, wie genau dieser Prozess vonstattengehen sollte. Zwei Beispiele von pauschalem Optimismus, die den Realitätscheck nur in Teilen bestanden haben und deshalb eher als leere Versprechen aufgefasst oder mit Enttäuschung quittiert wurden.

Auch der derzeitigen Ampelkoalition in Berlin stellt Historikerin Hedwig Richter ein durchwachsenes Zeugnis aus. So würden nicht nur die Kanzlerpartei SPD, sondern auch die Grünen zu wenig über die wahren Kosten und Belastungen der fossilen Transformation sprechen, Stichwort Heizungsgesetz. Von der FDP ganz zu schweigen. Diese unklare, intransparente Kommunikation kann aber gerade ein Einfallstor für Ressentiments sein.

Bereits in Kapitel 6 über Institutionenvertrauen haben wir darauf hingewiesen: Wird Politik als unglaubwürdig empfunden, entsteht ein Vakuum, das von Antipolitiker:innen besetzt wird, denen es unter Umständen mehr um ihren eigenen Machtgewinn und Machterhalt geht. Die sich rebellisch gebärden und mit diesem Marketingtrick Wähler:innen hinter sich versammeln. Das kann letztlich demokratiezersetzend wirken.

Dagegen helfen würden eine bessere Fehlerkultur in der Politik, klare Kommunikation eigener Widersprüche und eine Offenlegung möglicher Härten und Konsequenzen für die Einzelnen.

Als positives Beispiel nennt Richter aktuell die Kommunikation von Vizekanzler und Wirtschaftsminister Robert Habeck, der eigene Dilemmata und schwierige Kompromisse transparent macht. Sie erinnert aber auch an die Ostpolitik unter Kanzler Willy Brandt, seinen klaren Kurs in Richtung Versöhnung, die Unverletzlichkeit der deutschen Ostgrenzen nach dem Krieg und die öffentlich gezeigte Schuldübernahme. Etwa durch den Kniefall 1970 vor dem Ehrenmal für die Gefallenen des Warschauer Ghettos. Nicht von Hedwig Richter benannt, aber in eine ähnliche Richtung geht das berühmt gewordene Zitat des ehemaligen CDU-Bundespräsidenten Christian Wulf »Der Islam gehört zu Deutschland«. Dieses klare Statement positiver Anerkennung war sehr hilfreich für die migrantische Community, auch weil es eine klare und mutige Positionierung war. Bewusst gesetzt am Tag der Deutschen Einheit 2010, mitten in die Debatte um das polemische Buch »Deutschland schafft sich ab« von Thilo Sarrazin.[168]

Am Ende geht es um einen erwachsenen Kommunikationsstil, der Bürger:innen auch bei möglichen Zumutungen stärker mitnimmt und politische Entscheidungen transparent erklärt. Dass es dabei ein dickes Brett zu bohren gilt, ist klar. Ehrlichkeit birgt immer das Risiko, bei der nächsten Wahl abgestraft zu werden. Und unpopuläre Statements können in Zeiten zunehmender Gewaltbereitschaft leider auch dazu führen, dass Politiker:innen bedroht werden. Hier braucht es unter Umständen neue Schutzkonzepte, aber auch Aufklärungsarbeit, die verbale Gewalt ebenfalls thematisiert und schon früh im Leben beginnt – so wie wir es etwa im Kapitel 4 über soziale Regeln anhand der Gemeinschaftsschule in Hatten gesehen haben.

DRITTENS: Andere Perspektiven in der Medienlandschaft

Seit Mitte der Neunzigerjahre ist die Digitalisierung ein Gamechanger in der medialen Kommunikation. Und nach dem anfänglichen Überschwang, in dem größere Meinungs- und Stimmenpluralität als Treiber der Demokratie gefeiert wurden, überwiegt seit einigen Jahren die begründete Angst vor Manipulation und Fake News. Wenn das klassische Gatekeeping wegfällt, splitten Diskurse sich zunehmend auf. Es gibt kaum noch Medien und/oder Formate, mit denen man die Breite der Gesellschaft erreicht. Umgekehrt sind Debatten etwa auf Social Media auch kein reales Abbild dessen, was die Menschen in der Breite bewegt, sondern häufig eher Abbild radikaler Minderheiten und algorithmischer Zuspitzungen, die besonders extremen Positionen viel Raum geben. Das stellt die öffentliche Wahrnehmung oft völlig verzerrt dar.

In letzter Zeit wurde die Debatte noch weiter befeuert von generativen KI-Anwendungen, die Text, Ton und Bild in zunehmender Perfektion so gestalten können, dass für Laien echt und falsch nicht mehr zu unterscheiden ist.

Der Ausgang dieser Medienkrise ist offen und viele der Entwicklungen sind zu rasant und teils auch im Gesamtdiskurs so neu, dass wir keine Prognose wagen können. Wir können aber mögliche positive Richtungen skizzieren. Zum einen fallen neue Akteur:innen auf, die Perspektiven in die Medienlandschaft bringen, die über lange Zeit stark unterrepräsentiert waren: etwa die Perspektive von Migrant:innen, von queeren Menschen, Menschen mit Behinderungen oder von Journalist:innen ohne akademischen Bildungsbackground (einige Beispiele gibt es in Kapitel 7). Hier dienen einfachere technische Möglichkeiten und neue Finanzierungsmodelle wie Crowdfunding dazu, Themen und Meinungen tatsächlich vielfältiger abzubilden. Eine besondere Verantwortung liegt sicherlich bei den gebührenfinanzierten, öffentlich-rechtlichen Medien, diese Perspektiven noch stärker bei der eigenen Personalplanung miteinzubeziehen. Ebenfalls wichtig ist unabhängiger Medienjournalismus, der sich unerschrocken mit Missständen in der eigenen Branche auseinandersetzt.

Zum anderen sind die Möglichkeiten gesetzlicher Regulierung noch bei Weitem nicht ausgeschöpft. Hedwig Richter nennt als Referenz Beispiele wie die Einführung des Volksverhetzungsparagrafen oder die Ratifizierung der UN-Kinderrechtskonvention, die Gewalt an Kindern unter Strafe stellt. Immer habe der Staat Grenzen und damit auch normative Signale gesetzt. So könne es heute auch möglich sein, Gesetze gegen Desinformation zu erlassen.

VIERTENS: **Bildung, umfassend gedacht**

Kaum ein Gespräch für dieses Buch, bei dem nicht das Stichwort Bildung auftauchte. Oft verbunden mit der Hoffnung, Schule könne ein Mittel sein gegen soziale Spaltung und die Radikalisierung von Diskursen. Auch ein Mittel gegen den Fachkräftemangel, der noch verschärft wird, wenn ein Teil der Jugendlichen die Schule ohne jeden Schulabschluss verlässt.[169] Mangelnde Bildung ist also auch ein ökonomisches Problem, nicht nur ein demokratisches.

Auf Bildung zu setzen, ist erst mal ein naheliegender Gedanke. Hedwig Richter weist darauf hin, dass Bildung auch in der Transformation zur Industriegesellschaft Ende des 19. Jahrhunderts eine gewichtige Rolle spielte: etwa indem Schulbildung für die breite Masse selbstverständlich wurde und auch Treiberin für die Emanzipation der Frau. Vom Dienstmädchen zur Abgeordneten – das sind Aufstiegsgeschichten, die ihre Wurzel in einem breiteren Bildungsangebot hatten, nicht nur für Kinder, auch für Erwachsene, die sich fortbilden konnten.

Gleichzeitig überfrachten wir das Thema, wenn wir die Verantwortung für demokratisches Denken, intellektuelle Flexibilität und Diskursfähigkeit allein an die Schule ausgliedern – das kann die Institution nicht leisten. Jedenfalls nicht, wenn sie so aufgestellt ist wie derzeit. »Bildung hat einen hohen Stellenwert, weil die Schule als vielleicht letzte Institution tatsächlich Menschen aus verschiedenen Gesellschaftsschichten zusammenbringt, jedenfalls in den jüngeren Jahren. Das kann ein Stück sozialer Kitt sein, demokratische Spielregeln vermitteln«, erklärt Karim Fereidooni. Allerdings wird auch dieses System unterhöhlt. Beispielsweise wenn Eltern in Großstädten bestimmte Grundschulen für ihre Kinder meiden, etwa in stark migrantisch geprägten Vierteln. Dadurch beginnt die soziale Separierung schon mit der Schultüte in der Hand.

Auch die frühe Trennung der Schüler:innen nach der vierten Klasse sieht Fereidooni kritisch. Der Lehrerberuf, sagt der Bildungsexperte, werde zudem heute immer stärker überdehnt: »Pädagog:innen sollen heute alles auf einmal leisten: Demokratieerziehung, Digitalisierung, Diversity, dazu Fachunterricht nach neuesten Standards und Erkenntnissen. Dafür sind Schulen aber personell und architektonisch viel zu schlecht ausgestattet.« Es fehle im Bildungssystem an allen Ecken und Enden: an der Aus- und Fortbildung, an Personen, die neben den Fachpädagogen gebraucht würden, um die unterschiedlichen Lebenslagen der Schüler:innen zu kennen. Also etwa Erzieher:innen und psychologische Fachkräfte. Und: Der schulische Politikunterricht reiche bei Weitem nicht aus, um Einstellungen und demokratisches Handeln nennenswert zu beeinflussen. Dazu sei auch ein guter außerschulischer Bereich notwendig, der es allen Kindern unabhängig vom Budget der Eltern erlaubt, Sport zu treiben, anderen Hobbys nachzugehen oder sich in ihrer Freizeit zu treffen – Stichwort Raum für Begegnung.

Ganz einfach gesagt: Es fehlt an Geld. Und der Bereitschaft, sich die viel beschworene Notwendigkeit von Bildung wirklich etwas kosten zu lassen.

Dabei kann umfassende Bildung mehr sein, als Zehntklässler:innen nur zu erklären, wie eine Bundestagswahl funktioniert, oder Siebtklässler:innen, wie sie den Wert einer Quelle im Internet einschätzen können. »Es geht vielmehr um eine Art des Denkens, die Veränderung und Wandel grundsätzlich eher als positive, intellektuelle Herausforderung begreift und nicht als Zumutung«, so Soziologe Steffen Mau. »In der Jugend wird unsere kognitive und heuristische Grundausstattung geprägt«, sagt er – sprich die Art der Informationsverarbeitung, die Fähigkeit, Schlüsse zu ziehen und neue Informationen mit bekannten zu verknüpfen.

Lernen wir früh im Leben eine gewisse Flexibilität, hilft das, uns immer wieder auf neue Umstände einzustellen. Das ist nicht nur eine Qualität in einer sich stark und rasch wandelnden Arbeitswelt – und nicht nur in kognitiv anspruchsvollem Umfeld –, sondern kann auch helfen, mit sozialen Veränderungen umzugehen.

FÜNFTENS: **Wertschätzung für Lebensentwürfe und Tätigkeiten**

Die Pandemie hat deutlich den Wert von Tätigkeiten gezeigt, die unverzichtbar sind für unsere Gesellschaft, aber häufig besonders schlecht oder gar nicht bezahlt werden – sowohl die berufsmäßige Pflege als auch die unbezahlte Carearbeit in der Familie. Sie warf auch ein Schlaglicht darauf, wie mangelnde Wertschätzung zu Wut wird. Pflegende forderten: weniger auf dem Balkon klatschen, lieber unsere Löhne erhöhen! Und Familien, die unter der Doppelbelastung zwischen Homeoffice, Schichtarbeit und Kindern im Homeschooling stöhnten, wurden ebenfalls wütend – sie brachten nur oft nicht mehr die Kraft auf, die Wut zu artikulieren. Am Ende wurde auf Balkonen ohnehin nicht mehr geklatscht und für überlastete Eltern gab es nur eine zerknirschte Halbentschuldigung aus der Politik.[170]

Das sind nur zwei Beispiele dafür, dass mangelnde Wertschätzung – materiell wie immateriell – zu latentem Unmut führt. Worin dieser am Ende münden kann, zeigt erneut das Beispiel der deutschen Wiedervereinigung. Steffen Mau berichtet aus seinen Forschungen: Die Menschen, die sich besonders stark abgehängt vom Wandel fühlten und das Gefühl hätten, nicht mehr mithalten zu können, seien nicht etwa die Älteren, die sich nicht mehr an veränderte Spielregeln gewöhnen könnten oder wollten, sondern vor allem jene, die weiter unten in der Befehlskette stehen, weniger gebildet, weniger wohlhabend und mit dem Gefühl, nichts bewirken zu können. »Je mehr man sozialen Wandel nur erleidet und nicht gestaltet, desto mehr wächst die Erschöpfung, desto stärker wächst aber auch die Wut. Dazwischen gibt es eine hohe Korrelation.« Je mehr man sich abgehängt fühle von der Gruppe der Globalisierungsgewinner:innen und der Vertreter:innen liberalen Denkens, desto größer werde der Widerstand, desto mehr falle man auf vertraute, traditionelle Werte zurück. Und das lässt sich auch an einem wachsenden Hang zu radikalen Parteien ablesen, vor allem zur AfD.

Wie lässt sich vermeiden, dass Erschöpfung irgendwann in Wut umschlägt, möglicherweise in immer neuen Gruppen – bei Pflegenden, bei Familienangehörigen, die sich für eine magere Grundrente menschlich aufopfern, bei migrantischen Menschen, die oft pauschale Abwertung von Politiker:innen erfahren? Zum einen braucht es andere Erzählungen, Formate, die Lebensleistungen würdigen, im direkten Gespräch, bei Veranstaltungsformaten, in Medien. Zum anderen müssen Tätigkeiten aufgewertet werden, die wir heute als selbstverständlich hinnehmen. Denn gerade in einer alternden Gesellschaft wird das Thema Carearbeit immer wichtiger, nicht nur Kindern gegenüber, sondern auch für die wachsende Zahl der Älteren, die sich nicht mehr selbst versorgen können. Denkanstöße, wie über eine Umverteilung im Steuer- und Sozialversicherungssystem sich Carearbeit besser absichern lässt, gibt es viele – Ansätze wie etwa ein gemeinsames Grunderbe oder ein bedingungsloses Grundeinkommen haben wir in Kapitel 8 zusammengestellt.

Und schließlich erwarten gerade jüngere Menschen heute generell eine andere Art der Wertschätzung, auch bei ehrenamtlichen Projekten – das gilt es ebenfalls stärker mitzudenken.

SECHSTENS: **Repräsentanz und Responsivität**

Dass fehlende Repräsentanz zu Rückzug und politischer Apathie führen kann, haben wir vielfach beobachtet – von der mangelnden Einbindung Ostdeutscher in Entscheiderjobs bis zur Abkehr von traditionellen Medien, weil die eigene Lebenswelt darin nicht genügend oder nicht auf Augenhöhe abgebildet wird, etwa die von wirtschaftlich schwächeren Personen, Menschen mit Behinderungen oder Migrant:innen. Besonders deutlich wird das in Kapitel 8, in dem es um den Zusammenhang zwischen politischem Engagement, Wahlverhalten und dem Gefühl, gesehen zu werden, geht; aber auch in Kapitel 6, in dem klar wird, wie wichtig es für die Demokratie ist, dass Vertreter:innen aller gesellschaftlicher Gruppen beispielsweise bei der Polizei oder in der Politik sichtbar sind.

Rassismusexperte Karim Fereidooni findet deshalb: Initiativen wie »Brand New Bundestag«, die sich um mehr Repräsentanz bemühen, gehen in die richtige Richtung, doch der entscheidende Impuls müsste aus Parteien, Parlamenten, Institutionen kommen. Er fordert ein generelles Umdenken bei der Frage, wie Posten vergeben und welche Stimmen gehört werden. Mangelnde Repräsentation ist in vielerlei Hinsicht ein Problem und betrifft teils sogar sehr große Gruppen: etwa Frauen in Politik, Unibetrieb, Institutionen oder junge Menschen, deren Anliegen untergehen, weil sie als Wähler:innen nicht repräsentiert sind. So machen sich einige Aktivist:innen in Deutschland für die Rechte Jüngerer und die weitere Herabsetzung des Wahlalters stark.[171]

Über die Sinnhaftigkeit dieses Anliegens kann man streiten, auch über die Frage, ob und welche Quoten es für welche Gruppierungen geben sollte und wie sich diese durchsetzen lassen. Wichtig bei diesem Thema ist aber noch ein anderer Aspekt. Denn selbst Angehörige marginalisierter Gruppen sagen: Repräsentanz allein hilft noch nicht, sondern kann im Gegenteil sogar besonders enttäuschend sein, wenn die vermeintlichen Hoffnungsträger:innen ihre zugedachte Rolle dann nicht erfüllen. Die erste weibliche Kanzlerin Deutschlands hat Frauenförderung nicht zum Chefinnenthema gemacht, eine offen homosexuelle Politikerin setzt sich nicht qua Identität für Rechte queerer Menschen ein (oder behindert sie sogar), ein schwarzer TV-Moderator bei einem öffentlich-rechtlichen Sender sorgt nicht automatisch dafür, dass auch in den Redaktionen mehr Diversität herrscht. Umgekehrt nutzen Institutionen oft einzelne Vertreter:innen bestimmter Gruppen als Feigenblatt, bewusst oder unbewusst: Seht her, was wollt ihr denn, wir sind doch divers genug! Während sich hinter den Kulissen, in den Strukturen, nichts ändert. Eine Praxis, die als »Tokenism« in die Kritik geraten ist.

Nun ist niemand verpflichtet, politische oder berufliche Haltung aus seiner eigenen Identität abzuleiten. Umso wichtiger ist das Thema »Responsivität«: also Menschen, die auch die Interessen derer im Blick haben, die einer anderen Gruppe zugehören. Sprich: die verheiratete Politikerin, die sich für die Rechte Alleinerziehender stark macht; die weiße Führungskraft bei der Polizei, die gezielt migrantische Mitarbeitende für Führungsaufgaben sucht; der kinderlose homosexuelle Chef, der Arbeitszeitmodelle fördert, in denen Mitarbeitende Carearbeit und Job unter einen Hut bringen.

Dabei ist es für Unternehmen, Institutionen und Vereine heute deutlich einfacher geworden, Menschen zu unterstützen, deren Lebenswelt ihnen nicht vertraut ist. Ob es um Antirassismustrainings geht, um Prävention gegen sexualisierte Gewalt oder Workshops zu Queerthemen – oft ist didaktisches Material nur einen Mausklick entfernt und sind qualifizierte Workshops leicht zu finden.

SIEBTENS: **Selbstwirksamkeit stärken**

Gehört werden, gefragt werden, ein Thema vorantreiben, ganz konkret helfen können – das ist eine der Hauptantriebsfedern, die Menschen etwa dazu bringen, sich ehrenamtlich zu engagieren oder politische Forderungen zu stellen.

Natürlich gibt es nicht immer Einigkeit über die Ziele und Prioritäten. Aber diese gesellschaftliche Bindekraft sollten wir nicht brachliegen lassen. Projekte wie die »Nachtwanderer« oder das »Clean-up«-Projekt in Bremen (Kapitel 4) zeigen, wozu Menschen fähig sind, wenn sie gemeinsame Ziele verfolgen; warum eine als stark empfundene Einschränkung des eigenen Handlungsrahmens dagegen zu Frust und Rückzug führen kann, haben wir am Beispiel der freiwilligen Feuerwehr in Kapitel 3 gesehen.

Wie sich der Antrieb stärken lässt, wird an vielen Stellen klar: durch gemeinsame Ziele und Werte, durch einen guten Rahmen und inklusive Kommunikation seitens der Leitung. Man denke an die »Nachbarschaftsgespräche« in Reutlingen, bei denen Einzelne ermutigt werden, selbst mit Angeboten aktiv zu werden. Oder an den aktiven Verein in Michelbach, bei dem Vorschläge für die Umgestaltung des Ortes höher gewichtet werden, wenn der Absender oder die Absenderin bereit ist, sich selbst einzubringen. Oft kann das Gefühl der Selbstwirksamkeit auch eine Stellschraube sein, um die Akzeptanz bestimmter Maßnahmen zu erhöhen – sogar wenn die eigentliche Initiative nicht von den Bürger:innen selbst kommt. Steffen Mau gibt das Beispiel von Windparks: Würden Anwohner:innen in ein solches Projekt eingebunden, etwa über einen Vorzugspreis beim Stromtarif, sei die Akzeptanz viel größer. Das liegt nicht nur daran, dass ein paar Euro mehr auf dem eigenen Konto bleiben, sondern wohl auch an dem Gefühl, Teil eines positiven ökologischen Projekts zu sein, statt nur die Nachteile (Lärm, Landschaftsbild) auszubaden.

ACHTENS: Andere finanzielle Prioritäten setzen

Wie öffentliche Mittel eingesetzt werden, ist eine Frage politischer Entscheidungen und in Zeiten zunehmend komplexer Mehrheitsbeschaffung oft eine Folge parteipolitischer Kompromisse. Selbstredend können wir an dieser Stelle keinen alternativen Haushaltsplan aufstellen oder ein innovatives Steuer- und Sozialversicherungssystem skizzieren.

Dennoch ist an vielen Stellen klar geworden, dass Geld auch der Schmierstoff der Demokratie sein kann – und dass es knirscht, wo es fehlt. Viele Projekte, die den sozialen Zusammenhalt fördern könnten, sind unterfinanziert, von der Bildung über den öffentlichen Nahverkehr in ländlichen Regionen bis zur Rassismusprävention und Jugendarbeit.

Und in Zeiten angespannter Kassen werden Mittel oft dort gekürzt, wo die Betreffenden wenig Lobby haben – das zeigte jüngst etwa die Streichliste der neuen Berliner Regierung nach der letzten Wahl, auf der unter anderem gekürzte Budgets für Spielplätze, Schulen und die Obdachlosenhilfe im wirtschaftlich schwachen Viertel Neukölln standen.[172] Oder die Streichung von Finanzhilfen für die gemeinnützige GmbH HateAid, die sich um die Opfer von Hass und Hetze im Netz kümmert.[173] Umgekehrt hat die Debatte um Kürzungen beim Elterngeld für Besserverdienende im Juli 2023 gezeigt, wie viel Widerstand sich mobilisieren lässt, wenn eine Gruppe gut vernetzt und kommunikationsstark ist.

Wenn aber nachweisbar ist, dass Bildung und soziale Sicherheit den Zusammenhalt stärken, die beste Prävention gegen Radikalisierung und Gewalt sind sowie die Bereitschaft zur gesellschaftlichen und politischen Beteiligung erhöhen, dann wäre es dringend geboten, Budgets stärker unter diesem Aspekt und mit Blick auf Zukunftstauglichkeit zu betrachten – eine Art »Democracy Mainstreaming«, das zu anderen Prioritäten führen kann. Denn wirtschaftliche Benachteiligung hat eine nicht zu unterschätzende Sprengkraft.

Nicht, dass ein Aufstand unmittelbar bevorstünde. Die Historikerin Hedwig Richter sagt: Uns drohten auch deshalb keine Weimarer Verhältnisse, weil die absolute Armut in der Bevölkerung heute deutlich geringer sei als vor hundert Jahren und die Wut und Verzweiflung daher lange nicht so groß. Zudem sei unser demokratisches System nach der Erfahrung der Nazizeit stabiler, es gebe eine große, ausgewogene Mitte der Gesellschaft, anders als etwa in den USA, und auch das Bürgertum habe sich schon immer auch für die Rechte der Ärmeren eingesetzt, so Richter.

Dennoch braucht es vermutlich größere Umschichtungen. Ohne Umverteilung, glaubt Richter, sind möglicherweise die Herausforderungen der Zukunft kaum zu stemmen, von Ernährungssicherheit in einer vom Klimawandel bedrohten Welt und verlässlicher Gesundheitsvorsorge in einer alternden Gesellschaft bis zur generellen Transformation in ein postfossiles Zeitalter.

Und am Ende – wir haben es schon geschrieben – ist Geld nichts anderes als eine Währung für Zeit. Ehrenamtliche Arbeit, politisches Engagement, nachhaltige Entscheidungen, Carearbeit, all das muss man sich leisten können. Sicher kein Zufall, dass ausgerechnet ein Buch zu den politischen Implikationen erwerbsarbeitsfreier Zeit auf der Shortlist für den Deutschen Sachbuchpreis 2023 stand.[174]

NEUNTENS: **Atmende Gesetzgebung und Organisation**

Ein kurzer anekdotischer Rückblick auf die Zeit der Pandemie mag verdeutlichen, was wir mit diesem Punkt meinen. Bei der Ausgestaltung der Kontaktbeschränkungen griff die Politik auf einen sehr traditionellen Begriff zurück, indem sie Haushalt gleichsetzte mit der typischen Lebensform als Paar oder Kernfamilie. Damit brachte sie alle in Schwierigkeiten, die ihre Beziehungen anders organisieren: Patchworkfamilien, Paare, die freiwillig in getrennten Wohnungen leben, Singles, die ihre engen sozialen Kontakte außerhalb der eigenen vier Wände haben und üblicherweise auf ein freundschaftliches Netzwerk zurückgreifen, Menschen mit alternativen Lebens- und Beziehungsformen.

Ein ähnliches Muster zeigte sich in Bezug auf Wirtschaftshilfe. Während Kurzarbeitergeld und Hilfen für Unternehmen vergleichsweise schnell flossen (die »Bazooka« des damaligen Finanzministers Olaf Scholz), gingen beispielsweise Solo-Selbstständige – etwa freie Dozent:innen, Programmierer:innen oder Journalist:innen – in vielen Bundesländern leer aus, weil sie zwar Hilfe bei der Deckung ihrer Fixkosten beantragen konnten, nicht jedoch zum Lebensunterhalt.

Sicherlich war die Politik im Frühjahr 2020 stark unter Zeitdruck und richtete sich daher an einer mehrheitlichen Norm aus. Doch es fällt in vielen Lebensbereichen auf, dass Gesetzgebung und Organisationsformen (noch) nicht ausreichend angepasst sind an fluide, flexible Veränderungen, von denen unser Leben zunehmend bestimmt wird. Menschen ändern ihren Familienstand, einige sogar den Geschlechtseintrag, wechseln Wohnorte und Arbeitsformen. Politik und Institutionen haben jedoch Mühe hinterherzukommen. Innovative Ansätze wie die Verantwortungsgemeinschaft, die nicht an eine romantische Bindung oder Elternschaft gekoppelt ist, werden auf die lange Bank geschoben. Auch in anderen Bereichen ist die Orientierung an überholten Normen noch deutlich zu erkennen. Etwa in der Medizin, wo sowohl der Umgang mit Patient:innen als auch die Diagnostik sich noch zu sehr am prototypischen, weißen und männlichen Patienten ausrichten,[175] bis hin zum Design von Alltagsgegenständen und deren Abmessungen, die Frauen nicht genügend berücksichtigen.[176] Wie stark sich etwa Familienpolitik noch immer an bestimmten Rastern ausrichtet, hat beispielsweise das Gespräch mit der Mutter aus Berlin in Kapitel 8 gezeigt.

Wir sind in dieser Hinsicht gesellschaftlich immerhin schon einen weiten Weg gegangen. Hedwig Richter zieht einen Vergleich zur Kaiserzeit und zur Epoche der Industrialisierung, in der Homogenität ein Wert an sich war, was folgerichtig zu Ausgrenzung und Rassismus gegen alle führte, die nicht den selbst gesetzten Standards entsprachen. Eine weite Spanne, die von der Diskriminierung und rechtlichen Schlechterstellung nicht ehelicher Kinder bis zu den mörderischen Folgen für jüdische Menschen und andere Gruppen nach 1933 reicht.

Das Bewusstsein für Vielfalt und weniger berechenbare Lebensläufe ist seither deutlich gewachsen – auch wenn uns der radikalisierte Rand und gesellschaftliche Rückschritte Sorgen bereiten –, aber dennoch braucht es noch eine Umdrehung mehr: weg von einer Perspektive, in der die Mehrheitsgesellschaft Minderheiten freundlich einen Platz einräumt, hin zu wirklicher Augenhöhe und Partizipation sowie einer Gesetzgebung und Politik, die ständigen Wandel auch im Privaten nicht als Ausnahme betrachtet, sondern als Normalzustand einer Gesellschaft im Transformationsprozess. Anders gesagt: Wenn jede:r Einzelne Platz hat, dann fühlt sich auch jede:r mitgemeint als Teil des großen Ganzen.

ZEHNTENS: Gemeinsame Ziele definieren

Von der Gründerzeit bis zum Wiederaufbau: Gesellschaften sind immer dann stark, innovativ, von Aufbruchsgeist beseelt, wenn sie sich auf ein gemeinsames Großprojekt einigen können. Wir hätten gleich mehrere zur Auswahl, mit unterschiedlicher Sprengkraft: von den Herausforderungen einer alternden Gesellschaft bis zum Kampf gegen den Klimawandel und das Artensterben. Aber wir nutzen sie nicht aktiv – noch nicht. Dabei lässt sich die Herausforderung nicht im Privaten managen, lässt sich nicht ausschließlich durch den Verzicht auf Ferienflüge und die Schaffung insektenfreundlicher Wiesen aufhalten.

»Unserer Gesellschaft fehlt ein Projektcharakter, etwas, an das wir unsere Hoffnung binden«, sagt Steffen Mau. Wie könnte es gelingen, dass diese Generationenaufgaben nicht weiter spalten, sondern gar zu einem neuen, gesamtgesellschaftlichen Wir-Gefühl führen? »Die Politik ist zu sehr in einer Strategie des Coping, des Reagierens auf immer neue Herausforderungen gefangen«, kritisiert Mau. »Man hangelt sich von einer Frage zur nächsten.«

Nun ist die Möglichkeit für große politische Würfe aus vielen Gründen auch eingeschränkt; die Begrenzung der Legislatur auf vier Jahre und die vertikale Gewaltenteilung zwischen Europa, Bund, Land und Kommune begrenzen die Handlungsoptionen. Dennoch gäbe es Rezepte, Mehrheiten zu überzeugen. Etwa wenn auch bei klimapolitischen Maßnahmen das Soziale künftig Priorität vor dem Technischen hätte. Wie weiter oben Hedwig Richter, zieht Steffen Mau eine Parallele zur Zeit der Industrialisierung: »Wenn wir die Situation mit heute vergleichen, sehen wir, dass damals viele Institutionen geschaffen wurden, die Gerechtigkeit stärken und Ausgleich schaffen. So nimmt man Menschen mit. Wenn wir heute den nächsten Schritt machen, aus der alten Industriegesellschaft ins Zeitalter der Dekarbonisierung, sollten Fragen nach Fairness, Lastenausgleich und Verursacherprinzip ganz am Anfang aller Projekte stehen.«

Hedwig Richter ist optimistisch: Mit der entsprechenden politischen Kommunikation und Transparenz könne man auch die ins Boot holen, die den Verzicht als größer empfinden, sich stärker dagegenstemmen. Ein Beispiel aus dem europäischen Ausland: Die Niederlande haben vor einiger Zeit das Tempolimit verschärft und Autobahnprojekte gestoppt mit dem Argument: »Unsere Stickstoffemissionen sind zu hoch, deshalb müssen wir an anderer Stelle Bauprojekte einfrieren, sonst verstoßen wir gegen EU-Gesetzgebung«. Die Entscheidung nahm auch Konservative und Liberale mit,[177] auch weil sie hochrational begründet war und nicht emotional. »Gerade in Krisenzeiten ist Akzeptanz auch für unpopuläre Maßnahmen oft leichter zu organisieren«, ist Richter sicher und zählt auf, wo vermeintlich große Änderungen erstaunlich schnell akzeptiert wurden, wenn eine Mehrheit die Notwendigkeit einsieht: von der Gurtpflicht im Auto über die strikten Anti-Raucher-Gesetze 2007 bis zu Corona-Schutzmaßnahmen. Natürlich funktioniert das nicht ohne flankierende Maßnahmen und lässt sich nicht eins zu eins auf Klimaschutzmaßnahmen anwenden. Aber: Wenn Spielregeln wie oben beschrieben eingehalten würden – also eine ehrliche und transparente Kommunikation, Bürgerbeteiligung an Prozessen, ein Konzept zur sozialen Lastenverteilung –, dann könnte man unter Umständen die Gruppe derer verkleinern, die von vornherein dagegen sind.

Und so bleibt uns am Ende, noch einmal auf das Konzept des Sozialpsychologen Ernst-Dieter Lantermann zurückzukommen, der sich eine

Gesellschaft wünscht, die Ungewissheit aushält, ohne vor lauter Unsicherheit die Nerven zu verlieren. Und unseren Gesprächspartner Karim Fereidooni, der von sich sagt: »Ich lebe gern in Deutschland, ich wünsche mir die Bundesrepublik als Modellprojekt für eine gerechte, gute Gesellschaft.«

Dem können wir uns nur anschließen. Und zusammenfassen: Wir müssen den Zusammenhalt aktiver und bewusster gestalten, Brücken bauen, ihn pflegen und hegen, weil wir sonst die großen Transformationsaufgaben kaum bewältigen können, die vor uns liegen. Nur so gelingt es uns, aufeinander achtzugeben, sodass niemand unter die Räder kommt, niemand allein gelassen wird mit Sorgen und Ängsten und die radikalen Kräfte keine Andockpunkte finden.

Denn dann, davon sind wir überzeugt: Dann wird das Andere, das Neue, das Unbekannte, das uns erwartet, wirklich gut.

Danksagungen

An allererster Stelle möchten wir uns bei denen bedanken, die dieses Buch zu dem machen, was es ist: unseren vielen Gesprächspartner:innen, die uns an ihrem Leben, ihren Gedanken und ihren Projekten haben teilhaben lassen und uns ihre Zeit gewidmet haben, sowohl auf den Reportagereisen als auch per Videokonferenz oder ganz klassisch am Telefon. Ohne diese Bereitschaft wäre dieses Buch nicht möglich gewesen.

Die Geschichten direkt aus dem Leben sind die halbe Miete – doch die andere Hälfte sind die Zahlen, Daten und Fakten, die wir hier noch einmal zusammengetragen haben. Wir möchten uns bei allen Mitarbeiter:innen unserer eigenen Studien sowie den beteiligten Umfrageinstituten bedanken, ohne die wir in den vergangenen zehn Jahren nicht diese Fülle an Material hätten gewinnen können – insbesondere aber auch bei Lennart Hagemeyer von der Beratungsagentur Pollytix, auf dessen ausführliche Recherche zur Forschungsliteratur rund um den gesellschaftlichen Zusammenhalt in Zeiten der Pandemie wir oft zurückgegriffen haben, um das Bild zu komplettieren.

Des Weiteren bedanken wir uns beim Team des Verlags Bertelsmann Stiftung, das uns von der Planungsphase bis ins Lektorat mit Rat und Unterstützung zur Seite stand, der Gestalterin Kerstin Schröder, die mit ihren Entwürfen für Layout und Farbgebung den Text auch optisch hat lebendig werden lassen, und der Lektorin Heike Herrberg, die ihm sprachlich den letzten Schliff verpasst hat. Außerdem danken wir Jochen Arntz, Vice President Media Relations der Bertelsmann Stiftung, für seinen wertvollen Input bezüglich der Form unserer Reportagen und das wertschätzende Feedback auf unsere erste Textfassung. Und nicht zuletzt gilt unser Dank Stephan Vopel, der zum einen den Anstoß zu diesem Buchprojekt gegeben hat und zum anderen als Programmleiter über viele Jahre hinweg die Auseinandersetzung mit dem Thema Zusammenhalt vorangetrieben hat.

Verena Carl: Ich möchte mich darüber hinaus bedanken bei Freischreiber e. V., dem Bundesverband Freier Journalist:innen, über den der Kontakt zur Bertelsmann Stiftung zustande kam. Außerdem bei meinem Mann und meinen Kindern, die mich so liebevoll unterstützt haben, selbst wenn sie bei so vielen Reisen in kurzer Zeit ganz durcheinanderkamen. Ich wusste irgendwann auch nicht mehr, in welcher Stadt ich gerade aufwache, habe aber trotzdem immer wieder nach Hause gefunden.

Und last, but überhaupt not least bei Kai Unzicker, meinem Projektpartner: Es war mir ein großes Vergnügen, unsere unterschiedlichen

Gedanken, Perspektiven und Ideen am Ende zu einem so gehaltvollen Ganzen zusammenzufügen, das mehr ist als die Summe seiner Teile.

Kai Unzicker: Umgekehrt gilt mein Dank Verena Carl, die sofort auf die Idee angesprungen ist und durch ihre gute Vernetzung und ihre kreativen Ansätze sehr schnell mit konkreten Ideen dazu aufwarten konnte, wohin die Reise geht – wörtlich und im übertragenen Sinne.

Das vorliegende Buch baut auf dem Fundament einer über zehnjährigen Beschäftigung mit dem gesellschaftlichen Zusammenhalt auf. Daran waren zahlreiche Menschen in unterschiedlicher Art und Weise beteiligt, ohne die dies nie gelungen wäre und es somit auch dieses Buch heute nicht gäbe. Ich möchte mich daher bedanken bei Klaus Boehnke und Jan Delhey, die sowohl zentral für die Entwicklung des mehrdimensionalen Modells des gesellschaftlichen Zusammenhaltes verantwortlich waren als auch die wissenschaftlichen Studien begleitet haben; bei Regina Arant, Georgi Dragolov, Mandi Larsen, Zsófia Ignácz, Jolanda van der Noll, David Schiefer und Jan Lorenz, die an verschiedenen Studien als wissenschaftliche Mitarbeiter:innen beteiligt waren und den überwältigenden Teil der Analysen und Berichte erledigt haben, sowie bei Robert Follmer und Thorsten Brandt, die sich in vielen Fällen um die Datenerhebung gekümmert und zuletzt auch an Analysen und Reports aktiv mitgewirkt haben.

Anmerkungen / Literaturhinweise

Anmerkung: Alle Internetlinks in den Endnoten wurden am 13.8.2023 überprüft.

1 Zusammenfassung aller Studien unter www.gesellschaftlicher-zusammenhalt.de.

2 Boehnke, K., G. Dragolov, R. Arant und K. Unzicker (2022). *Gesellschaftlicher Zusammenhalt in Baden-Württemberg 2022.* Bertelsmann Stiftung. Gütersloh (im Weiteren: Pandemiestudie).

3 Brand, T., R. Follmer und K. Unzicker (2020). *Gesellschaftlicher Zusammenhalt in Deutschland 2020. Eine Herausforderung für uns alle. Ergebnisse einer repräsentativen Bevölkerungsstudie.* Bertelsmann Stiftung. Gütersloh (im Weiteren: Zusammenhaltsstudie).

4 Baarck, J., M. Dolls, K. Unzicker und L. Windsteiger (2022). *Gerechtigkeitsempfinden in Deutschland.* Bertelsmann Stiftung. Gütersloh (im Weiteren: Gerechtigkeitsstudie).

5 Unter anderem in dem Interview, das wir am 5.7.2023 mit ihm geführt haben.

6 Lantermann, E.-D. (2016). *Die radikalisierte Gesellschaft – von der Logik des Fanatismus.* München.

7 Sohland lebt! – Unsere wichtigsten Partner sind die Leute hier. Projektvorstellung auf der Website weiterdenken der Heinrich-Böll-Stiftung Sachsen. www.weiterdenken.de/de/sohland-lebt-unsere-wichtigsten-partner-sind-die-leute-hier/.

8 Vgl. *Zusammenhaltsstudie* (siehe Anm. 3).

9 Buecker, S., J. J. A. Denissen und M. Luhmann (2021a). A propensity-score matched study of changes in loneliness surrounding major life events. *Journal of Personality and Social Psychology 121* (3), 669–690. https://doi.org/10.1037/pspp0000373.

10 *Pandemiestudie* (siehe Anm. 2), 5.

11 Buecker, S., T. Ebert, F. M. Götz, T. M. Entringer und M. Luhmann (2021b). In a Lonely Place: Investigating Regional Differences in Loneliness. *Social Psychological and Personality Science 12* (2), 147–155. https://doi.org/10.1177/1948550620912881.

12 LSBTI+ steht für lesbisch, schwul, bi, trans*, inter* und weitere sexuelle Orientierungen und geschlechtliche Identitäten, die nicht der binären Geschlechternorm und der heterosexuellen Mehrheit entsprechen.

13 Vgl. *Zusammenhaltsstudie* (siehe Anm. 3) sowie Institut für Demoskopie Allensbach (2014). *Jacobs Studie 2014. Freunde fürs Leben. Ergebnisse einer bevölkerungsrepräsentativen Befragung.* https://www.ifd-allensbach.de/fileadmin/studien/Jacobs_Freunde_fuers_Leben_2013.pdf.

14 Langenkamp, A., und S. Bienstman (2022). Populism and Layers of Social Belonging: Support of Populist Parties in Europe. *Political Psychology 43* (5), 931–949. https://doi.org/10.1111/pops.12827; Langenkamp, A., T. Cano und C. S. Czymara (2022). My Home is my Castle? The Role of Living Arrangements on Experiencing the COVID-19 Pandemic: Evidence From Germany. *Frontiers in Sociology 6.* https://www.frontiersin.org/articles/10.3389/fsoc.2021.785201.

15 Bundeszentrale für politische Bildung (2021). *Soziale Situation in Deutschland. Entwicklung der Haushaltstypen.* https://www.bpb.de/kurz-knapp/zahlen-und-fakten/soziale-situation-in-deutschland/61590/entwicklung-der-haushaltstypen/.

16 Wellman, B. (2001). Physical Place and Cyberplace: The Rise of Personalized Networking. *International Journal of Urban and Regional Research 2* (25), 227–252.

17 Bitkom (2022). *Anteil der Internetnutzer, die Online-Dating-Dienste nutzen, nach Geschlecht in Deutschland im Jahr 2022.* In: Statista. https://de.statista.com/statistik/daten/studie/804638/umfrage/online-dating-nutzer-in-deutschland/.

18 VuMA – Arbeitsgemeinschaft Verbrauchs- und Medienanalyse (2021). *Anzahl der Personen in Deutschland, die das Internet für Partnerbörsen nutzen, nach Häufigkeit von 2018 bis 2021 (in Millionen).* In: Statista. https://de.statista.com/statistik/daten/studie/381102/umfrage/umfrage-in-deutschland-zu-nutzung-des-internet-fuer-partnerboersen/.

19 Statistische Ämter des Bundes und der Länder (2023). *Kreise mit der geringsten Bevölkerungsdichte in Deutschland im Jahr 2021 (Einwohner je km²).* In: Statista. https://de.statista.com/statistik/daten/studie/1184710/umfrage/kreise-geringste-bevoelkerungsdichte/.

20 Statistische Ämter des Bundes und der Länder (2022). *Städte und Landkreise mit dem höchsten Durchschnittsalter in Deutschland im Jahr 2021.* In: Statista. https://de.statista.com/statistik/daten/studie/1111964/umfrage/aelteste-regionen-in-deutschland/.

21 Bundesamt für die Sicherheit der nuklearen Entsorgung. Infoplattform für die Endlagersuche. *Gorleben – ein historischer Rückblick. Geschichte und derzeitiger Status des Erkundungsbergwerks.* https://www.endlagersuche-infoplattform.de/SharedDocs/Faktencheck/Endlagersuche/DE/gorleben_artikel.html.

22 NDR (2019). *Der Gorleben-Treck nach Hannover.* https://www.ndr.de/geschichte/chronologie/1979-Gorleben-Treck-nach-Hannover,gorleben1888.html.

23 Dragolov, G., Z. Ignácz, J. Lorenz, J. Delhey, K. Boehnke und K. Unzicker (2016). *Social Cohesion in the Western World. What Holds Societies Together.* Wiesbaden. 42.

24 *Zusammenhaltsstudie* (siehe Anm. 3), 81.

25 Förtsch, M., und F. Rösel (2020). *Gebietsreformen reduzieren das Heimatgefühl. ifo Dresden berichtet 27 (01), 3–5.*

26 Boehnke, K., R. Arant, G. Dragolov und C. Schnelle (2020). *Heimatverbundenheit – ein neuer Sozialindikator für gelungene Integration?* Bundesministerium des Innern, Berlin. 30 ff. und 83 ff. https://www.bmi.bund.de/SharedDocs/downloads/DE/veroeffentlichungen/themen/heimat-integration/heimatverbundenheit.pdf.

27 Faus, J., M. Hartl und K. Unzicker (2020). *30 Jahre deutsche Einheit. Gesellschaftlicher Zusammenhalt in Deutschland.* Bertelsmann Stiftung. Gütersloh.

28 Pietzcker, D. (2022). Die Kultur im Kiez. In: C. Vaih-Baur und D. Pietzcker (Hrsg.), *Neue Wege für die Kultur? Kommunikationsstrategien und -formate im europäischen Kultursektor.* Wiesbaden. *77–87.* https://doi.org/10.1007/978-3-658-37862-2_5.

29 Horx, M (o. J.). *Somewheres & Anywheres.* Zukunftsinstitut. Frankfurt am Main. https://www.zukunftsinstitut.de/artikel/wohnen/somewheres-anywheres/.

30 Bölting, T., B. Eisele und S. Kurtenbach (2020). *Nachbarschaftshilfe in der Corona-Pandemie. Ergebnisse einer repräsentativen Befragung in Nordrhein-Westfalen.* Ministerium für Arbeit, Gesundheit und Soziales des Landes Nordrhein-Westfalen. Düsseldorf.

31 Kurtenbach, S., J. Üblacker und B. Eisele (2021). Nachbarschaft in der Krise? Ergebnisse einer Bevölkerungsbefragung in NRW während der Corona-Pandemie. *Stadtforschung und Statistik: Zeitschrift des Verbandes Deutscher Städtestatistiker 34 (1), 26–31.*

32 Ahr, N. (2022). Schön hier – oder etwa nicht? *Zeit Online 18.9.2022.* https://www.zeit.de/2022/38/hitzacker-dorf-oekologie-gefluechtete-integration.

33 https://www.wendlandleben.de

34 www.elblandwerker.de

35 www.raumpioniere-oberlausitz.de

36 https://www.carsharingimwendland.de

37 »Erneut Protestaktion gegen Flüchtlingsunterkunft in Upahl«. *Süddeutsche Zeitung 9.3.2023*. https://www.sueddeutsche.de/politik/fluechtlinge-upahl-erneut-protestaktion-gegen-fluechtlingsunterkunft-in-upahl-dpa.urn-newsml-dpa-com-20090101-230309-99-892946.
38 »Die ersten Flüchtlinge ziehen ins Nobelviertel«. *Welt 27.1.2016*. https://www.welt.de/regionales/hamburg/article151533128/Die-ersten-Fluechtlinge-ziehen-ins-Nobelviertel.html.
39 Vgl. *Zusammenhaltsstudie* (siehe Anm. 3).
40 Vgl. Boehnke et al. 2020 (siehe Anm. 26).
41 Berger, S. (2022). The Alternative für Deutschland (AfD) and its appeal to workers – with special reference to the Ruhr Region of Germany. *Zeitschrift für Totalitarismus und Demokratie 19(1)*. https://doi.org/10.13109/tode.2022.19.1.47
42 Manow, P., und H. Schwander (2022). Eine differenzierte Erklärung für den Erfolg der AfD in West- und Ostdeutschland. In: H. U. Brinkmann und K.-H. Reuband (Hrsg.), *Rechtspopulismus in Deutschland: Wahlverhalten in Zeiten politischer Polarisierung*. Wiesbaden. 163–191. https://doi.org/10.1007/978-3-658-33787-2_8.
43 Anmerkung: Einige der Protagonist:innen in diesem Kapitel stammen aus dem persönlichen Umfeld von Verena Carl.
44 Flüchtlinge aus der Ukraine. *Mediendienst Integration*. https://mediendienst-integration.de/migration/flucht-asyl/ukrainische-fluechtlinge.html.
45 Brand, T., R. Follmer und K. Unzicker (2021). *Gesellschaftlicher Zusammenhalt in Zeiten der Pandemie. Ergebnisse einer Längsschnittstudie in Deutschland 2020 mit drei Messzeitpunkten*. Bertelsmann Stiftung. Gütersloh.
46 Schubert, P., B. Tahmaz und H. Krimmer (2023). *Erste Befunde des ZiviZ-Survey 2023. Zivilgesellschaft in Krisenzeiten: Politisch aktiv mit geschwächten Fundamenten*. ZiviZ im Stifterverband. Berlin. https://www.ziviz.de/sites/ziv/files/ziviz-survey_2023_trendbericht.pdf.
47 Die Zahlen zum Engagement finden sich hier: Simonson, J., N. Kelle, C. Kausmann, N. Karnick, C. Arriagada, C. Hagen, N. Hameister, O. Huxhold und C. Tesch-Römer (2021). *Freiwilliges Engagement in Deutschland. Zentrale Ergebnisse des Fünften Deutschen Freiwilligensurveys*. Bundesministerium für Familie, Senioren, Frauen und Jugend. Berlin. https://www.bmfsfj.de/resource/blob/176836/7dffa0b4816c6c652fec8b9eff5450b6/frewilliges-engagement-in-deutschland-fuenfter-freiwilligen-survey-data.pdf; und etwas ausführlicher hier: Simonson, J., N. Kelle, C. Kausmann und C. Tesch-Römer (2022). *Freiwilliges Engagement in Deutschland. Der Deutsche Freiwilligensurvey 2019*. Wiesbaden. https://doi.org/10.1007/978-3-658-35317-9_8.
48 https://www.eichenau.org/Zahlen-und-Daten.n24.html.
49 https://www.aktuelle-grundstueckspreise.de/deutschland/bayern/fuerstenfeldbruck/eichenau
50 Kausmann, C., und N. Karnick (2022). Geldspenden und freiwilliges Engagement. In: J. Simonson, N. Kelle, C. Kausmann und C. Tesch-Römer (Hrsg.), *Freiwilliges Engagement in Deutschland. Der Deutsche Freiwilligensurvey 2019*. Wiesbaden. 151–164. https://doi.org/10.1007/978-3-658-35317-9_8.
51 Kleine-Besten, C. (2022). Tafeln in Bayern: »Wir werden überrannt«. *zdf heute 12.4.2022*. https://www.zdf.de/nachrichten/politik/tafel-ueberlastung-ukraine-krieg-russland-100.html.

52 Stiftung Bürgermut (2021). *Zusammenhalt. Gute Nachbarschaft, bunte Vielfalt und faire Debatten*. Berlin. 3. https://opentransfer.de/wp-content/uploads/2021/10/Zusammenhalt-E-Book.pdf.
53 *Zusammenhaltsstudie* (siehe Anm. 3).
54 Köhler, M. (2023). Der Handschlag ist zurück. *FAZ 16.1.2023*. https://www.faz.net/aktuell/rhein-main/frankfurt/corona-regeln-fallen-weg-und-der-handschlag-ist-zurueck-18604542.html.
55 Lauterbach rät zum freiwilligen Maskentragen. *Tagesschau.de 1.2.2023*. https://www.tagesschau.de/inland/maskenpflicht-faellt-101.html.
56 Bundesministerium des Innern und für Heimat (2023). *Polizeiliche Kriminalstatistik 2022. Ausgewählte Zahlen im Überblick*. Berlin. 33.
57 Roose, J. (2021). *Wenn es Nacht wird in Deutschland. Ergebnisse einer repräsentativen Umfrage zu Kriminalitätsangst und der Akzeptanz von Maßnahmen gegen Kriminalität*. Konrad-Adenauer-Stiftung. Berlin.
58 Rammstein-Konzert in München: Vorwürfe gegen Till Lindemann wegen mutmaßlich sexueller Übergriffe. *Tagesschau.de 8.6.2023*. https://www.tagesschau.de/multimedia/sendung/tagesschau24/schwerpunkt/video-1205206.html.
59 https://www.wetakecare-hannover.de
60 *Zusammenhaltsstudie* (siehe Anm. 3).
61 Decker, F. (2022). *Wahlergebnisse und Wählerschaft der AfD*. Bundeszentrale für politische Bildung. https://www.bpb.de/themen/parteien/parteien-in-deutschland/afd/273131/wahlergebnisse-und-waehlerschaft-der-afd/.
62 *Zusammenhaltsstudie* (siehe Anm. 3), 52.
63 Arant, R., M. Larsen und K. Boehnke (2016). *Sozialer Zusammenhalt in Bremen*. Bertelsmann Stiftung. Gütersloh.
64 Informationsdienst des Instituts der Deutschen Wissenschaft (2023). *Bremen – so steht es um die Wirtschaft des Bundeslandes*. https://www.iwd.de/artikel/bremen-so-steht-es-um-die-wirtschaft-des-bundeslands-584564/.
65 Anstieg der Kriminalität in Bremen – mehr als 20.000 Fälle auf Halde. *buten un binnen 6.3.2023*. https://www.butenunbinnen.de/nachrichten/polizei-statistik-bremen-102.html.
66 Vandalismus an Bremerhavener Schulen: Kommt jetzt Videoüberwachung? *buten un binnen 7.12.2022*. https://www.butenunbinnen.de/nachrichten/bremerhaven-bremen-schulen-vandalismus-100.html.
67 Borg, I., W. Bilsky und D. Hermann (2020). Kriminalitätsfurcht und die Einstellung zur Sicherheitslage in der Stadt. *Kriminologie – Das Online-Journal | Criminology – The Online Journal 2 (4) 467–490*. https://doi.org/10.18716/OJS/KRIMOJ/2020.4.1
68 Faus, J., L. Hagemeyer und C. Faltas (2022). *Stadt im Einklang oder Polarisierung auf engem Raum*. Friedrich-Ebert-Stiftung. Berlin.
69 www.kunsttunnel-bremen.de
70 Thalmann, T. (2023). Bündnis Deutschland verlangt Sitz im Vorstand der Bürgerschaft. *Weser Kurier 9.6.2023*. https://www.weser-kurier.de/bremen/politik/buendnis-deutschland-verlangt-sitz-im-vorstand-der-bremer-buergerschaft-doc7qkhe62uaivg5c8oa4d.
71 Faus et al. 2022 (siehe Anm. 68).
72 Seligman, M. (2012). *Flourish. Wie Menschen aufblühen*. München.
73 Müller, S. (2023). *Wir verlieren unsere Kinder!* München.
74 Ichbinhier e. V. Maßnahmen zur Sensibilisierung bei Hass im Netz und Bestärkung gegen Hate Speech. www.ichbinhier.eu.

75 Otto, A. (2019). *Woher kommt der Hass? Die psychologischen Ursachen von Rechtsruck und Rassismus*. München.

76 Osterloh, M., und A. Weibel (2006). *Investition Vertrauen. Prozesse der Vertrauensentwicklung in Organisationen*. Wiesbaden.

77 Steinmeier, F. W. (2020). *Mahnwache für die Opfer der Gewalttat in Hanau*. Rede des Bundespräsidenten. https://www.bundespraesident.de/SharedDocs/Reden/DE/Frank-Walter-Steinmeier/Reden/2020/02/200220-Morde-Hanau.html.

78 Hasselbach, C. (2022). Der Rassismus ist geblieben. *Deutsche Welle 23.11.2022*. https://www.dw.com/de mölln-brandanschlag-1992-30-jahre-rassismus/a-63839476.

79 Drei Jahre nach Hanau – Kampf dem rassistischen Terror. *Frankfurter Rundschau 26.5.2023. Live-Stream*. https://www.youtube.com/watch?v=Ig012sY46cU.

80 Feldforth, O. (2022). Vater des Hanau-Attentäters. »Er spielt mit unserem Schmerz«. *Tagesschau.de 9.12.2022*. https://www.tagesschau.de/inland/hanau-attentaeter-vater-drohungen-101.html.

81 Ortiz-Ospina, E., und M. Roser (2016). *Trust. Our World in Data*. https://ourworldindata.org/trust.

82 Blasberg, A. (2022). *Der Verlust. Warum nicht nur meiner Mutter das Vertrauen in unser Land abhandenkam*. Hamburg.

83 Enste, D., L. Suling und I. Schwarz (2020). *Vertrauen in Mitmenschen lohnt sich: Ursachen und Konsequenzen von Vertrauen auf der Individualebene*. IW Report Nr. 51/2020. Institut der deutschen Wirtschaft. Köln. https://www.econstor.eu/handle/10419/225492.

84 Decker, O., J. Kiess, A. Heller und E. Brähler (2022). *Autoritäre Dynamiken in unsicheren Zeiten. Gießen*. https://www.boell.de/de/leipziger-autoritarismus-studie.

85 Kühne, S., M. Kroh, S. Liebig, J. H. Rees und A. Zick (2020). *Zusammenhalt in Corona-Zeiten: Die meisten Menschen sind zufrieden mit dem staatlichen Krisenmanagement und vertrauen einander*. DIW aktuell, Nr. 49. https://www.econstor.eu/handle/10419/222879.

86 Niggemeier, S. (2020). Morde im »Milieu«: Was »Bild« über Hanau spekulierte. *Übermedien*. https://uebermedien.de/46385/morde-im-milieu-was-bild-ueber-hanau-spekulierte/.

87 Middelhoff, P., und M. Nejezchleba (2020). Anschlag in Halle. Spielen und Töten. *Zeit Online 17.12.2020*. https://www.zeit.de/2020/53/anschlag-halle-stephan-b-rechtsextremismus-radikalisierung-internet.

88 Unabhängiger Expertenkreis Muslimfeindlichkeit (2023). *Muslimfeindlichkeit – eine deutsche Bilanz*. Bundesministerium des Innern und für Heimat. Berlin. https://www.bmi.bund.de/SharedDocs/downloads/DE/publikationen/themen/heimat-integration/BMI23006-muslimfeindlichkeit.pdf?__blob=publicationFile&v=9.

89 In diesen Hamburger Stadtteilen hat die Mehrheit Migrationshintergrund. *Hamburger Morgenpost 10.5.2022*. https://www.mopo.de/hamburg/in-diesen-hamburger-stadtteilen-hat-die-mehrheit-migrationshintergrund/.

90 Dake, B. (2021). Wer schaut auf Rassismus bei der Polizei? *Tagesschau.de 19.7.2021*. https://www.tagesschau.de/inland/rassismusstudie-polizei-101.html.

91 Abdul-Rahman, L. (2022). *Vertrauens- und Legitimitätsbrüche: Was bedeutet Rassismus durch die Polizei für die Gesellschaft?* In: D. Hunold & T. Singelnstein (Hrsg.), Rassismus in der Polizei (S. 471–488). Springer Fachmedien Wiesbaden. https://doi.org/10.1007/978-3-658-37133-3_22.

92 Hövermann, A., und B. Kohlrausch (2023). *Die Entwicklung des Vertrauens in Gewerkschaften.* WSI Policy Brief Nr. 76. https://www.wsi.de/fpdf/HBS-008601/p_wsi_pb_76_2023.pdf.

93 Bielejewski, A., R. Bender und F. Asbrock (2022). Vertrauen in Polizei, Justiz und öffentliche Verwaltung. Aktuelle Verständnisse von staatlichen Institutionen in der Bundesrepublik. In: D. Bolesta, J. L. Führer, R. Bender, A. Bielejewski und F. Asbrock (Hrsg.), *Panel zur Wahrnehmung von Kriminalität und Straftäter:innen (PaWaKS): Ergebnisse der ersten Erhebungswelle.* Zentrum für kriminologische Forschung Sachsen e.V. https://www.zkfs.de/pawaks/ sowie Asbrock, F., und R. Bender (2022). *Kontakterfahrungen mit Polizei, Justiz und Straftäter:innen.* DOI: 10.13140/RG.2.2.11271.06567.

94 El-Mafaalani, A. (2018). *Das Integrationsparadox.* Köln.

95 Statistisches Landesamt Hamburg und Schleswig-Holstein sowie wahlrecht.de: *Wahlbeteiligung bei den Bürgerschaftswahlen in Hamburg von 1946 bis 2020.* In: Statista. https://de.statista.com/statistik/daten/studie/3165/umfrage/wahlbeteiligung-bei-den-buergerschaftswahlen-in-hamburg-seit-1946/.

96 Unzicker, K. (2022). *Erschöpfte Gesellschaft – Auswirkungen von 22 Monaten Pandemie auf den gesellschaftlichen Zusammenhalt.* Bertelsmann Stiftung. Gütersloh. https://www.bertelsmann-stiftung.de/fileadmin/files/BSt/Publikationen/Graue-Publikationen/Umfrage_Erschoepfte_Gesellschaft_Feb2022.pdf.

97 Best, V., F. Decker, S. Fischer und A. Küppers (2023). *Demokratievertrauen in Krisenzeiten. Wie blicken die Menschen in Deutschland auf Politik, Institutionen und Gesellschaft?* Friedrich-Ebert-Stiftung. Berlin. https://library.fes.de/pdf-files/pbud/20287-20230505.pdf.

98 Faus, R., T. Mannewitz, S. Storks, K. Unzicker und E. Vollmann (2019). *Schwindendes Vertrauen in Politik und Parteien – eine Gefahr für den gesellschaftlichen Zusammenhalt?* Bertelsmann Stiftung. Gütersloh. https://www.bertelsmann-stiftung.de/fileadmin/files/Projekte/Gesellschaftlicher_Zusammenhalt/ST-LW_Studie_Schwindendes_Vertrauen_in_Politik_und_Parteien_2019.pdf.

99 Fröhlich, P., F. Ranft und E. Vollmann (2023). *Mir reicht's, Bürger! Analyse der Montagsdemonstrationen in Chemnitz und Gera im Winter 2022/23.* Das Progressive Zentrum und Bertelsmann Stiftung. Berlin. https://www.progressives-zentrum.org/wp-content/uploads/2023/02/Studie_Mir_reichts_Buerger_Montagsdemonstrationen_Progressives-Zentrum.pdf.

100 Erhardt, C. (2020). Kommunalpolitiker: Bedrohungen sind an der Tagesordnung. *Kommunal 10.3.2020.* https://kommunal.de/kommunalpolitiker-umfrage-2020.

101 http://www.baris-oenes.de/ueber-mich/

102 Pürckhauer, A., und J. Rybacki (2023). Wie viele Abgeordnete haben Migrationshintergrund? *Mediendienst Integration 22.5.2023.* https://mediendienst-integration.de/artikel/wie-viele-abgeordnete-haben-migrationshintergrund.html.

103 https://brandnewbundestag.de

104 Levitsky, S., und D. Ziblatt (2018). *Wie Demokratien sterben. Und was wir dagegen tun können.* München.

105 Umfrage: 61 Prozent verurteilen Aiwangers umstrittenen Satz. *Süddeutsche Zeitung 4.7.2023.* https://www.sueddeutsche.de/bayern/parteien-muenchen-umfrage-61-prozent-verurteilen-aiwangers-umstrittenen-satz-dpa.urn-newsml-dpa-com-20090101-230704-99-275854.

106 Storks, S., L. Ludwig, C. Schläger und M. Güttler (2023). *Mehr Umverteilung wagen. Politische Einstellungen zu Finanzpolitik, Steuern und Gerechtigkeit.* Friedrich-Ebert-Stiftung. Berlin. 12. https://www.fes.de/index.php?eID=dumpFile&t=f&f=89266&token=4a0e5e486d056e98ddd80b4c83e37908face5cd1.

107 Drebes, J. (2023). Unterirdische Kommunikation. *Rheinische Post 28.6.2023.* https://rp-online.de/politik/deutschland/heizungsgesetz-unterirdische-kommunikation_aid-92799223.

108 Für eine Transfrau wären weibliche Pronomen (sie/ihr) korrekt. Da wir aber im Nachhinein keine eindeutige Aussage über Rafael Blumenstocks Geschlechtsidentität machen können, nutzen wir hier das männliche Pronomen, so wie er selbst und seine Familie.

109 Bogner, M. (2022). Vermutlich musste er sterben, weil er »anders« war. *Zeit Online* 23.4.2022. https://www.zeit.de/2022/16/rafael-blumenstock-mordfall-ulm-ungeloest/komplettansicht.

110 Bundesministerium des Innern und für Heimat (2022). *Queerfeindliche Hasskriminalität entschieden bekämpfen und Betroffene unterstützen. Pressemitteilung vom 5.9.2022.* https://www.bmi.bund.de/SharedDocs/pressemitteilungen/DE/2022/09/queerfeindleiche-hasskriminalitaet-bekaempfen.html.

111 Reveland, C. (2023). Transfeindlichkeit als »Kulturkampf«. *Tagesschau.de 11.1.2023.* https://www.tagesschau.de/faktenfinder/transfeindlichkeit-101.html.

112 Lux, T., S. Mau und A. Jacobi (2022). Neue Ungleichheitsfragen, neue Cleavages? Ein internationaler Vergleich der Einstellungen in vier Ungleichheitsfeldern. *Berliner Journal für Soziologie 32* (2) 173–212. https://doi.org/10.1007/s11609-021-00456-4. Mau, S., T. Lux und F. Gülzau (2020). Die drei Arenen der neuen Ungleichheitskonflikte. Eine sozialstrukturelle Positionsbestimmung der Einstellungen zu Umverteilung, Migration und sexueller Diversität. *Berliner Journal für Soziologie 30* (3) 317–346. https://doi.org/10.1007/s11609-020-00420-8.

113 Baier, D., und M. Kamenowski (2020). Verbreitung und Einflussfaktoren von Homophobie unter Jugendlichen und Erwachsenen. Befragungsbefunde aus der Schweiz und Deutschland. *Rechtspsychologie 6 (1), 5–35.* https://doi.org/10.5771/2365-1083-2020-1-5.

114 Carl, V., und C. Kolb (2023). *Queere Kinder.* Weinheim. Kapitel 3.

115 Die Vorsilbe »cis« bezeichnet Menschen, die sich mit dem bei der Geburt zugewiesenen Geschlecht als männlich oder weiblich identifizieren, also die große Mehrheit (auch die Autorin und der Autor dieses Buches).

116 *Pandemiestudie* (siehe Anm. 2).

117 Brandenburg, K., und A. Grantl (2022). *Jeder Tag ein Kampf? Queere Menschen in Deutschland.* ARD-Dokumentation (nicht mehr in der Mediathek). Mehr dazu hier: https://www.queer.de/detail.php?article_id=42159.

118 https://www.charta-der-vielfalt.de

119 Young & Queer Ulm (2022). Queeres Manifest zum Leben in Ulm. Ulm. https://queer.ulm.gay/resources/Queeres-Manifest.pdf.

120 Stadt Ulm (2022). »Wir alle«. Handlungskonzept für Chancengerechtigkeit und Vielfalt in Ulm. https://chancengerechtigkeitundvielfalt.ulm.de/aktuelle-meldungen/cuv/konzept-wir-alle.

121 Just Like Us (2023). *Positive Futures. How supporting LGBT+ young people enables them to thrive in adulthood.* https://www.justlikeus.org/wp-content/uploads/2023/05/Positive-Futures-report-by-Just-Like-Us-compressed-for-mobile.pdf.

122 Grantl, A. (2021). Treffen sich fünf weiße Menschen im WDR-Fernsehen. *Übermedien.* https://uebermedien.de/57204/treffen-sich-fuenf-weisse-menschen-im-wdr-fernsehen/.
123 WDR (2021). *Freiheit, Gleichheit, Hautfarbe! – Warum hat Rassismus mit uns allen zu tun?* https://www1.wdr.de/unternehmen/der-wdr/unternehmen/thementag-rassismus-wdr-fernsehen-100.html.
124 https://ichbinarmutsbetroffen.start.page
125 https://neuemedienmacher.de, www.andererseits.org
126 https://www.speakabled.com/
127 https://www.schlau.nrw
128 Behörde für Schule und Berufsbildung Hamburg (2019). *Ein Religionsunterricht für alle Kinder. Pressemitteilung vom 29.11.2019.* https://www.hamburg.de/bsb/pressemitteilungen/13278536/2019-11-29-bsb-religionsunterricht/.
129 Infratest dimap (2021). *Weitere Vorbehalte gegen gendergerechte Sprache. Umfrage für Welt am Sonntag.* https://www.infratest-dimap.de/umfragen-analysen/bundesweit/umfragen/aktuell/weiter-vorbehalte-gegen-gendergerechte-sprache/.
130 Karpa, J. (2019). Warum »Handicap« das falsche Wort für Behinderung ist. *leidmedien.de 29.7.2019.* https://leidmedien.de/aktuelles/warum-handicap-das-falsche-wort-fuer-behinderung-ist/.
131 Etwa in der Rede von Ayad Akhtar zum Gründungskongress des PEN Berlin im November 2022. Sielmann, L. (2022). Die Freiheit des Wortes verteidigen. *Deutschlandfunk 2.12.2022.* https://www.deutschlandfunkkultur.de/eindruecke-vom-ersten-kongress-des-pen-berlin-100.html.
132 Carl und Kolb 2023 (siehe Anm. 114).
133 Arikan, E. (2021). Die Ditib, Erdogan und Deutschlands Dilemma. *Deutsche Welle 9.7.2021.* https://www.dw.com/de/meinung-die-ditib-erdogan-und-das-dilemma-deutschlands/a-58219132.
134 Stiftung Bürgermut (2021). *Zusammenhalt. Gute Nachbarschaft, bunte Vielfalt und faire Debatten.* Berlin. 3. https://opentransfer.de/wp-content/uploads/2021/10/Zusammenhalt-E-Book.pdf.
135 Kemper, J. (2018). *Ungleichheit in den Städten.* Bundeszentrale für politische Bildung. https://www.bpb.de/themen/stadt-land/stadt-und-gesellschaft/216890/ungleichheit-in-den-staedten/.
136 Max-Planck-Gesellschaft (2015). *Dreijährige helfen Opfern von Ungerechtigkeit. Kleinkinder setzen sich für die Bedürfnisse anderer ebenso ein wie für ihre eigenen.* https://www.mpg.de/9266047/kinder-helfen-opfern-von-ungerechtigkeit.
137 Eurostat (2022). *Deutschland: Entwicklung der Einkommensungleichheit auf Basis des Gini-Index im Zeitraum 2009 bis 2021.* In: Statista. https://de.statista.com/statistik/daten/studie/1184266/umfrage/einkommensungleichheit-in-deutschland-nach-dem-gini-index/.
Grabka, M., und C. Halbmeier (2019). *Vermögensungleichheit in Deutschland bleibt trotz deutlich steigender Nettovermögen anhaltend hoch.* DIW Wochenbericht 40. *735–745.* https://www.diw.de/de/diw_01.c.679909.de/publikationen/wochenberichte/2019_40_1/vermoegensungleichheit_in_deutschland_bleibt_trotz_deutlich_steigender_nettovermoegen_anhaltend_hoch.html.
Schröder, C., C. Bartels, K. Göbler, M. Grabka und J. König (2020). *MillionärInnen unter dem Mikroskop: Datenlücke bei sehr hohen Vermögen geschlossen – Konzen-*

tration höher als bisher ausgewiesen. DIW Wochenbericht 29. 511–521. DIW Berlin: MillionärInnen unter dem Mikroskop: Datenlücke bei sehr hohen Vermögen geschlossen – Konzentration höher als bisher ausgewiesen.
138 Consiglio, V., C. Geppert, S. Königs, H. Levy und A. Vindics (2021). *Bröckelt die Mittelschicht? Risiken und Chancen für mittlere Einkommensgruppen auf dem deutschen Arbeitsmarkt*. Bertelsmann Stiftung. Gütersloh. https://www.bertelsmann-stiftung.de/fileadmin/files/BSt/Publikationen/GrauePublikationen/OECD_BSt_Broeckelt_die_Mittelschicht.pdf.
139 OECD (2021). *Does Inequality Matter? How People Perceive Economic Disparities and Social Mobility*. https://doi.org/10.1787/3023ed40-en.
140 Niehues, J., R. M. Schüler und J. Tissen (2021). *Selektiver Medienkonsum und sozioökonomisches Unwissen*. IW Trends 2. https://doi.org/10.2373/1864-810X.21-02-02.
141 *Gerechtigkeitsstudie* (siehe Anm. 4).
142 Der Informationsdienst des Instituts der deutschen Wirtschaft (2021). *Gleiche Bildungschancen für alle Kinder*. https://www.iwd.de/artikel/gleiche-bildungschancen-fuer-alle-kinder-498265/.
143 Lengfeld, H. (2023). Soziale Ungleichheit in Deutschland. Es geht uns weit besser, als wir denken. *Spiegel Geschichte 12.4.2023*. https://www.spiegel.de/geschichte/soziale-ungleichheit-in-deutschland-es-geht-uns-weit-besser-als-wir-denken-a-bc40ac9b-21de-40c2-ab1c-4341e0ed4f3d?sara_ecid=nl_upd_1jtzCCtmxpVo9GAZr2b4X8GquyeAc9&nlid=die-lage-am-morgen&sara_ref=re-so-app-sh.
144 Siehe die Beiträge in Jungkamp, B., und M. John-Ohnesorg (2016). *Soziale Herkunft und Bildungserfolg*. Friedrich-Ebert-Stiftung. Berlin. https://library.fes.de/pdf-files/studienfoerderung/12727.pdf.
145 Z.B. Stelling, A. (2018). *Schäfchen im Trockenen*. Berlin.
146 Hurst, F., A. Spinrath, J. Friedrichs und M. Schmitt (2018). *Ungleichland. WDR*. https://www.phoenix.de/sendungen/dokumentationen/ungleichland-a-441568.html.
147 Kaiser, M. (2022). *Wie viel. Was wir mit Geld machen und was Geld mit uns macht*. Hamburg.
148 Mayr, A. (2023). *Geld spielt keine Rolle*. München.
149 www.arbeiterkind.de
150 Boll, C. (2022). *Verantwortung – neue Vielfalt der Familienmodelle*. Heinrich-Böll-Stiftung. https://www.boell.de/de/2022/03/02/verantwortung-neue-vielfalt-der-familienmodelle.
151 Rietz, C. (2022). Verliebt, verlobt, Verantwortungsgemeinschaft. *Zeit Online 3.5.2022*. https://www.zeit.de/2022/18/daniel-foest-fdp-familienrecht?utm_referrer=https%3A%2F%2Fwww.google.com%2F).
152 Haan, Y. (2022). *Enterbt uns doch endlich!* Berlin. 39 ff.
153 Haan 2022 (siehe Anm. 152).
154 www.buergerrat-klima.de
155 Albert, M., K. Hurrelmann und G. Quenzel (2019). *Zusammenfassung der 18. Shell-Jugendstudie. Jugend 2019. Eine Generation meldet sich zu Wort*. https://www.shell.de/about-us/initiatives/shell-youth-study/_jcr_content/root/main/containersection-0/simple/simple/call_to_action/links/item0.stream/1642665739154/4a002dff58a7a9540cb9e83ee0a37a0ed8a0fd55/shell-youth-study-summary-2019-de.pdf.
156 Studie: Viele Ostdeutsche fremdeln mit Demokratie und wünschen sich autoritären Staat. *MDR aktuell 28.6.2023*. https://www.mdr.de/nachrichten/deutschland/studie-ostdeutschland-demokratiefeindlichkeit-100.html.

157 Thiele, D. (2022). Pandemic Populism? How Covid-19 Triggered Populist Facebook User Comments in Germany and Austria. *Politics and Governance 10 (1), 185–196.* https://doi.org/10.17645/pag.v10i1.4712.
158 Hölig, S., J. Behre und W. Schulz (2022). *Reuters Institute Digital News Report 2022: Ergebnisse für Deutschland.* Arbeitspapiere des Hans-Bredow-Instituts, 63. https://doi.org/10.21241/ssoar.79565.
159 Daphi, P., S. Haunss, M. Sommer und S. Teune (2021). *Taking to the Streets in Germany – Disenchanted and Confident Critics in Mass Demonstrations.* German Politics *32 (3) 440–468.* https://doi.org/10.1080/09644008.2021.1998459.
160 Heger, K., L. Leißner, M. Emmer und C. Strippel (2022). *Weizenbaum Report 2022: Politische Partizipation in Deutschland.* Weizenbaum Institute for the Networked Society – The German Internet Institute. Berlin. https://doi.org/10.34669/WI.WR/3.
161 Abendschön, S., und G. García-Albacete (2021). It's a man's (online) world. Personality traits and the gender gap in online political discussion. *Information, Communication & Society 24 (14), 2054–2074.* https://doi.og/10.1080/1369118X.2021.1962944.
162 Weßels, B. (2021). *Politisches Interesse und politische Partizipation.* Bundeszentrale für politische Bildung. https://www.bpb.de/kurz-knapp/zahlen-und-fakten/datenreport-2021/politische-und-gesellschaftliche-partizipation/330210/politisches-interesse-und-politische-partizipation/.
163 Arriagada, C., und C. Tesch-Römer (2022). Politische Partizipation. In: J. Simonson, N. Kelle, C. Kausmann und C. Tesch-Römer (Hrsg.), *Freiwilliges Engagement in Deutschland.* Wiesbaden. 263–289. https://doi.org/10.1007/978-3-658-35317-9_14.
164 Göddecke-Stellmann, J., T. Grundmann und D. Winkler (2022). Sozialräumliche Unterschiede im Wahlverhalten und in der politischen Partizipation. *Stadtforschung und Statistik : Zeitschrift des Verbandes Deutscher Städtestatistiker 35 (2), 21–27.*
165 www.hallonachbarn-ringelbach.de
166 So etwa dokumentiert im Film von T. Körner (2021). *Die Unbeugsamen. ZDF-Mediathek.*
167 Wiegrefe, K. (2018). Kohls Lüge von den blühenden Landschaften. *Der Spiegel 26.5.2018.* https://www.spiegel.de/politik/deutschland/helmut-kohl-seine-luege-von-den-bluehenden-landschaften-a-1209558.html.
168 Neveling, T. (2020). »Der Islam gehört zu Deutschland«. Was sich seit dem Satz geändert hat. *Mediendienst Integration 1.10.2020.* https://mediendienst-integration.de/artikel/was-sich-seit-dem-satz-geaendert-hat.html.
169 Weiter viele Jugendliche ohne Abschluss. *Tagesschau.de 6.3.2023.* https://www.tagesschau.de/wirtschaft/konjunktur/jugendliche-ohne-abschluss-101.html.
170 Lauterbach sieht Schulschließungen als Fehler. *zdf heute 30.1.2023.* https://www.zdf.de/nachrichten/politik/corona-lauterbach-schulschliessung-100.html.
171 Gründinger, W. (2022). *Für ein Wahlrecht für Jugendliche.* https://www.wolfgang-gruendinger.de/post/für-ein-wahlrecht-für-jugendliche.
172 Haarbach, M. (2023). Berliner Bezirk Neukölln plant drastische Kürzungen im sozialen Bereich. *Tagesspiegel 28.6.2023.* https://www.tagesspiegel.de/berlin/wachschutz-schulreinigung-spielplatze-jugendhilfe-berliner-bezirk-neukolln-plant-drastische-kurzungen-im-sozialen-bereich-10060111.html.
173 Baumstieger, M. (2023). Kein Geld für den Kampf gegen Hetze im Netz. *Süddeutsche Zeitung 19.7.2023.* https://www.sueddeutsche.de/kultur/hate-aid-sparmassnahmen-beratung-1.6045173?reduced=true.
174 Bücker, T. (2023). *Alle Zeit.* Berlin.

175 Golsabahi-Broclawski, S. (2022). Rassismus in der Medizin: Eigene Perspektiven hinterfragen. *Deutsches Ärzteblatt 119 (17), A-782.* https://www.aerzteblatt.de/archiv/224898/Rassismus-in-der-Medizin-Eigene-Perspektiven-hinterfragen.

176 Endler, R. (2021). *Das Patriarchat der Dinge.* Köln.

177 Unfried, M. (2023). Nicht aus Klimaschutzgründen. *taz futurzwei 13.6.2023.* https://taz.de/Tempolimit-auf-der-Autobahn/!5883421/.

Die Autor:innen

Verena Carl, geboren 1969 in Freiburg/Breisgau, studierte in den Neunzigerjahren in München BWL und absolvierte anschließend ein journalistisches Volontariat mit Zusatzausbildung an der Deutschen Journalistenschule. Seit 2004 lebt sie als freie Journalistin und Autorin mit ihrer Familie in Hamburg, verfasst unter anderem Beiträge für *Die Zeit*, *Hamburger Abendblatt* und *Brigitte* und hat eine Reihe von Sachbüchern, Romanen und Hörspielen geschrieben. Für ihre schriftstellerische Arbeit gewann sie unter anderem zwei Mal den Hamburger Förderpreis für Literatur. Mehr über Verena Carl unter www.verenacarl.de

Kai Unzicker, geboren 1978 in Bad Wildungen, studierte Soziologie, Psychologie und Philosophie an der Philipps-Universität Marburg und promovierte 2010 an der Universität Bielefeld in Erziehungswissenschaft. Seit 2011 ist er bei der Bertelsmann Stiftung tätig. Dort hat er zunächst mit Expert:innen ein Messinstrument für gesellschaftlichen Zusammenhalt entwickelt und in zahlreichen Studien auf internationaler, nationaler und lokaler Ebene angewendet. Er hat 2018 als Projektleiter den Reinhard-Mohn-Preis zu kultureller Vielfalt betreut und ist heute Co-Leiter des Projekts Upgrade Democracy, das sich digitalen Chancen und Risiken für die Demokratie widmet. Vor seiner Zeit bei der Bertelsmann Stiftung war er wissenschaftlicher Mitarbeiter am Institut für interdisziplinäre Konflikt- und Gewaltforschung in Bielefeld.

Abstract

In writing this book, we have come a long way.

This applies most of all to the topics that we will address in the next 200 or so pages. For although they have a common denominator – the upheavals of a crisis-battered present – they could not be more different from one another.

We write about a society that is seeing growth on numerous simultaneous fronts: both in its social and economic inequalities, and in the self-consciousness of marginalized groups, for example. We are telling the story of a country that, in a globalized world, is also increasingly feeling the local effects of global crises. This sometimes takes place directly, due to the droughts and floods of climate change, or through the consequences of the COVID-19 pandemic. But we are also experiencing it in a more roundabout way, through increased migration pressure, the return of war to Europe, and the rise of extreme right-wing forces almost everywhere in the Western world, for example.

In our book, we have focused on the challenges facing democracy and civil society: increasing alienation from politics, changes in the party system, demographic change, structural upheavals in the labor market, and new ways of consuming media and disseminating information. Throughout, we have always asked: Are we inescapably caught in a doom spiral – or on the contrary, do we have mechanisms at our disposal that will allow us to turn this change to the side of the good, and shape transformation creatively?

The discourse today, whether in the media, in politics or in private conversations, overwhelmingly paints the present in tones of the deepest gray. Fears of decline, and even an apocalyptic mood, are becoming widespread. Often, the only choice, if one exists at all, seems to be between different scenarios of catastrophe. For example: Either we leave behind devastated landscapes for future generations, because we have failed to slow climate change – or we renounce Germany as a business location and return to a stone-age society of self-sufficiency.

These concerns are understandable. But are they realistic? Is everything really coming apart? Or are we just experiencing an – admittedly radical – change? And don't we have effective tools in hand to manage it? Putting all blind optimism behind us, we want to ask ourselves this question: How can a changed society, a changed country, succeed in a new way? What can make us all resilient together as we face an uncertain, challenging future?

As an organization, we have been focusing on these issues for a long time. The Bertelsmann Stiftung has been working intensively on the topic of social cohesion since 2012. Our first study on this issue was published in 2013, and was followed by numerous others. Since then, we have examined various individual aspects in more detail, sometimes thematically, and sometimes in relation to a particular region or federal state. Three studies in particular have summarized Germany's mood with seismographic precision, allowing the derivation of specific recommendations for action. Since these will serve as a critical foundation for the chapters to come, we will outline them briefly here:

- Recently, we used the example of the German state of Baden-Württemberg to study the issue of social cohesion and its changes in the wake of the pandemic. However, the results can be applied to the country's population as a whole. In this study, we examined and compared metrics for the German federal state for 2017, 2019 and 2022, with the 2022 figures naturally serving as the best reflection of the current state of research. For simplicity's sake, we will hereinafter refer to this study as the "pandemic study."
- In 2020, we conducted a nationwide study on the topic of social cohesion in Germany, originally planned as a comparative longitudinal study, the survey also coincided with the first wave of the pandemic, so we were able to incorporate the changes that took place during that period. The primary focus was on the question of how perceptions of cohesion have changed among different population groups over a three-year comparison period, and what influence infrastructure and other factors – including population density, for example – have on these perceptions. In the following, we will refer to this survey as the "cohesion study."
- The third study to which we will frequently return is from 2021, and looks at individual perceptions of fairness, broken down by age, gender, educational attainment and place of residence. As we will see, this thematic lens offers considerable insight into attitudes toward politics and the willingness to become involved in civil society, for example. We will refer to this below as the "fairness study."

So much for the topics and the research approaches. The observation that we have come a long way in writing this book is also true in literal, purely geographic terms. For we – and this applies above all to Verena Carl, the author of the descriptive portions of this work – wanted to juxtapose the academic surveys with stories from the real world, serving perhaps

a similar function as an exploratory drilling project in a geological research setting. We wanted to know: Who are the people behind the figures, and how do they deal in their everyday lives with the challenges presented by our crisis-tumbled era?

This journey, comprising a total of 4,892 kilometers by train and car, has taken us to very different places: from a village in Lusatia to the capital city Berlin, from a small Bavarian town to a district in Lower Saxony, to nine out of Germany's 16 federal states.

We have met with activists and volunteers, with deeply engaged private individuals as well as politicians, police officers and a school principal. We encountered people and initiatives that are addressing social change in their own ways, rethinking the old and taking unusual approaches to the myriad challenges of our modern society. They are fighting against democracy fatigue, advocating for civic engagement or for intergenerational justice and more diversity, and highlighting the issue of equal opportunity. Or, put another way, for what serves as social glue in a mobile world.

The answers to the day's problems are as varied as the people offering them. For example, there is the woman in Bremen who has joined with her neighbors to voluntarily collect the trash littered carelessly by others. There is the man in Ludwigsfelde/Brandenburg who gathers ideas in an informal citizens' council to present to local politicians. There are the two friends who have established a nonprofit village café in Saxony as a community meeting place in a town where the sense of disappointment is strong and political opinions are deeply polarized. There is the group of young migrant adults who are working in an anti-racist educational institution after the terrorist attack in Hanau, and in the process have gained new trust in their fellow human beings.

The forms we have chosen for our texts are as different as the people and their stories: sometimes traditional reportage, sometimes interviews, sometimes journal entries, sometimes a series of statements by people who are struggling together to reach consensus on a topic.

Again and again, we have had conversations and experienced situations that allow for multiple interpretations. We will start with a few of the negative ones here. Yes, the sometimes alternating, sometimes overlapping and mutually reinforcing crises of our present day can have a paralyzing effect. For example, the challenge posed by Russia's invasion of Ukraine and the resulting inflation. The treatment of refugees, the intensifying social question, the hate directed toward marginalized groups and the loss of trust in political actors. And finally, as the mega-crisis of the 21st century, human-caused climate change.

The abundance of these challenges can lead to an erosion of solidarity, increased distributional struggles, political apathy and a slide toward the radical fringes. Steffen Mau, professor of macrosociology at Berlin's Humboldt University, speaks aptly of "change exhaustion," which he observes is more prevalent for historical reasons in eastern Germany than in the west of the country.

But at many points, a positive, a more hopeful interpretation nevertheless remains possible, which ultimately also allows us to say with great certainty: "Different is good!" – if we do the right things. Because in fact, much is moving in a desirable direction: toward greater cohesion, better communication and innovative thinking. In some respects, what we found in our research is a kind of German jigsaw puzzle of hope: initiatives that are rethinking civic participation, making dialogue between hardened fronts possible again; individuals who are engaging with fellow human beings and their environments, and who are together giving a voice to groups that are still heard too infrequently in the societal dialogue; bright minds that are devising breathing, flexible, novel social arrangements to replace the rigid structures that no longer fit our existence, which is characterized by change and lifelong learning. This is what is needed to reorganize ourselves and make us fit for the future, especially with regard to future generations.

We quote here a 12-year-old from Ukraine, who we will visit again in our third chapter: "This is an adventure." These were the words with which he greeted one of our interviewees in Munich, who took him and his family in after their flight from Kyiv.

This child's willingness to see an opportunity for personal growth and learning even in a life-threatening situation made a deep impression on her – and on us! Because despite the mood of perpetual crisis, no one in this country has to fear for their lives. We do not live in a war zone. But we will nevertheless venture an analogy that might carry us from a gloomy perspective to the point of hopeful expectation: What if everything does become different – but good in a different way, if not even better? And what can we as a whole society contribute to bringing this about? How can the various aspects of social cohesion positively reinforce each other, meshing like cogs driving the transformation processes?

Finally, we have come a long way in a third sense: personally. The life stories of the two of us who worked on this book over several months in the spring and summer of 2023 can also be told as a journey. Even without slipping into overly emotional nostalgia, a personal look backward can trace just how far we have moved as a society over the past 50 years or so.

Because our life stories, as individual as they are, also reveal something universal: the pace of societal change. In the past, transformation processes took several generations. One hallmark of our times is that more and more changes now fit into the span of a single lifetime. Much of what we can identify today as changes in social cohesion can therefore be situated biographically. We grew up with three TV channels and telephone booths instead of cell phones, in a divided country, and in a time when neither cultural nor sexual diversity were prominent social issues. Even to our own children today, this often sounds like a tale from the distant past.

We – a social researcher and a journalist – are aware that there is no such thing as an objective regard. Whether we like it or not, we always bring our own perspective to our observations. This is colored in many places by our position in society, our life experiences, our gender, our occupation and other factors. In personal conversations during the course of this joint book project, we have noticed again and again: Even in our childhoods in the seventies and eighties, there were differences between our ways of life in the city (Verena Carl) and in the countryside (Kai Unzicker), between our experiences growing up in more or less traditional families, and between the different educational backgrounds that still shape us today.

At the same time, these few decades of shared life experience stretching from the Cold War to the globalized world of the 21st century have given us a shared foundation of optimism underlying all the current era's concerns. Just in the course of our lifetimes, we have seen so many positive and often surprising transformations in addition to the crises that we are reluctant to join in the general lament. We could certainly note here the end of Germany's division, but also the real sociopolitical progress, for example in the area of family policy. Examples include the introduction of parental allowances and the legal right to a place in a daycare center, both measures that help to distribute care work and paid employment more fairly, especially in two-parent families. We also note the realization of "marriage for all," which has put homosexual couples on a largely equal legal footing. This shows that we are not as helpless in the face of change as it may seem – and even that we can shape it. And many of our examples show this to be right.

This closes the circle. Much will be different. But for these differences to be positive, we need people, ideas and initiatives that ensure we are not stumbling blindly toward the changes to come, but are instead giving them direction and purpose. Social cohesion is constantly being challenged in new ways – but at the same time, surprising alliances and new forms of understanding are arising in unexpected places.

Personality psychologist and researcher Ernst-Dieter Lantermann describes the crucial difference between resignation and resistance on the one hand, and the willingness to actively shape change on the other, with the terms “insecurity” and “uncertainty.” This is not a semantic game. It has real consequences. For where insecurity leads to feelings of inferiority, powerlessness and panic, which can also slide into the denigration of others, the awareness of uncertainty can give rise to more openness and creativity when seeking to resolve conflicts. And we can anticipate that the people we meet on our journey will be bringing plenty of this along with them.